# 예능작가

초판 1쇄 인쇄 2024년 7월 8일 인쇄
초판 1쇄 발행 2024년 7월 17일 발행
© 김진태 2024

펴낸이 김진태
지은이 김진태

책임편집 서남회
교정 강채리
디자인 서민석 최아영
마케팅 박종범
인쇄 넥스트프린팅


전화 02.2294.9036
팩스 0303.3442.1212
출판등록 제2022-000011호
메일 jakupsil2020@naver.com
인스타 @jakupsil2020

ISBN 979-11-980027-0-9 (03680)

# # 예능작가

김진태 엮음

The 작업실

# #차례

# # 김진태 작가

| MBC | 우정의 무대 |
|---|---|
| | 일요일 일요일 밤에 |
| | 21세기 위원회 |
| | 섹션TV 연예통신 |
| | 강력추천 토요일 |
| | 일요 큰잔치 |
| | 주부가요 열창 |
| | 강변가요제 |
| | 청룡영화제 |
| | 골든 디스크 시상식 |
| KBS | 청춘 신고합니다 |
| | TV 내무반 신고합니다 |
| | 체험 삶의 현장 |
| | 황금의 시간 |
| | TV오디션 도전 60초 |

| 도서 | 술로 50 솔로 50 |
|---|---|
| | 엄마라고 더 오래 부를걸 그랬어 |

# 오프닝

매일 달리는 사람들,

폐와 뇌와 종아리에 온통

아이디어의 근육이 붙은

오직 한길을 달리는

예능 마라토너!

**예능 작가들의 끊임없이 달리는**

**삶의 이야기들.**

# 어쩌다 보니

어쩌다 보니,

예능 작가로 살았습니다.

(치열했지만 행복했습니다.)

어쩌다 보니,

30년의 세월이 흘렀습니다.
(그 시간들은 다 어디로 갔을까요? )


어쩌다 보니,

참 많은 사람들을 만났습니다.

그래서 행복했습니다.

(그분들도 행복했기를.)

어쩌다 보니,

공중으로 쏘아 올린 흩어진 흔적들을 기록하고 싶었습니다.
'#예능작가'는 글보다 말을 쓰는 작가이고 글이나 말보다
콘텐츠를 만드는 사람들입니다.

우리는 늘 치열하게 콘텐츠를 만들고 타인의 말을 써왔지만
한 번쯤 '#예능작가'의 말을 써보고 싶었습니다.
(어쩌다 보니.)

예능 작가 김진태

# 지금 만나러 갑니다

#예능작가

최재영 작가와 김대주 작가는

멜로와 액션 사이의 맞추기 어려운 퀴즈 같은,

하지만 알고 보면 뻔한 공통점이 있다.

외모나 느낌으로 봐선 최 작가가 액션 영화를 좋아하고

섬세해 보이는 김 작가가 멜로를 좋아할 것 같지만

정반대의 감성을 가진 두 사람이다.

최재영 작가는 의외로 섬세하고

김대주 작가는 의외로 터프하다.

그래서 두 사람의 케미가 더 잘 맞는 것 같기도 하지만

무엇보다도 멜로와 액션 사이의 가장 큰 공통점은 선함이다.

누구든 이 두 사람의 선함 앞에서 무장을 해제하게 된다.

이게 최재영, 김대주 두 작가의 '쩌는' 매력이다.

우리는 '선한 사람'들이 만든 '착한 예능'에서

위로와 웃음의 에너지를 얻는다.

차가운 머리보다 따뜻한 가슴과 분주한 발걸음으로

프로그램을 만드는 최재영, 김대주 작가를

지금 만나러 갑니다.

# \# 김대주 작가

**대표 프로그램 : tvN 삼시세끼**

| KBS | 해피선데이 1박 2일 |
|-----|------------------|
| tvN | 꽃보다 청춘 |
| | 꽃보다 할배 |
| | 삼시세끼 |
| | 윤식당 |
| | 스페인 하숙 |
| | 신혼일기 |

# \# 최재영 작가

**대표 프로그램 : tvN 꽃보다 청춘**

| MBC | 인간탐구쇼 '아이스크림' |
|-----|----------------------|
| KBS | 해피선데이 1박 2일 |
| | 우리동네 예체능 |
| SBS | '야심만만' 만 명에게 물었습니다, |
| | 신동엽의 있다! 없다? |
| tvN | 섬마을 쌤 |
| | 꽃보다 청춘 |
| | 아버지와 나 |
| | 삼시세끼 |
| | 신서유기 |
| | 알쓸신잡 |
| | 강식당 |
| | 윤식당 |
| | 숲속의 작은집 |

**수상**

2012년 제 11회 KBS 연예대상 방송작가상

최재영, 김대주 작가 만나고 싶었습니다. 반갑습니다.
먼저 최재영 작가부터 지금까지 했던 프로그램은
어떤 것이 있는지 얘기해 주세요.
수많은 히트 프로그램을 작업했는데
처음으로 했던 프로그램은 어떤 것이었어요?

# 최재영 김대주 작가

김진태

**최재영**    2003년 SBS '야심만만'에서 막내 작가로 시작을 해서 2~3년 프로
그램을 하다가 같은 채널에 '신동엽의 있다! 없다.'를 거쳐 케이블로 옮겨서
'슈퍼액션', '온게임넷'이라는 채널에서 스포츠 프로그램을 했어요. MBC에
서 '아이스크림'을 했습니다. KBS로 와서 '1박 2일', '우리 동네 예체능', '섬
마을 쌤'까지 하고 tvN에서 나영석 PD와 '꽃보다 청춘 페루', '삼시세끼 시리
즈', '신서유기 시리즈', '강식당', '숲속의 작은집', '알쓸신잡', '아버지와
나' 등을 했습니다.

정말 대단한 프로그램들을 많이 했는데 잘 모르는 프로그램도 있네요. '아버지와 나'라는 프로그램에 대해서 간단히 설명 좀 해주세요.

**최재영**　'아버지와 나'는 '아버지와 아들' 단둘이 여행을 가는 프로그램인데, 선배님이 자주 만나시는 남희석 형이랑도 했습니다.

아, 그러고 보니 생각나네요. 남희석 씨랑 아버님이랑 여행을 갔던 프로그램을 본 기억이 납니다. 그 프로그램을 기획했었군요. 굉장히 인상 깊고 좋았었는데…

**최재영**　아, 훈훈하게 끝냈습니다. 사실은 저 역시 아버지와 이야기를 많이 하면서 자라지 못해서 그런지 저도 좋아하는 프로그램이었습니다.

대개의 아들이 그렇죠. 누구의 기획이었는지 관심 있었던 프로그램이었는데 최재영 작가의 아이디어였군요.

**최재영**　저도 그런 생각으로 아버지와 아들의 여행 프로그램을 하고 싶었는데 시청률도 그렇고, 사람들이 잘 보지 않더라고요.

아쉽군요. 그래도 워낙 히트 프로그램을 많이 했으니까요. 김대주 작가 반갑습니다. 어떤 프로그램으로 방송을 시작했나요? 현재까지 어떤 프로그램을 해왔는지 이야기 좀 해주세요.

**김대주**     저는 EBS 라디오로 처음 작가 생활을 시작했고, MBC '느낌표'로 처음 예능 프로그램을 했습니다. KBS에서 '1박 2일' tvN에서 '더 로맨틱', '세 얼간이'라는 프로그램을 하다가 '응답하라 1994' 드라마를 한 시즌 하고 그다음에 '삼시세끼 시리즈', '꽃보다 청춘', '꽃보다 할배', '윤식당', '스페인 하숙' 최근에는 '신혼일기'와 '삼시세끼 산촌 편'을 했었습니다.

아, 라디오 작가로 시작을 했군요. '삼시세끼 산촌'은 염정아 씨가 나온 프로그램이었죠! 그 프로그램은 어땠나요?

**김대주**     반응이 예전보다 훨씬 좋았던 거 같습니다.

현장이 궁금한데 '삼시세끼'는 현장에서 출연자들의 반응은 어떤가요?

**김대주**     현장 분위기는 굉장히 좋은데, 특히 염정아 씨가 녹화 전에 고민을 많이 해오세요. 그것을 같이 얘기도 해서 즐겁게 촬영을 했었습니다.

이번 시즌은 여자 연예인들만 나오다 보니까 혹시나 분위기도 반응이 예전 시즌 때와는 다르지 않았나 해서요.

**김대주**     초반에 세팅할 때 그 부분을 많이 신경 썼습니다. 여자 연예인들끼리 친하지 않으면 하루, 이틀을 같이 지낸다는 것이 어려웠을 텐데, 다행히도 염정아 씨와 윤세아 씨는 오랫동안 친하게 지낸 사이였어요. 박소담 씨는 염정아 씨와 소속사가 같아서 따로 만나서 밥도 먹고 지내던 사이여서 다들 친분이 있는 상태에서 시작해서인지 자연스럽게 촬영할 수 있었습니다.

프로그램 이야기는 잠시 후에 다시 하기로 하고, 최재영 작가와 김대주 작가 두 작가가 무척 친한 것으로 아는데 작가 연차도 비슷한가요?

**최재영**　3~4년 정도 차이가 납니다. 나이는 김대주 작가와 4살 차이입니다.

**김대주**　저는 2005년도에 시작을 했고, 81년생입니다.

두 분 다 결혼하셨죠? 최재영 작가는 저도 잘 알고 있는 박유미 작가와 결혼해서 잘살고 있죠. 인터뷰 장소를 집으로 했는데, 여기 같이 사는 거 맞죠?

**최재영**　결혼해서 지금 인터뷰를 하는 이 집에 유미랑 같이 살고 있습니다. (웃음)

최 작가와 김 작가는 언제 처음 만난 사이인가요?

**최재영 김대주**　'1박 2일' 하면서 처음 만났고, 지금까지 함께 프로그램하고 있습니다. 형, 동생 하면서 아주 친하게 지내고 있어요.

쑥스럽겠지만 김대주 작가가 어떤 사람인지, 동료로서 또 친한 동생으로서 인간적인 면은 어떤지 이야기 듣고 싶어요.

**최재영**　제가 최근에 작가협회지에 김대주 작가를 '호수'라고 표현한 적이 있어요. 그걸 좀 풀어서 설명하자면 저희가 하는 '일'이 관계를 중요하게 생각하는 작업인데 이 친구가 기본적으로 사람을 배려하는 마음이라든지 어떤 사건이 일어났을 때 생각하는 발상이나 말의 표현, 이런 것에서 선한 기운이 모두에게 느껴집니다. 그런 것이 주변 사람들을 굉장히 기분 좋고 편안하게 만들어주죠. 저의 프로그램에 출연하는 출연자들은 방송이 아니더라도, 김대주 작가한테 편하게 연락해서 싫은 소리, 좋은 소리를 합니다. 할 수 있는 대상이 되어준다는 게 지금의 선한 기운이 여러 사람에게 좋은 걸 미치는 거 같아요. 그런 것이 김대주 작가의 훌륭한 부분 같아요.

그런 선한 기운들이 프로그램으로도 연계가 된다, 이런 말인가요?

**최재영**　그렇습니다. 특히 저희가 출연자들과 직접 얼굴을 마주 보고 말 한마디라도 따뜻하게 해주는 것이 프로그램에 더 영향을 미치는 거 같거든요.

사실은 착한 후배를 안 좋아하는 선배도 많아요. 자기보다 나쁜 역할을 해주기를 원하는 경우도 있는데 최재영 작가 역시 마음이 선하니까 김대주 작가와 잘 맞는 거 같네요. 이제 김대주 작가도 선배에 대해서 좋게 이야기 좀 해주세요. 좋게~~~.

**김대주**　요즘 선배들하고 일하면서 많이 느끼는 건데 좋은 후배는 아니었을 수도 있겠다는 생각이 들었습니다. 선배가 되고 보니 후배에게 바라는 것들이 많아지면서 알아서 해주었으면 좋겠다는 일들이 있는데, 생각해보면 그런 걸 잘하지는 못했던 거 같아요. 그런데 최재영 선배는 성격이 꼼꼼해서 제가 챙겨야 할 것들을 선배가 챙기는 적이 많고, 아직도 배워야 할 점이 많다고 생각합니다. 사실 같이 일한 지 오래되었지만, 프로그램에서 같이 만나 일한 지는 얼마 안 되었거든요.

**최재영**　쉽게 이야기하자면 저희가 '분가'를 했어요. 이우정 작가 밑에 저랑 대주가 있는데 저는 제 프로그램을 하고 대주는 대주 프로그램을 하면서 협업할 때는 협업하고 왔다 갔다 하고 있거든. 굵은 부분의 아이디어는 같이 나누고 있습니다.

**김대주**　같이 일할 때는 제가 부족한 것들을 보완해 주면서 지켜봐 주고, 요즘에는 일하다가 가끔 막히면 만나서 술 한잔하면서 이야기도 하고 좋은 상담자가 되어주는 아주 고마운 선배님이시죠.

**최재영**　마찬가지로 저도 이 친구한테 상담을 많이 합니다.

주로 어떤 상담을 하나요?

**최재영**　주로 상담하는 건 프로그램에 관한 것입니다. '이 사람을 섭외하려고 하는데 너는 어떻게 생각하니'부터 '편집에서 어떤 부분을 살릴지 말지' 이런 부분까지 명확하게, 클리어하게 이야기를 해주지 않으면 물어본 의미도 없는데, 김대주 작가는 명확하게 이야기를 해줍니다. 사실 회의석에서 아무리 편하게 분위기를 만들어주어도 서로 배려하기 때문에 말을 잘 못 하는 부분들이 있거든요. 저나 이 친구나 얘기할 때 가장 좋은 점이 성향이나 취향이 너무도 다르다는 점입니다. 음식 같은 것도 저는 짜고 매운 걸 좋아하고 대주는 슴슴한 것을 좋아합니다.

**김대주**　　맛집이라고 같이 가면 서로 안 맞아서 맛집은 각자 알아서 가기로 했습니다.

김대주 작가, 고향이 충청도죠?

**김대주**　　충남 예산입니다.

나도 충청도니까 잘 알지요. 우리는 음식 맛이 슴슴해야 좋아해요.

**최재영**　　그게 무슨 맛인지 저는 모릅니다. 어쨌든 서로 전혀 다르기 때문에 서로 도움이 많이 되고 있습니다. 대주가 꼼꼼하지 않다고 했는데 꼼꼼하지 않은 건 아니고 제가 좀 더 꼼꼼한 편이라 그런 거 같습니다.　　　　　.

김대주 작가도 메인 작가가 된 지 꽤 됐죠?

**김대주**    저는 '꽃보다 청춘'이라는 프로그램을 하면서 메인 작가로 일을 시작하게 되었습니다.

그러니까 두 분이 같이 만나기가 쉽지 않겠군요. 프로그램을 각각 하게 되었으니 프로그램에서는 만날 일이 없겠네요.

**김대주**    네, 그렇습니다.

최재영 작가는 최근에 어떤 프로그램을 했나요?

**최재영**    '신서유기 시즌 6'을 했고, '꽃보다 청춘' 아이슬란드도 했습니다.

산촌은 촬영하러 들어갔다가 언제 나오나요?

**김대주**    보통 2박 3일 동안 촬영을 합니다.

두 분 모두 '어느 바쁜 날 하루'의 일과를 시간대별로 얘기해 주시겠어요?

**최재영**    어느 바쁜 날 하루요?

예능 작가 최재영의 '어느 바쁜 날 하루!' 몇 시에 일어나고 어떤 일들을 하는지 궁금하네요.

**최재영**　둘이 똑같이 목요일이 가장 바쁜데요, 금요일 날 9시대에 방송을 해서 목요일은 오전에 일찍 일어나지 않습니다. 아침에 푹 자고 점심때쯤 일어나서 보통은 집에서 밥을 챙겨 먹고 1시나 2시에 회사에 나와서 다음 촬영이나 지난 촬영에 대해서 저녁 시간까지 회의를 좀 하고, 팀원들과 식사도 같이합니다.

시간대로 얘길 해본다면요?

**최재영**　오전 11시에 일어나서 12시에 아침 식사를 하고, 저는 주부들처럼 '커피 브레이크'가 있는데, 예전에 차가 있을 때는 차를 타고 운전을 하면서 혼자 그 공간에서 생각할 시간이 있었는데 최근에 직장이 가까워지면서 차를 운전하는 시간이 없어지다 보니 근처에 있는 커피숍에 매일 들러 커피를 시켜놓고 5~10분 정도 오늘 할 일이나 스케줄을 체크하고 머리를 정리하고 나면 1시쯤 되고, 2시부터 6시까지는 회의, 6시에서 8시까지는 팀원들과 식사 겸 노는 시간입니다.

2시부터 6시까지 계속 회의를 하지는 않을 거 같아요. 중간에 브레이크 타임엔 무엇을 하나요? 예를 들면 간식을 먹는 다던지.

**최재영**　아니요, 담배 피우는데요. 그런데 딱히 브레이크 타임에 뭘 한다기보다 선배님께서도 잘 아시겠지만, 예능 작가들의 회의라는 것이 '각'을 딱 잡고 "자, 지금부터 회의를 시작하겠습니다, 8번 먼저 발표해보세요." 뭐 이런 것은 아니잖아요. 팀 분위기가 좋아서 놀이 반 농담 반, 회의 반 책상에 앉아서만 하는 것도 아니고 서서 돌아다니면서도, 키득키득하면서도 회의를 하고 30분에 한 번씩 쉬자는 이런 정해진 것 없이 중간에 제가 담배 피우고 싶으면 잠깐 쉬고 그렇습니다.

지금 얘기한 스케줄은 '신서유기' 스케줄인가요?

**최재영** 어느 프로그램이든 마찬가지입니다. '신서유기 시즌 6' 하기 전 했던 프로그램이 '알쓸신잡'이었는데 그때도 스케줄은 마찬가지였습니다.

자, 그럼 이제 회의를 진지하게 하고 난 후에는요?

**최재영** 메뉴 회의를 진지하게 합니다.

아~ '무엇을 먹을까?' 하는 고민이요? 주로 사무실에서 배달음식을 시켜 먹나요?

**최재영** 아니요, 주로 나가서 먹습니다. 아무래도 저보다도 같이 일하는 동료들이 회사 안에 있는 시간이 많으니까 잠깐이라도 바람도 쐴 수 있게끔 식사를 하는 편이에요. 그리고 다시 돌아와서 회의하거나 개인적으로 찾아볼 것이 있으면 찾아보거나 합니다.

8시까지 밥을 먹고 나서는 다시 회의를 하나요?

**최재영**　　그리고 나서는 다시 커피 타임이 있고, 사무실로 복귀해서 그때부터 회의를 다시 하기보다는 낮에 얘기했던 부분을 정리하거나 퇴근할 사람들은 퇴근하고. 목요일 밤에 '합본작업'이라고 해서 1시간짜리 방송이라면 PD 6명 정도가 10분이면 10분, 20분이면 20분, 5분이면 5분 이렇게 각각을 편집합니다. 각각 편집한 부분을 그 전에 따로 시사를 거쳐서 그것을 조합해서 가능하면 '하나의 톤'이 되게끔. 그리고 더 중요한 부분은 강조하고 덜 중요하거나, 필요가 없거나, 방송에 나가서는 안 될 부분을 걸러내고 속도 조절 같은 것도 하면서 작업을 하는데 그 작업은 주로 헤더 급들이 합니다. 저희 팀은 나영석 PD가 오고, 그다음엔 각 프로그램의 헤더 급 PD들과 작가가 한두 명 더 와서 그런 부분에 대해서 판단하고, 결정하는 회의 작업을 자정 전후로 스타트해서 빨리 끝날 때는 다음 날 아침 7~8시, 늦게 끝날 때는 점심때까지 하기도 합니다.

종합편집은 언제 이루어지나요?

**최재영**　　종합편집은 당일 날 이루어집니다. PD들이 거의 80％의 자막을 완성 시켜놓은 상태에서 편집해 나가기 때문에, 조금 바뀌거나 합본작업을 하면서 틀어지거나, 잘리거나, 연결 안 되는 부분을 수정하는 작업을 해서 각자 맡은 부분을 붙여서 종편 작업을 해요. 예전처럼 시간이 오래 걸리지 않고, 모두 다 하고 테이프를 주조에 던지는 것이 심할 때는 10분 전 5분 전 그렇습니다. 좀 일찍 떨어질 때는 9시 반 방송이면 저녁때쯤에 테이프 아웃을 하게 되죠.

그럼 늘 이렇게 밤새우는 것이 익숙해졌겠네요.

**최재영**　　프로그램 하나를 할 때는 일주일에 한 번이지만 두 개를 한다고 하면 똑같은 패턴으로 이렇게 밤새는 날이 일주일에 두 번 있고, 그 앞에 시사 작업이 있습니다.

생각만 해도 머리가 아프네요. 그다음은 김대주 작가의 '어느 날 바쁜 하루'인데요. 산촌을 기준으로 대본이 나오기까지 일주일이 어떻게 되는지 얘기해 주세요.

**김대주**　　산촌 촬영이 있는 일주일을 말씀드리자면, 우선은 사전작업에 산촌을 찾는 세팅 작업을 두 달 정도 했습니다. 헌팅까지 하면 한 석 달 정도 되죠. 그 집을 정리하고 주변 상황을 정리하고 하는 것이 보름에서 한 달 정도 걸립니다. 다시 말씀드리면 두 달 정도는 장소를 찾고, 한 달은 찾은 장소를 세팅하는 거죠.

그럼 장소를 선택할 때 지역을 정하나요?

**김대주** '어촌 편'하면 어촌, '산촌 편'하면 산촌을 하기는 하는데 그렇다고 해서 전라도, 이런 식으로 정해서 하지는 않고, 전국을 대상으로 찾아보고 그동안 영상에 나왔던 곳이든 지인을 통해서 알아본 곳이든 전체적인 집들을 한번 찾아본 후 좀 모르겠으면 다 돌아다니면서 모든 집을 한 번씩 봅니다. 사실 이번에 '산촌 편'할 땐 40군데 정도를 본 거 같습니다.

어느 지역들을 선택해서 봤나요?

**김대주** 지역은 강원도와 전라도, 경상도 쪽을 봤습니다.

집을 40곳을 봤다고요?

**김대주** 그렇습니다. 사전 조사한 곳은 그 배수지만 선별해서 본 것만 약 40군데였습니다. 그런데 첫 번째 간 곳이 이번 촬영한 곳입니다.

장소를 선택할 때 어떤 기준인가요?

**김대주** 기준이라는 것이 애매하지만 답사를 하러 갈 때 여러 명이 함께 가는데, 처음에는 소규모로 여러 곳을 보고 그중에 순위를 매겨서 본 다음에 최종순위에 올라간 장소를 10곳이나 15곳 정도를 선정해서 PD와 작가들이 다 같이 갑니다. 가고 난 후고 느낌들이 조금씩 다르기 때문에 오랜 시간을 그곳에 있어 봅니다.

그곳에서 잠을 자고 지내본다는 것인가요?

**김대주**　그렇게까지 하지는 않고, 밤을 느껴본다든지 그 주변 사람들을 만나보고 주변도 느껴보고 그 집에서 적어도 3~4시간 정도는 돌아다니거나 앉아 있거나 하면서 그 집의 느낌들을 좀 많이 봅니다.

'비가 오면 양철지붕이 좋겠다.' 이런 생각을 하기도 하면서 말이죠?

**김대주**　그런 것도 있겠지만, 가서 앉아 있으면 마음이 편안한 집, 그런 집들이 있잖아요, 뭐 어떻게 설명을 할 수는 없는데 그런 부분들이 공통점으로 많아지면 최종선택을 할 때 도움이 되는 부분이 많더라고요.

우리가 아무리 좋다고 해도 집주인하고 협상 문제도 있지 않나요? 집을 비워준다는 게 쉽지는 않을 텐데, 며칠이나 비워야 하나요?

**김대주**　협의해야 하는 문제가 있는데, 보통 저희가 촬영을 한 번에 몰아서 하는 것은 아니고 정기적으로 가기는 합니다.

촬영 기간에는 비어 있어야 하잖아요?

**김대주**　그래서 공사부터 세팅한 후 원상복구 해주는 것까지 거의 두 달에서 길게는 석 달까지 주인분에게 양해를 구하고 촬영을 합니다.

**그럼 그분들은 어디에 가 계시나요?**

**김대주**　자녀분 댁에 가 계시거나, 다른 곳에 가 계실 곳들이 있는 것 같습니다. 산촌 분들은 자녀분 집에서 계셨는데, 촬영이 없을 때는 어르신분들이 집에 자유롭게 오실 수 있게 해드립니다.

**집을 완전히 바꾸지는 않겠죠?**

**김대주**　네. 최대한 그 집을 그대로 유지합니다. '삼시세끼'는 기본적으로 밥을 해 먹어야 하니까 그런 정도로 바꾸기는 하고, 나머지는 집의 분위기를 바꾸는 큰 공사는 하지 않습니다.

**여자 출연자분들 같은 경우, 화장실이 제일 고민일 텐데 어떻게 하나요?**

**김대주**　'산촌 편' 같은 경우는 어르신 두 분이 사시는 곳인데 이미 화장실을 수리하셨어요. 사실 집을 열어보기 전까지 그 부분에 대한 고민을 굉장히 많이 하게 되는데 집이 아무리 마음에 들어도 화장실이나 이런 부분이 불편하면, 생활이 불편하니까 촬영이 쉽지 않을 꺼라는 생각이 들거든요.

**자, 이제 집이 정해졌습니다. 그리고 나서요?**

**김대주**　'삼시세끼'의 가장 큰 대본은 텃밭입니다. 그렇게 집이 정해지고 나서 그때부터는 '그곳에 무엇을 심을까?' 하는 고민을 합니다. 제철에 나오는 것들이나 저희가 요리에 쓸 만한 재료들, 농사를 지으셨던 분들이니까 집주인과도 상의하고. '산촌 편' 같은 경우는 산지의 농업전문가에게 상의해서 텃밭을 만들었었습니다. 그 작업까지 끝나면 사실상 '삼시세끼'의 세팅은 다 끝이 난 것이라고 할 수 있습니다. 그다음부터는 '할 일'과 '무엇을 해 먹을지'를 제일 많이 회의하는데, 그리고 난 후 삼시 세끼 밥을 해 먹고 2박 3일을 촬영하게 되면 거의 열 끼 정도를 밥을 해 먹게 되는데, 열 끼를 무엇으로 채워 나가야 할 것인가를 많이 상의합니다.

촬영이 2박 3일이면 주로 어떤 요일에 촬영하러 가나요?

**김대주**　그건 출연자들의 스케줄에 따라서 그때그때 조금 다르긴 한데, 최근엔 월, 화, 수 이렇게 다녀왔고 주말을 껴서 가기도 합니다.

2박 3일을 현장에 있다면 나머지 2박 3일은 어떻게 지내나요?

**김대주**　촬영이 없는 2박 3일은 제작진들은 출연자들과 함께 다 같이 올라와서 다음 촬영을 준비하거나 그 주에 나갈 방송들을 준비하는 시간으로 대부분 보내게 됩니다.

준비하는 시간이라는 것이, 밖에서 이미 아이템은 다 해놨고, 회의의 중점을 주로 어디에 두고 하나요?

**김대주**  메뉴 회의를 중점적으로 해요. 요리도 솥으로 했을 때 맛있는 요리도 있고, 요즘 유행하는 요리도 있고, 사람들이 좋아하는 요리도 있고, 요즘 시기에 딱 맞는 요리도 있잖아요. 이렇게 메뉴와 요리에 대한 회의를 중점적으로 합니다. 촬영에서도 중요한 부분이 요리잖아요.

그렇다면 그런 요리 자문은 따로 있나요?

**김대주**  요리 자문은 따로 없습니다. 저희끼리 정하고 합니다.

그럼 요리를 직접 해봤거나 잘하는 스텝들이 있나요? 제작진 쪽이나?

**김대주**  저희 팀 중에 결혼한 작가는 저, 결혼한 PD는 나영석 PD밖에 없어서 가정생활을 하는 사람이 없어요. 모두 자취생들입니다. 그러기에 요리를 그렇게 잘하는 사람은 없고, 대신 맛집 돌아다니는 것을 좋아하거나 유튜브에서 재미있는 요리를 보거나, 잡지를 보거나 이런 데서 소스를 많이 얻습니다.

최 작가와 김 작가 둘이서 같이했던 프로그램은 뭐가 있나요?

**최재영**  '1박 2일'에서 김대주 작가랑 처음 만나서 오랫동안 같이했고, '삼시세끼 정선 편'을 함께 했습니다. 김대주 작가의 대표작은 '윤식당', '스페인 하숙' 등입니다.

**'윤식당'과 '강식당'은 어떤 것이 다른가요?**

**최재영**     '강식당'은 '윤식당'의 패러디이고, 출연자가 완전히 달라요.

**'윤식당'이 조금 더 진지하지 않았나요?**

**김대주**     장사로만 치자면 오히려 '강식당'이 더 진지했습니다. '윤식당'은
여행도 살짝 섞여 있지만 '강식당'은 진짜 영업에 모든 힘을 쏟는 프로그램이
기 때문입니다.

**최재영**     처음 '윤식당'을 기획할 때 요리에 익숙지 않고 장사에 익숙지 않
은 사람이 한식이라는 메뉴를 해외에 나가서 팔아보고 한국 음식도 알리고 우
리의 로망도 채워본다는 기획 의도가 있기는 했어요. 하지만 사실 저 프로그램
은 김대주 이 친구의 로망이었어요. 김대주 작가와 함께 기획했던 PD와 두 친
구의 로망이 구체화 된 거였습니다. 아무래도 리얼리티, 스토리텔링, 포맷이
있는 특성상 프로그램을 찍기 전까지는 모르는 것들을 찍으면서 알게 되는 것
들이 많은데, '윤식당'은 그렇게 찍으면서 성장해 나갔던 프로그램이었던 것
같습니다. '윤식당'이 잘되고 난 다음에 '강식당'은 저희가 똑같이 해외에 나
가서 한식을 팔 수는 없으니까 패러디답게 국내에서 장사해 보자는 것이었어
요. 이것도 마찬가지로 '윤식당'에 없던 장사의 치열함이 있었다고 해야 할까
요. '윤식당'은 오히려 장사에 여유가 좀 있었는데 '강식당'은 여유가 '1'도 없
었어요. 장사에 익숙지 않은 사람들이 요리하는 것은 똑같은 기획인데 해외라

는 공간적인 정서가 주는 것들이 싹 사라졌습니다. '강식당'은 식당업이나 요식업에 종사하시는 분들의 힘든 점들을 간접적으로나마 체험해 보는 느낌으로 바뀌었다고 보시면 됩니다.

'알쓸신잡'의 기획 배경을 설명해 주실 수 있을까요?

**최재영** 　　입봉을 해야 하는 PD와 이것저것 기획을 하다가 아이디어가 안 나와서 수십 개가 날아갔습니다. 그러던 와중에 '설민석 씨 하고 역사여행을 다녀볼까?'하는 이야기가 나오다가 우연히 유시민 선생님 이야기가 나왔어요. 유시민 선생님이 그때까지만 해도 보건복지부 장관도 하셨고, 국회의원도 하셨고, 조금 파고 들어가 봤더니 우리가 생각한 것 이상으로 다양한 분야에서 경험하신 현업 작가셨습니다. '이런 다양한 이야기들을 가지고 TV에서 어떤 분야에서 각자 프로페셔널한 분들이 모여서 이야기를 한다면 굉장히 재미있는 시너지가 일어나지 않을까' 하는 두리뭉실한 기대감만 가지고 저희 취지를 설명해 드리고 부탁을 드렸더니, 당연히 처음에는 방송은 안 하신다고 거절을 하셨는데 3~4번 정도를 찾아뵈면서, "정말 하고 싶고 이러이러한 분들하고 얘기를 나누면서 우리나라 여행을 다니고 싶습니다."라고 부탁을 드렸더니 어느 순간 오케이를 해주셨어요. 유시민 선생님이 섭외된 순간부터 사실상 프로그램이 완성되었는데 선생님께서 "나는 문과 사람이니까 이과 사람도 좀 필요할 거 같고" 그런 말씀을 하셨어요.

이과 쪽은 누가 있었죠?

**최재영**　정재승 교수님이요. "내가 모르는 분야에 있는 이런 사람들이 포진되었으면 좋겠다."라고 리스트 어필을 주셨고, 저희도 나름대로 "어떤 분들이 계셨으면 좋겠다."라고 말씀을 드렸습니다.

김영하 작가는 최재영 작가가 섭외했습니까?

**최재영**　김영하 작가는 저희 쪽에서 섭외한 게 맞습니다. 문학 외에 모든 분야를 다 조사를 했는데 여기에 출연하는 선생님들이 모두 다 콘텐츠이기 때문에 그분들에 대한 회의를 굉장히 오랫동안 했고, 섭외하는 데도 공을 들였습니다. 마찬가지로 유희열 씨까지 해서 라인업이 다 완성될 때까지, 그때가 제일 힘들었다고 생각을 합니다.

김영하 씨는 굉장히 박식하시죠?

**최재영**　저희가 감히 판단할 수 없고, 일리아드와 오디세이로 시작해서 거기에 나오는 문학, 철학 그런 책들을 다 쌓아놓으셨어요. 또 세계여행을 다니시면서 본인이 직접 겪고 느낀 부분들을 가져다가 글로도, 에세이로도 많이 남기시고요. '과테말라' 같은 곳에서 한 달씩 사시면서 '김영하'라는 사람만의 어떤 여행법, 생각하는 방식, 책을 쓰는 방식들이 있는 몇 안 되는 우리나라의 젊은 작가라고 생각을 합니다. 그리고 개인적으로는 회의 때 적극적으로 푸시했는데 제가 김영하 작가 팬입니다.

박식하시고, 스펙트럼이 굉장히 넓고, 예를 들면 오로라 쏟아지는 별 이야기도 알고, 아이폰 쇼룸에 가서도 이런 것도 알고 너무 넓더라고요.

**최재영**　이 프로그램의 제목인 '알쓸신잡'이 '알아두면 쓸데없는 신비한 잡학사전'이잖아요. 원래 제목은 가제였지만 '잡학박사'였습니다.

음~ 그 제목은 버리길 잘했네요.

**최재영**　왜 '잡학박사'였나 하면 유시민 선생님 전공이 '경제학'이시잖아요. 그런데 정치와 행정 하셨고, 그다음에 글을 쓰셨습니다. 분야가 너무 다양하신 거예요. 그래서 '잡학박사'라고 했었습니다.

'강식당'에서 강호동 씨의 캐릭터는 어떤가요?

**최재영**　강호동 씨는 '스포츠는 머리로 하는 것이고, 예능은 몸으로 하는 것'이라는 자신만의 철학이 있어요. '강식당'은 보시는 것처럼 체력적으로 굉장히 힘들어요. 익숙지 않은 일을 머리하고 몸하고 동시에 계속해야 하는 작업이기 때문에 제아무리 강호동이라 해도 계속 서서 칼질부터, 사실 체력적으로 버텨 낸다는 것이 힘든데, 이런저런 부담감을 포함하여 '강식당'에서 다 쏟아내고 가는 진짜 체력왕인 거 같습니다.

'강식당'이야 강호동 씨는 예능인이니까 힘들어도 열심히 할 법도 한데,

'윤식당'의 윤여정 씨는 참 열심히 하시더라고요.

**김대주**　'윤식당'은 처음에는 예능으로 시작했는데 막상 해보니까 부담이 되신 거 같더라고요. "내 이름 걸고 하는 식당이고, 방송에 나가면 레시피를 따라 할 수도 있는데 맛이 없으면 어떻게 하지." 하시면서 몰입을 너무 많이 하셨어요.

나영석 PD는 개인적으로는 프로그램에서 보지 못 했습니다. 그래서 연출하는 것을 못 봤고 조연출 때만 봐서 잘 모르는데 어떤 PD인가요?

**최재영**　조연출 때만 생각이 나시는 거군요.

그래서인지 '연출력보다 친화력이 강한 사람이다. 인간미가 있고, 그것이 프로그램에 반영이 되는 것 같다.' 이런 생각인데 그런 생각이 맞나요?

**최재영**　맞는 말씀 같습니다. 그분이 연출력이 없는 것은 아니지만, '어떤 부분을 선두에 놓고 이야기를 할래' 그런다면 저도 선배님 말씀처럼 이야기할 것 같습니다. PD가 잘해야 하는 덕목 중의 하나가 사람들의 이야기를 잘 들어주는 것인데 나영석 PD는 그런 부분을 굉장히 잘하세요.

그렇죠, 그게 제일 중요한 것 같아요.

**최재영**　막내 작가 이야기, 대주 이야기, 우정 작가 이야기, 또 후배 PD들 이야기를 잘 듣고 자기 생각을 잘 전달해주는 것에 특화된 사람 같아요. 제 사견입니다만 '나영석 PD라는 사람이 지금 시대가 좋아하는 예능프로그램의 포맷이라고 한다면 그런 인간적인 정서가 묻어있는 장르의 연출에서 리얼리티 프로그램까지 연결되지 않았나.' 하는 생각이에요. 그러니까 그 사람의 색깔 자체도 우리 모두의 색깔에 녹아 있지만, 나영석 PD의 색깔이 프로그램마다 녹아 있는 거 같아요.

제 느낌으로는 김대주 작가나 나영석 PD, 이우정 작가나 최재영 작가 모두 함께 일하는 사람들이 다 착한 거 같아요.

**최재영**　저희끼리는 그냥 '촌놈들'이라고 합니다.

그 착하고 선함이 프로그램에 매우 큰 힘이죠. 왜냐면 누구 한 사람 못된 사람이 있으면 '오와 열'을 흩트려 놓는데 그것이 프로그램에 영향을 끼치니까 선한 것인 거 같아요.

**최재영**　주변에서 인터뷰나 이런 질문을 하시면 저는 이렇게 이야기 합니다. "제가 함께하는 사람들의 공통점을 찾아보니까 어쨌든 '시골 출신'이에요."라고 말입니다.

이우정 작가는 경남 진주 출신이죠?

**최재영**　제가 마산이고 이우정 작가는 진주, 김대주 작가는 예산, 나영석 PD는 청주. 이렇게 전부 시골에서 뛰어다니면서 지내고 성인이 돼서 도시로 오게 된 자라온 환경이 조금씩은 다르지만, 기본적인 큰 틀의 흐름은 다 비슷합니다.

윤봉길 의사 이후에 김대주 작가가 예산에서는 최고의 인물이라는 농담이 있어요. (웃음)

**최재영**　윤봉길 의사 이후에 최고 맞습니다. 예산엔 또 다른 분 없으시죠?

**김대주**　예산에 추사 김정희 선생님이 계십니다.

**최재영**　선배님은 고향이 어디시죠?

저는 부여고, 아~ 백종원 씨가 예산이에요.

**최재영**　아, 그러면 백종원 선생님에게는 대주가 밀리는데요.

그럼 그냥 공동으로 합시다. 예산의 최고 인물은 윤봉길 이후에 김대주와 백종원!

**최재영**　그러면 될 것 같습니다. 그리고 제가 이우정 작가에게는 편의점이라는 표현을 합니다.

왜 그런 표현을 하나요?

**최재영**  일을 너무 많이 합니다. 언제나 어느 때나 일을 하고 있어요.

이우정 작가는 예전에 MBC 시절에도 그랬어요. 회의실에서 회의할 때
도 집에 안 가더라고요. 그런데 정말 착하더라고요, 선량해요. 사람이~

**최재영**  오늘 안 그래도 선배님하고 대주랑 인터뷰한다고 그랬더니 함께 못
해서 죄송하다고 전해달라고 부탁했습니다. 인터뷰에 이우정 작가가 좀 약해
서요.

아니, 내가 우정이에게 까인 거지요.

**최재영 김대주**  하하하 (웃음)

시간을 너무 뺏어서 미안한데 마지막으로 하나만 더 물어볼게요. 언젠가
인터뷰에서 "쌀 문화권, 빵 문화권" 이런 이야기를 했던데 이것이 프로
그램과 무슨 연관이 있나요?

**최재영**  제가 작가를 시작하게 된 계기가 우리나라가 아닌 다른 나라에 있

을 때 '어, 이런 직업도 있구나!' 하는 것을 알게 되면서부터입니다. 사람들은 자신이 좋아하는 것에 관해서 관심을 가지고 찾아보게 되죠. 저도 제가 뭘 좋아하는가를 곰곰이 생각을 해봤더니 단순하게 저는 한국에 살고 한국의 주변에 있는 나라들에 대해 관심이 많더라고요. '이천 쌀이 우리나라에서는 맛이 있는데 일본에는 고시히카리 이런 쌀이 맛있고, 중국에도 이천 쌀처럼 맛있는 쌀이 있고, 자장면이 중국에 있던 음식인데 어떻게 한국에 들어왔고, 일본에도 자장면이 있고, 또 짬뽕은 왜 다시 나가사키로 갔다가 고춧가루를 타고 왔을까?' 하는… 이런 것들을 재미있어합니다. 그래서 언젠가는 요 소스를 가지고 '예능프로그램으로 재미있게 사람들에게 얘기해줄 수 있으면 좋겠다.' 하는 생각을 마음속에 갖고 있습니다.

김대주 작가는 어떤가요?

**김대주**　저는 그런 거까지 생각은 많이 못 했습니다. 일하면서 저도 재미있고 남들도 재미있으면 좋겠어요. 그래서 기획할 때 내가 재미있어하는 것이 무엇인지 찾고 그런 것들을 계속 고민 중입니다.

그렇다면 계속 예능 작가로 있긴 있을 건가요?

**김대주**　예능 작가로 남아 있고 싶습니다. 그렇지만 남들이 물어보면 "언젠가는 영화도 한번 해보고 싶은데" 하고 꿈처럼 이야기하고 있습니다.

**최재영**　　영화를 하고 싶다면 장르는요? 혹시 멜로?

**김대주**　　저는 액션 영화를 너무 좋아해서 액션 영화를 하고 싶습니다.

**최재영**　　영화감독을 하고 싶다는 건가요? 아니면 출연을 하고 싶다는 건가요?

**김대주**　　영화감독을 하고 싶습니다. 롤모델이 류승완 감독님입니다.

아, 그래요? 전혀 뜻밖인데요?

**김대주**　　액션 영화나 액션을 너무 좋아해서요. 그런데 저는 예능도 너무 좋아합니다.

김대주 작가 이미지와는 다른데 의외네요?

**최재영**　　그런데 선배님, 제가 김대주 작가랑 취향이 전혀 다르다고 했었잖아요. 제가 겉으로는 좀 세게 보이지만, 액션 영화는 잘 안 보고, 한국 영화나 일본의 감성스러운 영화를 좋아합니다. 왜 때리고 그러는지 모르겠어요, 피 나고 그러는데.(웃음)

오늘 최재영 작가, 김대주 작가와 만나서 얘기해보니 선한 기운이 저에게까지 옮겨 온 것 같고 너무 즐거웠습니다. 최 작가, 김 작가 두 분 기획하고 있는 프로그램들 계속 히트하길 바랍니다. 김대주 작가는 꼭 액션 영화감독이 되면 좋겠어요. 꿈이 아주 신선하니까요!

**김대주**    감사합니다.

**최재영**    수고하셨습니다. 선배님.

우정이에게 내가 삐졌더라고 꼭 전해 주세요. (웃음)

#예능작가

저희 프로그램에 출연하는 출연자들은 방송이 아니더라도,

꼭 촬영이 아니더라도 김대주 작가에게

편하게 연락을 해서 싫은 소리, 좋은 소리를 해요.

그런 말을 할 수 있는 대상이 되어 준다는 게

지금의 선한 기운이 여러 사람에게

좋은 걸 미치는 것 같아서

그런 부분이 훌륭한 부분 같아요.


# 최재영 작가 〈tvN 꽃보다 청춘〉

#예능작가

'삼시세끼'의 가장 큰 대본은 텃밭이거든요.

그곳에 무엇을 심을까?

그 철에 나오는 것들이나 저희가 요리에 쓸만한 재료들,

그것을 농사를 지으셨던 분들이니까

그분들과도 상의하고 집주인과도 상의하고,

이번 산촌편 같은 경우는 산지의 농업전문가에게

많이 상의해서 텃밭을 만들고 했습니다.

그리고 그 작업까지 끝나면 사실상 '삼시세끼'의 세팅은

다 끝이 난 거라고 할 수 있습니다.


# 김대주 작가 〈tvN 삼시세끼〉

# 　＃　지금 만나러 갑니다

야구를 좋아하고 스쿠터를 좋아하고

스쿠터를 타고 야구 하러 가는 것이 가장 행복한

온유 아빠 곽상원 작가.

예능 작가의 '빡센' 스케줄에도

아들과 함께하는 시간을 야구보다 스쿠터보다 더 사랑하는

'이유식 요정' 아들 바보 곽상원 작가.

프로그램을 사랑하고 프로그램을 함께 만드는 사람들을

진정 사랑하는 예능계의 휴머니스트 곽상원 작가를

지금 만나러 갑니다.

# \# 곽상원 작가

**대표 프로그램 : MBC 라디오 스타**

| | |
|---|---|
| MBC | 라디오 스타 |
| | 전파견문록 |
| | 일요일 일요일 밤에 |
| | 인간 탐구쇼 아이스크림 |
| KBS | 슈퍼 TV 일요일은 즐거워 |
| | 스펀지 |
| | 로드쇼 퀴즈 원정대 |
| | 천하무적 토요일 |
| SBS | 스타 주니어 쇼 붕어빵 |
| | 좋은 친구들 |
| | 특명 아빠의 도전 |
| SBS E | 셰프끼리 1,2 |
| tvN | 소사이어티 게임 1,2 |
| JTBC | 코드 |

**수상**

2018년 한국방송작가협회 예능작가상
2017년 보건복지부 장관상

안녕하세요? 곽상원 작가님. 만나서 반갑습니다.

작가 생활은 몇 년 차이고 어떤 프로그램으로

방송작가를 시작하게 되셨나요?

# 곽상원 작가

김진태

**곽상원**　　SBS '좋은 친구들', '기쁜 우리 토요일', '슈퍼주니어 붕어빵', '특명 아빠의 도전' 그리고 KBS 2TV '슈퍼 TV 일요일은 즐거워' 등을 했고요, 주로 버라이어티 프로그램을 했습니다.

버라이어티 프로그램으로 시작을 하셨네요? 당시에 버라이어티 프로그램들이 많았지요?

**곽상원**　네, 당시는 버라이어티의 시대였어요. 사실 저는 코미디 프로그램을 하고 싶었습니다. 그런데 당시 코미디 프로그램은 각 방송사에 1개씩 있을까 말까 할 정도였습니다. 그래서 버라이어티 프로그램을 하는 것이 예능 작가로 살아남기에 더 용이할 것이라는 선배님들의 말씀을 듣고 다른 예능 작가들처럼 저도 버라이어티로 시작을 했습니다.

본인의 성향이나, 가치관이나 이런 게 아니고 살아남기 위해서 버라이어티 프로그램을 했다는 말씀이시군요?

**곽상원**　네, 그렇습니다.(웃음)

왜 코미디 프로그램을 하고 싶었나요?

**곽상원**　어렸을 때부터 코미디를 좋아했고, 제가 작가로 일을 하기 전에 연출로 방송일을 시작하면서 처음 일하게 된 제작사가 코미디, 개그 전문 프로덕션이었습니다. 그곳에서 많은 개그맨을 만나게 되었고요. 또 하나는 학교 영향이 컸습니다.

곽상원 작가는 서울예술대학교에서 연출을 전공했었고, 처음 사회생활을 시작하면서 연출 일로 시작했다가 작가로 전향을 하셨지요?

**곽상원**　네, 연출로 처음 방송 일을 시작하게 되었습니다. 처음 일을 시작했을 때 그때 일하던 제작사에서 코미디 프로그램을 제작했었죠. 그래서 코미디 프로그램을 좋아하게 됐습니다.

그때 제작사에서는 어떤 프로그램을 제작하셨었나요?

**곽상원**　군대 가기 전이었던 것으로 기억합니다. MBC '일요일 일요일 밤에' 하고 '지금은 특집 방송 중' 이라는 프로그램이었습니다.

그 당시 MBC '일요일 일요일 밤에' 프로그램이 코미디로 분류될 때는 아니었지요?

**곽상원**　MBC '일요일 일요일 밤에' 프로그램 안에 미니 시트콤 류의 코믹 드라마 코너가 있었습니다. 군대를 가기 전인 1993년과 94년까지는 서울 채널이라는 곳에서 코미디를 베이스로 한 외주 제작을 주로 했었습니다. 당시 서울 채널에서 저는 조연출 일을 했었기에 코미디를 많이 접할 수 있었습니다.

연출을 하다가 언제 작가가 돼야겠다는 생각을 하게 되었나요?

**곽상원**　연출부 일을 하면서 당연히 코미디 대본을 접하게 되었습니다. 사실 외주제작사의 연출은 1주일 내내 밤새우고, 편집하고, 촬영 준비하고 촬영 나가는데도 실제 저희가 받는 보수는 그리 많지가 않았습니다. 그런데 작가들은 앉아서 우아하게 자신의 이름 적힌 원고지에다 대본을 써서 저희 연출팀에게 주면 저희는 소품실 가서 챙기고 일을 해야 하는 데, 하는 일은 비슷한 거 같은데 대우도 다르죠. 연출은 일이 너무 많았습니다. 제가 방송국 PD가 아니고 프로덕션 PD이다 보니까 지상파 방송국의 PD와는 대우가 아주 달랐거든요.

그래서 작가를 해야겠다는 마음을 먹은 거군요?

**곽상원**　그 당시 이유진 작가는 후에 드라마로 전향, 드라마 '불새'를 집필한 학교 선배가 계셨어요. 같이 프로그램을 할 기회가 있어서 대본 회의를 하던 중, 제 아이디어에 "상원이 너무 잘한다. 연출보다 작가를 하면 더 잘하겠는데"라고 하시더라고요. 사실 그 말은 그냥 갓 회사에 들어온 학교 후배가 열심히 하는 걸 보고는 응원과 격려 차원에서 한 말이었을 텐데 저는 그 말을 듣고 '진짜 잘하나? 이게 맞는 길인가?'라는 생각을 하게 되었습니다

곽상원 작가에게 그런 말을 해준 선배가 있어서 오늘의 곽상원 작가가 있게 되었군요?

**곽상원**　어차피 저는 군대를 다녀와야 했기 때문에 군대를 다녀와서는 작가로 전향을 해야겠다는 마음을 먹고 군대 들어갈 때도 방송작가와 관련된 책들을 가지고 들어갔습니다. 작가로의 전향을 꿈꾸며 입대를 하게 된 거죠. 연출

할 당시에도 작가들과 친하게 지냈기 때문에 주위에 작가들이 많이 있었고 그래서 더 영향을 받게 된 것 같습니다.

군대를 제대하고 나서 작가로서 첫 프로그램은 무엇이었나요?

**곽상원**    1996년 군대 제대 후 작가로 프로그램을 하고 싶었으나 전에 있던 회사에서 급히 일할 사람이 필요하다 해서 다시 연출 일을 하게 되었습니다. 당시 KBS '슈퍼선데이 금촌댁네 사람들'과 KBS '전원출발'이라는 프로그램을 하면서 촬영준비와 편집 일을 주로 맡았어요. 그러던 중에 회사 대표가 "곽상원 씨는 앞으로 작가를 할 것이니까 대본 회의하고 난 후 대본 수정을 해 달라"고 해서 작가가 대본을 써서 넘기면 제가 대본을 촬영현장에 맞게 수정하는 작업을 하기 시작했습니다. 당시 KBS의 양기선 PD나 이용우 PD 같은 분들이 우리 제작사를 믿고 있었기에 프로그램을 전적으로 맡겼고 저희 팀이 대본을 많이 안 건드리는 한도 내에서 '시바이(재미있는 코미디 요소)' 등을 추가해서 다시 워드로 작성하였습니다

대본을 수정하면 작가들이 화를 내거나 싫어하지 않았나요?

**곽상원**    싫어하지 않았던 것으로 기억합니다. 왜냐하면, 스토리의 큰 축만 건드리지 않으면 작가들이 일부 수정하는 것에 대해서 뭐라고 하지 않았습니다. 또 작가들이 정통 드라마 작가들이 아닌 예능 작가로서 드라마 타이즈를 쓰는 것이기 때문에 대본 수정 작업에 대해 민감하지 않았습니다.

그 뒤로 순탄했나요?

**곽상원**　　그러다가 IMF가 왔습니다. IMF가 오면서 방송 프로그램들이 제작비 문제로 줄어들게 되었고 때문에 외주 제작사들의 도산 위기가 왔어요. 저는 메인 연출로 프로그램을 한 후에 더 좋은 조건으로 작가가 되고 싶었는데 IMF가 오는 바람에 제가 일하던 제작사도 어려워지고 프로그램도 더는 할 수 없게 되어서 작가로 전향하게 되었습니다.

그러면 작가로 전향하고 첫 프로그램은 어떤 것을 했었나요?

**곽상원**　　당시 처음 맡게 된 프로그램이 SBS '좋은 친구들' 이라는 프로그램이었습니다.

'좋은 친구들'이면 그때 인기 있던 프로그램이었는데 작가로서 첫 프로그램으로 상당히 인기 있는 프로그램을 맡게 되었네요.

**곽상원**　　당시 프로그램의 메인 작가는 박준홍 작가였고 그 분의 부름을 받고 작가 팀에 들어가게 되었습니다. 프로그램의 MC도 최양락 씨에서 박수홍 씨로 바뀌는 시점이었습니다. IMF를 기점으로 드디어 연출에서 작가로 전향을 하게 되었습니다.

그 이후에 많은 프로그램을 하게 되었죠? 작가로서 바쁘게 보내면서 여러 가지 프로그램을 하게 되었는데 SBS의 '붕어빵'이라는 프로그램을 했고 현재는 MBC '라디오 스타' 프로그램을 하고 있어요. '라디오 스타'와 '붕어빵' 프로그램은 어떻게 다른가요? 두 프로그램이 집단 토크쇼이긴 하지만 두 프로그램의 단적인 차이는 무엇인가요?

**곽상원**     '붕어빵'은 스타와 스타의 가족, 부모와 아이들과의 관계성을 가지고 가족 이야기를 하는 공감 토크쇼이고, '라디오 스타'는 MC들의 캐릭터를 활용하여 출연자들의 조합과 각 개인의 궁금증을 심도있게 풀어나가는 인물 토크쇼라고 보시면 됩니다.

제작 과정이나 여러모로 보나 두 프로그램이 각 방송사의 대표 프로그램이라고 할 수 있어요. 천당과 지옥, 악마와 천사처럼 차이가 크게 있었다고 표현하곤 했었는데 그 이유는 무엇인가요?

**곽상원**     천당과 지옥이라고 표현한 것은 스타 주니어 쇼 '붕어빵'은 아이들과 부모들이 나오기 때문에, 아이가 부모를 폭로하면서 독한 이야기들도 있지만, 기본적으로 이 프로그램의 목표가 가족들 간의 대화와 세대 교감이라는 착한 예능을 표방하고 있어요. 반면 '라디오스타'는 그래도 시청자들이 더 궁금해 하는 것을 어떻게든 끌어내기 위해서 좀 도발적인 질문도 해야 하고 목표 자체가 가려운 곳을 긁기 위해서 공격성이 짙은 프로그램이다 보니 '지옥'이라는 표현을 썼습니다.

그럼 일하는 것도 천당과 지옥 같았고, 원고를 쓰는 것도 악마와 천사 같았다. 이런 건가요?

**곽상원**     네, '지옥' 프로그램은 섭외도 쉽지 않았습니다.

프로그램의 MC들은 어땠나요? '붕어빵'의 MC는 누구였죠?

**곽상원**     '붕어빵'은 이경규, 김국진 씨였고요, 그리고 '라디오 스타'는 김국진 씨와 김구라 씨죠.

프로그램의 MC들이 비슷했네요. '붕어빵'은 이경규, 김국진 씨 그리고 '라디오 스타'는 김국진, 김구라 씨인데 MC들의 캐릭터는 작가가 보기에 어땠나요?

**곽상원**     기본적으로 김구라 씨는 제가 굉장히 '최애' 하는 방송인입니다.

그래요? 김구라 씨의 어떤 점이 그런가요?

**곽상원**     일단 박식하고, 노력하고, 제작진의 입장까지 많이 고려하고 녹화 전에는 항상 최상의 컨디션을 만들어 옵니다.

성실한 방송인이군요.

**곽상원**　　　네. 무조건 녹화 전에는 8시간 이상 자고 최상의 컨디션을 만들어 오는 방송인입니다.

김구라 씨에 대해 시청자들은 그런 성실함보다는 독설 때문에 비호감으로 생각하고 계시는 분들이 좀 있는 것 같아요.

**곽상원**　　　네. 그런 모습으로 많이들 알고 계시는데 그건 김구라 씨 캐릭터이기도 하고요.

김구라 씨 스스로 만든 캐릭터인가요? 아니면 그런 면이 있는 건가요?

**곽상원**　　　그건 취향의 문제일 수도 있는데, 취향의 문제가 30%이면 70%는 과거의 '김구라'라는 인물의 태생이라고 할까? 김구라 씨가 걸어온 예전의 독하고, 인터넷 방송 때문에 쌓여온 이미지로 그렇게 보이지만 꼭 그렇지는 않아요. 김구라 씨에 대한 얘기를 더 하자면 예전에 특집 프로그램을 같이 할 때 버스를 타면서 고속도로 휴게소 음식 맛보는 프로그램이었는데, 놀랐던 것 중의 하나가 김구라 씨와 함께 버스를 타고 이동하는데 그 흔들리는 차 속, 밝지 않은 조명, 그리고 계속 음식을 먹어야 하는 그런 좋지 않은 컨디션에서 신문을 계속 놓지 않고 읽고 계시더라고요. 차 안에서 출연자 외 스텝들도 다들 지쳐서 잠이 들어요. 사실 차 안에서 카메라를 들고 있지 않았거든요. 그런데 김구라 씨는 그 날짜 신문을 들고 꼼꼼히 읽고 있는 것을 보고, 제가 굉장히 놀란 적이 있었습니다.

뭔가 노력하는 자세를 보인다. 이런 말씀인가요?

**곽상원**　네. 자신의 캐릭터를 유지하기 위해 보이지 않는 노력을 하고 있다는 것에 매우 놀랐어요. 김구라 씨는 사물을 바라보는 관점이 남들과 달라요. 다른 토크쇼의 MC가 감히 하지 않는 색다른 질문을 해요. 저희가 대본으로도 녹이지 못한, '어떻게 이런 질문을 하지?' 라고 생각이 들게 하는 질문들을 하시더라고요. 물론 그 질문의 목표는 일단 웃음이에요. 김구라 씨가 궁금함도 있지만, 생각하기에 남다른 부분이 분명히 있어요. 돈 얘기를 늘 하시니까, 자본주의 논리, 방송에서나 한국 사회에서 금기시되는 그런 질문 중의 하나인데 그런 '악역'을 자처하면서 사람들이 궁금해하는 부동산, 얼마 버는지, 급여 이런 것에 대해서 속 시원하게 긁어 주니까 시청자들은 사실과 다르게 좀 천박하게 생각하기도 해요. 그래서 요즘 좀 아쉬운 게 김구라 씨를 대표하는 키워드가 그런 것일 수도 있는데 요즘은 그런 말들을 안 해요.

욕을 먹기도 하고, 그래서 그런가요?

**곽상원**　본인이 질려서 안 하기도 하지만 어느 날부터 댓글 같은 것에, 다수의 여론이 아닌데도 불구하고 신경을 많이 쓰는 것 같습니다.

그렇군요. '붕어빵'에서의 이경규 씨는 어떠했나요?

**곽상원**　이경규 씨 덕분에 녹화는 일찍 끝납니다. 출연하는 아이들을 장악

하니까요, 이경규 씨는 아이들의 무서운 선생님이라고 보면 됩니다. 아이들이 많다 보면 녹화 때 집중도 하기 힘들고 교통정리가 힘든데 그 모든 것이 이경규 아저씨의 눈빛으로 제압이 되고 당근과 채찍을 적절하게 녹화 때 활용하시고 또 회식 가서도 아이들 용돈도 주시고, 녹화 제대로 안 할 때는 아이들 혼도 내고, 강한 눈빛과 적절한 무시를 섞어가면서 관리를 잘했었습니다. 기본적으로 이경규 씨는 본인이 경험도 많고 본인에 대한 믿음이 강해서 자기주장이 많으십니다. 하지만 본인의 잘못도 빠르게 인정하실 줄 아는 프로 방송인입니다. 이경규 씨는 최소의 시간으로 최고의 효과를 얻기 위해서 몰입과 집중으로 방송 녹화를 하세요. 그래서 본인이 생각하는 방향으로 토크가 안 가거나 그러면 옆 사람 손을 쓱 잡는다거나, 빠르게 방향을 다시 잡아주곤 하셨습니다.

'라디오 스타'에 윤종신 씨가 빠졌는데 어때요? 프로그램에 지장이 있지는 않은가요?

**곽상원**　당분간 김국진 씨, 김구라 씨, 안영미 씨와 스페셜 MC 체제로 가다가 조만간 새로운 MC를 영입할 계획이에요. 현재까지는 아무도 접촉을 안 하고 있어요.

윤종신 씨가 '라디오 스타'에서 큰 역할을 했지요? 실질적인 리더라고 할 수 있죠?

**곽상원**　김국진 씨와 김구라 씨 사이에서 매우 큰 역할을 했기에 프로그램에서는 '리더'라고 할 수 있습니다. 김구라 씨가 10중에 6을 본인이 맡아 한다고 했어요. 그게 어쩌면 맞는 말일 수도 있는데, 김국진 씨는 정말 정리를 잘하는 MC여서 축구로 치면 골키퍼이고 '라디오 스타'는 공격수인 윤종신과 김구라의 쇼라고 해도 될 만큼 두 사람의 역할이 매우 컸습니다. '라디오 스타'가 고품격 음악토크 쇼를 표방한 만큼 음악인 중의 최고의 MC인 윤종신 씨는 '라디오 스타'의 적격이었죠.

차태현 씨가 빠지고 나서도 좀 힘들었죠? 프로그램이 흔들렸다는 표현도 쓰던데.

**곽상원**　물론 중간에 차태현 씨 빠지고 안영미 씨가 하고 있는데 안영미 씨가 결정되기 전까지는 분명히 혼란스러운 부분이 있었습니다. 안정되지 않은 부분들도 있었고, 스페셜 MC가 그 역할을 하는 사람이 올 때도 있고, 정말 이야기만 듣고 가는 사람들도 있었기 때문에 타격을 입었다고 할 수도 있었겠지만 사실 '라디오 스타'는 남성적인 토크쇼입니다. 그래서 여성분들의 호불호가 좀 갈리는 프로그램이었는데, 이번에 안영미 씨를 기용한 이유 중 하나도 안영미 씨가 MC로 온다고 갑자기 여성 팬들이 몰리거나 하지는 않겠지만, 안영미 씨가 여성분들에게 호감이 높은 개그우먼 중 한 명이니까요. 또 '라디오 스타'의 프로그램 색깔에도 맞고, 그러면서 또 중성적인 매력이 있어서 안영미 씨를 MC로 선택을 한 것이었고, 또 김구라 씨 옆에서 김구라 씨와도 잘 맞았습니다. 예를 들면 김구라 씨는 자신을 공격했을 때 웃는 사람이 별로 없는데 조세호 씨가 공격하면 웃어요, 그리고 딘딘 씨가 공격하면 웃지 않습니다. 이것이 공격하는 사람과 김구라 씨 간의 화학적인 작용일지는 모르겠는데, 개인적인 호불호일 수도 있고요. 두 사람의 사이클일 수도 있는데 안영미 씨와 김구라 씨는 이게 맞아요. 김구라 씨 본인도 이것을 즐기고 두 사람의 '케미'도 잘 맞고 이게 시청자들은 금방 질려 할 수도 있기 때문에 녹화 중에는 두 사람의 토크의 빈도가 높지만, 방송상 편집을 하는 편입니다.

차태현 씨 빠지고 큰 문제는 없었나요?

**곽상원**   차태현 씨가 가진 선한 이미지와 차태현 씨 때문에 오시는 게스트들도 있으셨고 차태현 씨가 주는 독특한 재미와 장점이 많아 걱정했지만 안영미 씨가 본인만의 매력으로 빈자리를 잘 메우고 있어 큰 문제는 없습니다.

곽상원 작가가 '라디오 스타'를 맡게 되면서 차태현 씨를 MC로 섭외한 거죠? 차태현 씨 섭외하기 쉽지 않았을 텐데 둘은 어떤 관계인가요?

**곽상원**   차태현 씨와는 같은 대학교, 과 선후배 사이입니다. 제가 '라디오 스타' 작가로 오게 되고 뭔가 메인 작가가 바뀌었으니 가시적으로나마 '업적'이랄까? 뭔가를 해야 했었는데 마침 그 당시 MC 규현 씨가 군대에 가서 공석이었어요. 그래서 그 자리를 생각했을 때 누구나 섭외가 잘 되는 사람이기보다는 '어, 어떻게 이 사람을 섭외했지?' 라는 눈에 보이는 섭외를 좀 하고 싶어서 고민을 많이 했죠.

차태현 씨 섭외는 아주 좋았어요. 평판도 좋았기 때문에 차태현 씨가 '라디오 스타' MC를 맡는다고 해서 시청률도 좋아질 것 같았는데, 차태현 씨는 흔쾌히 OK를 했나요?

**곽상원**　차태현 씨가 고민을 많이 했죠. 태현 씨가 우선 MC 제안 자체가 너무 재미있다고 했어요. 생각도 해보지 못한 제안을 형이 해줘서 솔직히 어떻게 해야 할지도 모르겠고 자기 주변에서도 "한번 해봐라." 하는 사람도 있고, "에잇, 그걸 왜 해!" 하는 사람도 있고, 너무 나뉘어서 고민이 많다고 했습니다. 그래서 제가 한 가지 제안을 했어요, "일단 한 번 해보자. 근데 한 번으로는 알 수 없으니 두 번은 해봐야 한다. 그렇게 두 번만 해보고 다시 얘기하자. 그렇게 두 번 해보고도 잘 모르겠으면 그러면 12번 20번 해보고 '그냥 드라마로 갈게요' 해도 되니까 시즌제 MC라고 해놓고, 하면서 시간이 돼서 더 하든지 하면 어떨까?" 하면서 "한 번 해보는 게 중요하다." 이렇게 설득해 갔죠. 그렇게 해서 두 번 하기로 약속을 했는데 그 당시 MBC가 파업이어서 프로그램 녹화가 없었는데도 기다려 주었고, 두 번의 녹화를 하고 난 후에 태현 씨가 "형, 제가 한번 해볼 테니까 그러면 제가 혹시 드라마나 영화가 잡혀서 도저히 시간이 안 됐을 때는 본업이 있으니 언제든 나갈 수 있게 쿨하게 환경만 만들어주면 우리 같이 해봐요." 해서 시작하게 되었습니다.

개인적인 친분과 믿음이 있었기 때문에 가능했던 섭외였네요. SBS '붕어빵' 하고, MBC '라디오 스타', 회의에서 녹화 과정까지 이야기를 듣고 싶어요.

곽상원    '붕어빵'은 일단 시청자들이 가장 좋아하는 아이들의 연령이 6살에서 9살 사이이고 가장 귀여울 때라 그 연령층의 아이와 부모들을 서치해서 적합한 사람을 골라서 섭외합니다. 그리고 섭외에 응하게 되면 미팅을 하게 되고요. 미팅은 최대한 아이들이 편안하게 질문에 대답할 수 있도록 집으로 방문을 해서 아이들과 한껏 놀아주고 숙제도 도와주고 친해진 후 간단한 인터뷰를 통해서 아이와 부모가 우리 쇼에 적합한지 최종 결정을 합니다. 결정이 되면 기존의 촬영하는 팀에 여덟 가족이 나오면, 한 네 가족 정도는 완전 고정출연, 두세 가족은 반 고정출연, 마지막 한 가족은 새로운 가족 이렇게 출연자들과 녹화를 진행하는데 새로운 가족이 반응이 좋으면 반고정이 되고 다시 고정으로 되는, 기본적으로 이런 시스템으로 프로그램이 진행됩니다. 매주 주제나 아이들이 순번이 있으면 순번대로 돌리거나 그 주에 맞는 주제를 결정하면, 주제와 관련된 토크를 회의를 통해서 결정하고 회의에서 결정된 토크를 가지고 각각 개인 담당 작가들이 가정방문을 해서 심층 인터뷰를 통해서 나온 자료를 가지고 대본화를 하게 되죠. 그렇게 해서 토크가 만들어지기도 하고요. 가족 토크쇼이기도 하지만 '붕어빵'은 게임을 많이 가미했습니다. 그 이유 중 하나는 아이들의 토크라는 게 어른들의 토크처럼 자연스럽지 못한 부분들이 있기 때문에 본인들이 한 이야기들을 나중에 똑같이 이야기하려다 보면 어쩔 수 없이 간단한 대본이 있어야 했고, 아이들이 했던 이야기를 다시 이야기하는 것들이 연기처럼 보일 수 있기 때문에 자연스러운 토크를 유도할 수 있는 것은 부모하고 어떤 게임을 통해서 나오는 이야기들이 더 자연스럽게 보일 수 있어서 저희가 분량을 토크 대 게임 '50 대 50'으로 또는 '40 대 60'으로 채워서 게임에서 나오는 토크들을 녹이는 식으로 진행을 했었습니다. 그래서 1주일에 한 번씩 촬영하고, 스튜디오 녹화를 하면 이틀 후에 가편 시사를 합니다. 가편의 포인트는 엄마와 아빠와의 이야기 중에 불편한 내용이 있거나 아이가 했던 이야기를 통해서 안 좋은 댓글이나 영향을 미칠 수 있는 부분에 대해서 아직은 아이들이기 때문에 신경을 써 편집을 합니다. 그리고 어른들이 아이들에게 재밌게 하는 이야기가 상처를 줄 수도 있어요. 편집 전후에 사정이 있는 것인데, 재밌는 것만 편집하다 보면 때로는 어른들이 나쁘게 얘기하는 것처럼 시청자들에게 보일 수 있기 때문에 재미있는 부분들을 포기하고 편집하는 상황들이 있을 수밖에 없습니다.

매우 디테일한 감정선까지 편집 시 고려하는군요. MBC '라디오 스타'는 녹화 과정이 어떤가요?

**곽상원**　'라디오 스타'는 콘셉트를 먼저 정할 때도 있고, 인물이 먼저 섭외될 때가 있는데 그럴 땐 그 인물에게 맞는 콘셉트를 정할 때도 있습니다. 또한 드라마나 영화 홍보가 저희 프로그램 콘셉트와 이해관계가 맞았을 때 그 주제와 인물들이 섭외되면, 담당 작가들이 스타를 만나러 가거나 MBC 방송사에서 만나서 인터뷰를 하고 정말 바쁜 스타들은 간혹 전화로 인터뷰를 하기도 하는데 지금은 가능하면 만나서 하려고 합니다. 요즘은 스타들이 토크 내용에 대해서 꺼리는 부분들이 있다면 사전 조율을 통해서 이루어지고, 만나서 하는 부분이 서로 신뢰를 줄 수 있기 때문에 가급적이면 만나서 인터뷰를 합니다.

일하는 것이 '라디오 스타'가 더 쉽지 않나요?

**곽상원**    이것이 섭외 싸움이다 보니까요. 스트레스는 훨씬 더 많습니다. 무엇이 힘든가 하면 잘 되는 섭외가 있고 안 되는 섭외가 있는데 메인 작가이다 보니까 안 되는 섭외를 주로 제가 합니다.

섭외가 안 되던 사람은 누구인가요?

**곽상원**    예를 들면 배우들이죠. '라디오 스타'에 한 번도 안 나온 사람들. 라디오 스타가 12년 된 프로그램인데 안 나온 사람들은 안 나오는 이유가 있어요. 개인의 이야기를 하고 싶지 않은 거죠. 저와 제일 친한 친구인 신하균 씨도 안 나왔죠.

친한 친구인데 안 나오겠다고 하나요? 이유가 뭔가요?

**곽상원**    못 하겠대요. 공식적인 이유는 '이야기를 재미있게 할 수 없고 나의 이야기를 하기 싫다.'였습니다. 그래서 작품 관련된 얘기만 하자고 했는데도 싫다더라고요. 비공식적, 친구 사이로 얘기를 해보면 "내가 '라디오 스타'에 나오면 뭐가 재밌겠어? 이성교제, 열애설 같은 걸 물어볼 텐데 난 얘기 안 할 거고..."라고 하면서 "그런 걸 얘기해야 재미있을 텐데 얘길 안하면 당연히 재미없을 거고 재미없으면 내가 나올 이유가 없지 않냐!" 라는 거죠.

신하균 씨가 곽상원 작가와 친한 친구임에도 불구하고 안 나와서 서운하진 않았나요?

**곽상원**   조금 서운하죠, 서운했지만 덕분에 신 배우에게 술도 많이 얻어먹고 그래서 풀었죠.

그다음에 또 섭외가 안 된 사람은 누가 있나요? '무릎팍 도사' 같은 프로그램은 웬만한 사람들은 다 섭외가 되는데 유독 '라디오 스타'는 섭외가 힘든 것은 왜 그렇다고 생각하나요?

**곽상원**   그 이유는 토크쇼가 하기 싫지만, 만약 한다면 1인 토크쇼는 나를 주목하고 나만의 얘기를 할 수 있기 때문에 출연하겠지만, 집단 토크쇼는 싫다는 것이 이유였습니다.

그래서 집단 토크쇼는 섭외가 어렵겠군요.

**곽상원**   그리고 '라디오 스타'의 초반 프로그램 색깔 자체가 약간 B급 정서, 독하고, 발칙하고 이런 이미지가 아직도 있어요. 그래서 '라디오 스타'에 출연하면 내 신상이 다 털린다고 생각하는 거예요. 실질적으로는 그렇지 않습니다.

지금도 섭외가 까다로운 출연자가 있나요? 신하균 씨는 그래도 이제는 한 번은 나와야 하는 거 아닌가요?

**곽상원**   죽어도 안 나올 거 같아요. "네가 죽기 전에는 예능에 한 번은 나올 거 아니냐. 그걸 나랑 하면 되지 않아?"라고 얘기하지만 "죽을 때까지 예능은 안 할 수 있을 거다."라는 대답을 하더라고요.

그렇다면 곽상원 작가만의 섭외 노하우가 있나요?

**곽상원**　　요즘 섭외를 할 때 아주 길게 카톡을 보냅니다. 본인 인생에 있어 받아본 카톡 중에 가장 길고 정성이 담긴 카톡을 받게 되는 거죠. 그리고 본인과 직접 통화하는 일이 많습니다. 스포츠 스타나 나이 많으신 배우분들하고 전화할 때는 약간 떨면서 전화를 합니다. '내가 감히 당신하고 전화를 하고 있는 상황이 너무 떨리고 영광인 듯한' 느낌을 주기 위해서 목소리를 떨면서 전화를 하고 그다음 장문의 카톡을 보내는 거죠.

연기까지 하고 정말 대단하네요!(웃음) 누군가에게 보낸 카톡 중에 공개하고 싶은 거, 공개해도 되는 거 한 가지 있을까요?

**곽상원**　　저는 제가 부끄러운 것은 와이프가 혹시 볼까 봐 지워 버립니다. '이렇게까지 비굴하게 일을 하나.' 하는 생각을 할까 봐 바로 지워버립니다.

제일 길게 보낸 사람은 누구인가요?

**곽상원**　　제일 길게 보낸 카톡 문자는 이건 섭외가 아니라 섭외를 허락받기 위해서 보낸 문자인데요. 예를 들면 전북 FC 최강희 감독에게 팀 선수 중에 이용 선수를 '라디오 스타'에 섭외하려고 하는데 그걸 허락해 달라는 내용으로 아주 길게 보냈었습니다.

그 카톡 문자를 최강희 감독이 읽긴 했나요?

**곽상원**　한참을 안 읽다가 나중에 직접 저에게 전화를 주셨더라고요. 제가 전화하고 카톡을 길게 쓰다 보니까 전화를 직접 주셨었어요. 카톡 문자를 읽고도 아무런 답장을 안 한 사람은 장우혁 씨, 장우혁 씨를 섭외하면 'HOT'를 다 같이 섭외할 수 있다고 해서 했는데 장우혁 씨 혼자 섭외하려던 것도 아니었는데 아무런 답도 없었습니다. 그리고 박찬호 선수에게 카카오톡을 썼는데 2월 21일 날 보냈는데 아직도 안 읽었습니다. 이건 왜 아직도 안 지웠냐 하면 읽었나, 안 읽었나를 확인하고 싶어서 아직도 지우지 않고 있습니다.

박찬호 씨에게 보낸 카카오톡 문자 첫 줄이 어떻게 시작하나요?

**곽상원**　일단은 매니저를 통하지 않고 직접 톡을 드리는 무례를 범하게 돼서 죄송스럽고 양해해 달라. 그다음에 모실 수 있는 영광을 줄 수는 없을까? 그리고 나도 너랑 같은 73년생이다. 뭐 이런 말들과 힘겨운 IMF를 너의 야구를 보면서 등등 뭐 추잡하게 쓰는 거죠.

박찬호 씨를 섭외하는데 IMF까지 나오는군요.

**곽상원**　어쨌든 뭐 이렇게 구구절절하게 쓰는 거죠. (웃음)

섭외하기까지 참 구구절절하네요. 다른 비하인드도 있나요?

**곽상원**　　또 하나는 붕어빵 위기 때 '코너를 개발해라' 그래서 출연자 중 염경환 씨 아들인 '은율이가 만나고 싶은 사람들'이라고 해서 은율이가 명사를 만나는 코너인데, 그 당시 은율이의 꿈이 개그맨이 되는 거였어요. 은율이가 생각하기에 아빠는 유명한 개그맨이 아니고 '유재석 씨를 제일 좋아한다.'라고 해서 유재석 씨를 섭외해야 하는데 유재석 씨는 섭외가 되지 않습니다. 왜냐면 하나를 하기 시작하면 다 해줘야 해서 본인 프로그램이 아니면 안 하는데 '그러면 매니저 통해서 얘기해봤자 안 될 거다.'라고 생각해서 제가 유재석 씨를 직접 찾아가기로 했는데 그냥 찾아가면 안 될 거 같아서 은율이한테 "은율아, 너 유재석 아저씨 만나고 싶지?" 하니까 만나고 싶다고 하더라고요. 그래서 은율이에게 '유느님께 편지를 쓰자!'고 제안 한 후 은율이와 함께 편지를 썼던거죠. 그리고 제가 직접 한 손에는 은율이의 편지, 그리고 또 한 손에는 케이크를 들고 KBS '해피투게더' 녹화장에 갔습니다. 가서 재석이 형을 만났죠. 만나서 "형, 나 사실 섭외를 하러 오긴 왔는데 이건 섭외라기보다 은율이가 이렇게 형을 만나고 싶다고 편지를 썼는데 우리 어른들 선에서 '이 사람은 섭외가 안 되는 사람이니까 포기해!'라고 끊는 것이, 이 아이에게 상처가 되는 거라서. 그래도 '어른들이 이렇게 노력을 해서 너의 편지를 전달은 했어. 은율이가 좋아하는 마음이 충분히 전달됐을 거야'라고 말해주는 것이 목표인데 형이 혹시라도 여력이 되면 답을 해주시고 아니면 나는 은율이한테 잘 전달했다고 말이라도 해주는 것만으로도 만족한다."라고 하고 왔지요. 그런데 딱 10일 만에 연락이 왔습니다. "'런닝맨' 촬영하는 날 시간을 **빼놓을** 테니 은율이랑

와서 촬영하자." 해서 촬영을 했습니다. 그날 은율이가 진행을 잘하고, 보고 싶은 유재석 씨도 보고, 또 재석이 형이 은율이에게 용돈도 주고 해서 촬영을 무사히 잘 마친 기억이 납니다.

'붕어빵'은 곽상원 작가가 이토록 열심히도 했고 시청률도 좋았고 한데 왜 종영됐나요?

**곽상원**　　타깃 시청층인 20대, 40대 시청률이 낮았죠. 전체 시청률이 좋은 것과 상관없이 광고가 잘 붙지 않았습니다. 우리 프로그램보다 시청률이 안 좋은 상대 방송사의 프로그램인 '우리 결혼합시다'는 20대 시청자가 많아서 오히려 광고와 PPL은 넘쳐나는데 우리는 전체 시청률은 훨씬 높지만 20대 시청자의 시청률이 낮아서 광고 수주가 없어서 프로그램이 폐지되었습니다. 프로그램의 시간대를 옮기면서도 열심히 해봤는데 사실, 프로그램이 시간대를 옮긴다는 것은 종영의 한 스텝이거든요.

예를 들어서 프로그램에 출연했던 은율이가 커서 성인이 된다거나 염경환 씨가 늙어서 그런 구도로 다시 한번 '붕어빵'을 해보면 괜찮지 않을까 하는 생각이 갑자기 드는데요. 어떠세요?

**곽상원**　　'붕어빵 2.0' 이렇게 해서 예전에 출연했던 사람들이 그대로 그 옛

---

**\*PPL 광고** : 특정 기업의 협찬을 대가로 영화나 드라마에서 해당 기업의 상품이나 브랜드를 소도구로 끼워 넣는 광고기법을 말한다. 기업 측에서는 화면 속에 자사의 상품을 배치, 관객(소비자)들의 무의식 속에 상품 이미지를 심어 관객들에게 거부감을 주지 않으면서 상품을 자연스럽게 인지시킬 수 있고, 영화사나 방송사에서는 제작비를 충당할 수 있다는 장점이 있다.

날 자료를 보면서 새로운 이야기를 하는 것도 의미가 있을 수 있는 거 같습니다. 좋은 아이디어인 거 같습니다.

그걸 '특집'으로라도 한번 해보면 어떨까 하는데요?

**곽상원**　뭐, 한번 국장님을 만나서 얘기를 해봐야겠습니다.

메인 작가란 뭐라고 생각하나요? 몇 년 차가 되어야 메인 작가가 될 수 있는지와 주로 어떤 업무를 합니까?

**곽상원**　제가 생각하는 메인 작가는 프로그램 종류에 따라 다르겠지만 기본적으로 기획을 해야 하므로 '기획력'이 있어야 합니다.

매우 중요한 이야기네요. '메인 작가는 기획력이 있어야 한다!'

**곽상원**　또, 기획할 줄 알아야 하는 작가여야 하고요. 연차가 중요한 게 아니고 기획력이있고 시행착오를 최소화해줄 수 있는 안목이 있어야 하는데 그런 건 타고나는 것이 아니기 때문에 어쩔 수 없이 연륜이 필요한 거 같습니다.

'몇 년 차는 중요하지 않다.' 균형감이나 상황 대처능력이나 그런 것들이 더 중요하다. 그렇죠?

**곽상원**　　네, 맞습니다.

메인 작가는 주로 어떤 업무를 하나요?

**곽상원**　　프로그램마다 다르겠지만 게임 프로그램 같은 경우는 게임을 만들어야 하고, 토크 프로그램 같은 경우는 주제를 정하거나 섭외를 해야 하기도 하고 대본을 감수라고 해야 하나요?

그러니까 큰 줄기를 먼저 잡아야 하는 거죠. '메인스트림을 먼저 짜야 한다.'라는 말이 맞겠네요.

**곽상원**　　네. 구조를 짜거나 내용을 잡으면서 큰 콘셉트를 먼저 잡고, 그다음에 MC와 출연자에 대한 관리, 물론 매니저들이 있지만 우리가 기획한 프로그램을 MC에게 정확하게 전달해서 어떤 식의 방향 설정을 했는지에 대해서 정확하게 우리가 보여주고자 하는 내용이 무엇인지를 나오게 할 수 있도록 MC들과의 소통이 굉장히 중요합니다.

어쨌든 프로그램의 최대치를 끌어낼 수 있는 능력이 있어야 하는 것이 메인 작가의 역할이지요. '라디오 스타' 작가는 몇 명입니까?

**곽상원**　　7명입니다.

연차별로 작가들의 구조나 역할에 관해서 설명을 해주세요.

**곽상원**　제가 1번이면 2, 3번이 격주로 대본을 씁니다. 대본을 쓰고 구성을 잡는 작가들입니다. 그리고 4, 5, 6, 7이 출연자 인터뷰를 한다고 보시면 됩니다. 그리고 2, 3번은 4, 5, 6, 7이 인터뷰를 할 때 항상 같이 들어갑니다. 인터뷰 하고 나면 모두 스크립터를 하고 이것을 제작진과 다 같이 공유해서 어떤 이야기를 대본에 넣으면 좋을지를 또 이야기합니다.

곽상원 작가는 작가를 선발하는 원칙이나 기준이 있나요?

**곽상원**　사실은 제가 1번이면 그 다음인 2번을 제외하고는 착한 사람, 성실한 사람을 선택합니다. 아이디어는 저하고 2번 또는 제가 믿을 수 있는 사람 한두 명만 있으면 됩니다. 개인적으로 순한 사람을 선호해요. 다른 무엇보다 인성을 보는 편입니다. 악다구니 있고 욕심 많고 막 이런 사람, 협찬 받으러 가서 자기 거 챙겨오고 그런 사람, 이상한 그런 애들 정말 싫어합니다. (웃음)

곽상원 작가다운 원칙이네요. 예능 작가가 시청자들을 즐겁게 해주긴 하지만 스트레스는 많이 받을 텐데 어떨 때 스트레스를 많이 받게 되나요?

**곽상원**　'라디오 스타'는 무엇보다 섭외입니다. 섭외가 힘든 사람들을 제가 주로 연락하잖아요. 그런데 거절하는 사람들로부터 안 한다는 부정적인 얘기를 계속 듣다 보면 굉장히 우울해집니다. 그 스트레스가 심한 거죠. 그런데

"네! 촬영하겠습니다." 하면 뭔가 목적을 달성한 거니까 기분이 굉장히 좋은데 축구 선수로 말하자면 골인을 한 거잖아요. 헛발질하고 계속 안 한다고 하면 허공에다가 뻥 찬 거밖에 안 된 거니까요. 그리고 사람들이 바로 안 한다고 하지 않습니다. "고민해 보겠다." 하고 "다음에 전화 주세요." 하니까 많이 힘이 듭니다.

그러면 그런 스트레스들을 어떻게 풀어요?

**곽상원**　　그래서 예전엔 야구도 하고 했는데 요즘은 거의 못 하고 저는 그냥 못 풀고 있습니다.

프로그램으로 푸는군요. 아이디어를 위한 자신만의 공간이 있나요?

**곽상원**　　요즘은 PC방에 갑니다.

PC방이요? 게임을 합니까?

**곽상원**　　아니요. 그곳에 가서 기획안 정리도 하고요. PC방 가서 자료도 보고 유튜브도 보고, 그곳에 가서 일로 받은 스트레스를 일로 푸는 것 같아요.

작가들이 만든 회사가 있죠? '감자' 크리에이티브는 무엇입니까? 그리고 멤버는 누구입니까?

**곽상원**　'감자'는 옛날에 개그맨 감자골 형들(김용만, 김국진, 박수홍, 김수용) 밑에서 같이 일했던 작가들이 모여서 감자골 형들은 뿔뿔이 흩어졌지만, 그 기운을 받아서 뭔가 새로운 방송 콘텐츠를 만들어 보자고 만든 작가들의 모임입니다.

지금도 잘하고 있고, 중국 콘텐츠를 만드는 일과 컨설팅도 하고 있나요?

**곽상원**　원래 취지는 대형 프로덕션들하고 컨설팅과 프로그램 개발을 했습니다. A9 미디어와 2년 정도 업무를 했고 현재는 SM C&C와 2년째 하고 있습니다.

앞으로의 중국 시장은 어떻게 될까요?

**곽상원**　중국 시장이 조금 활성화는 될 거 같지만, 규모 자체가 처음에 시작했던 것처럼 공동제작이나 이런 식으로 커지지만은 않을 거 같습니다. 소규모로 1, 2명 정도의 작가들이 컨설팅이나 제작에 참여하다가 결국에는 자기들이 알아서 하는 식의, 기존의 한국 대기업들에게 하던 방식으로 거의 모두 패턴화가 되어 갈 거 같습니다. 방송도 그렇게 전망이 밝지 않습니다.

지금까지도 잘 해왔듯이 앞으로도 곽상원 작가의 활약을 기대하고 지켜보도록 하겠습니다. 긴 시간 동안 감사합니다.

84 #예능작가

섭외가 전쟁이지요

섭외 노하우요? 출연자에게 아주 길게 카톡을 보냅니다.

박찬호 선수에게 작년 2월 21일 카톡을 보냈는데 아직도 안 읽었더라고요!


# 곽상원 작가 〈MBC 라디오 스타〉

# 지금 만나러 갑니다

#예능작가

칼로리가 잘 짜여진 식단표가 있다.

맛과 영양과 가격까지 고려해서

그 계절엔 어떤 재료로 요리해서 밥상을 차리면

오는 손님마다 맛있게 먹을지 훤히 꿰뚫고 있는 영양사가 있다.

묵직한 무쇠솥에도 밥을 해보았고,

빠르고 간편한 전기밥솥에도 밥을 해 보아서

밥 짓는 냄새만 맡아도 이 밥이 진밥이 될지

된밥이 될지 귀신처럼 알아맞히는

능숙하고 노련한 요리사처럼 프로그램을 요리하는

프로그램의 프로요리사 김기륜 작가를

지금 만나러 갑니다.

# # 김기륜 작가

**대표 프로그램 : KBS 출발드림팀**

| | |
|---|---|
| MBC | 일요 큰잔치 |
| | 일요일 일요일 밤에 |
| | TV 특종 놀라운 세상 |
| KBS | 슈퍼 TV 일요일은 즐거워 |
| | 출발 드림팀 |
| | 좋은 나라 운동 본부 |
| SBS | 기쁜 우리 토요일 |
| | 좋은 친구들 |
| | 토요일은 즐거워 |

중국 대표 예능 프로그램 제작 구성 <2015 ~ 2019>
前 한국방송작가협회 저작권부 이사


**수상**

2003년 KBS 방송 연예대상 작가상

김기륜 작가님 반갑습니다.

KBS '열전! 달리는 일요일'이라든지

'출발드림팀', MBC '일요 큰잔치' 등 워낙 대단한 게임 프로그램들을

많이 하셔서 게임 프로그램 위주로 방송을 하신 것으로 아는 후배들

많은데, 게임 외에 다른 장르에서도 꽤 많은 프로그램을 하신 것으로

알고 있습니다. 오늘 그런 이야기들을 나누었으면 합니다.

# 김기륜 작가

김진태

**김기륜**　　반갑습니다. 강남까지 먼 길 와줘서 고맙습니다. 김 작가와 오랜만에 옛날 얘길 하겠네요.(웃음)

선배님이 강남권에서 생활하시는 특별한 이유도 있다고 들었는데, 무엇인가요?

**김기륜**　90년대 초에 '서태지와 아이들'을 강남에선 다 아는데 방송국이 모여 있는 여의도에선 서태지를 모르고 있더라고요. 그때 그런 생각을 했어요, '예능 작가가 트랜드나 문화를 빨리 읽을 줄 알려면 강남에서 생활하는 게 맞겠다.' 그런 생각이죠.

네. 평소에도 선배님은 참 스펙트럼이 넓은 작가라고 생각을 했었는데요, 예능 안에서도 게임이나, 음악, 데이팅, 과학프로그램 등 장르를 수없이 많이 개척도 하셨는데, 프로그램을 지금까지 몇 개정도 하셨는지요?

**김기륜**　못해도 300개 정도 한 것 같아요. 1983년에 KBS에서 대학생 아르바이트로 일을 시작하게 되었는데, 그때 맡은 프로그램이 바로 '비밀의 커튼'이었습니다. 프로그램마다 대학생 아르바이트가 5명 있었고 두 프로그램을 한 팀으로 묶어서 교양국 안에서 '별동부대'처럼 일을 했는데 이 프로그램은 재미있는 사람들에 대한 아이템이 일주일에 5개가 있어야 했고 프로그램마다 PD 1명에 AD 1명이 제작팀 전부였어요. 요즘처럼 작가 팀이 있는 것이 아니라 대본 쓰는 작가 1명만 있다 보니 아이템이 결정되면 MC의 대본만을 써주는 것이 바로 작가의 역할이었죠. 대학생 아르바이트 5명이 소재를 찾아오는 역할을 했는데, 당시에는 인터넷이 없었어요. 각자 흩어져서 잡지도 뒤지고 전화번호부를 뒤지기도 하고 특이한 이름이 있으면 거기는 뭐 하는 곳인지 물어보면서 사람들의 정보를 얻기도 하고 또 출연했던 사람들에게 찾아가서 누구 없냐고 묻기도 하면서 계속 물고 물리는 식으로 출연자를 발굴해 내는 일이 우리의 주된 업무였어요. 녹화 당일에는 팀마다 인력이 부족하니까 무대 진행도 봐주고 출연자들을 관리하는 역할도 했었지요. 그때 기억나는 것은 5명의 대학생 가운데 고려대학교 신문방송학과를 다니는 형이 있었는데, 그 형이 저에게 "넌 방송국을 못 떠날 것이다."라는 말을 했었어요.

처음부터 방송에 뜻이 있으셨나요?

**김기륜**　전혀 뜻이 없었어요. 그냥 학비를 벌려고 간 거였으니까요.

전공하고 관계가 전혀 없으셨고요?

**김기륜**　저는 파일럿이 되는 것이 꿈이었는데 눈도 나쁘고 여러 가지 상황이 원활하지 않아서, 결국은 기계공학과를 가서 항공 관련 일을 해보고 싶었습니다. 비행기 근처에 가서 일하는 것이 꿈이었어요. 그때 그 꿈을 찾지 못했고 그 뒤로 학교로 돌아가지 못하고 계속 여기에 남은 거예요.

그때부터 계속 방송국을 못 떠나고 프로그램을 하셨겠네요?

**김기륜**　그렇지요. 그때는 휴학 상태였는데, 학교로 돌아가지 못한 여러 가지 이유가 있었겠지만, 공부가 재미도 없었고 반대로 방송국이 너무 재미있었어요. 그래서 굳이 내가 1년 열심히 벌어서 이 돈을 모두 학교에 갖다주어야 하나 이런 갈등이 생기게 된 거죠. 아르바이트를 시작하고 3개월이 지났을 때 저에게 두 명 몫을 한다고 6만 원 주겠다는 거예요. 대학생치고는 큰돈이었는데 그때는 KBS가 예능프로그램도 많았고 연말이나 어느 때가 되면 특집방송도 많았어요. 그것이 다 제게 일로 돌아오는 거예요. 물론 아르바이트 같은 개념이었지만요. 지금으로 따지면 FD나 AD가 하는 일을 했고, 편집도 하고, 원고도 써주고, 퀴즈도 뽑아주고, PD의 보조적인 일들을 다 해주었지요.

그때 여러 일을 하면서 일도 많이 배우셨겠어요. 젊은 나이에 많은 것들을 방송국에서 배우신 거네요. '출발드림팀'은 선배님이 만드셨지요?

**김기륜**    '출발드림팀'은 제가 만든 게 아니에요. 다들 그렇게 알고 있는데 유성찬 작가와 문은혜 작가가 '출발드림팀'의 작가이고, 그분들이 '출발드림팀'을 할 때, 저는 '캠퍼스 영상 가요'라는 코너에 배정되었죠.

'출발드림팀'과 '캠퍼스 영상 가요'는 '슈퍼TV'의 코너였죠? 그게 몇 년도 인가요?

**김기륜**    1999년도였고 '슈퍼TV' 안에 있는 코너였지요. '출발드림팀'도 시즌 1은 독립프로그램이 아니고 '슈퍼TV' 안에 있는 코너였어요.

그럼 시기적으로 '출발드림팀'을 선배님이 하시다가 MBC '일요 큰잔치'

도 하시고 또 KBS '열전 달리는 일요일'도 하셨는데, 어떤 프로그램이 제일 먼저 하신 프로그램이죠?

**김기륜**　'출발드림팀'이 제일 뒤에 한 거고 '열전 달리는 일요일'은 1990년도, '일요 큰잔치'도 제가 2000년까지 했던 거 같아요. 당시는 MBC가 그런 게임 프로그램은 전성기였지요.

'일요 큰잔치'도 오래 하신 거로 기억이 돼요.

**김기륜**　오래 했지요, 끝날 때까지 6년 정도 했으니까요. '일요 큰잔치'가 있을 때는 MBC가 게임 예능의 최강자였어요. 일요일 정오에 방송이 됐었는데 그 당시 어마어마한 시청률을 자랑했었어요.

'행운의 스튜디오'로 게임 예능을 시작하시면서 90년대에 '열전 달리는 일요일'을 통해 게임작가로 특화되신 거 같은데 맞나요? '게임작가 하면 김기륜 작가야' 이렇게 말이죠.

**김기륜**　그렇게 됐지요. '행운의 스튜디오'에서도 많이 했고, 그다음에 '일요 큰잔치'는 매주 많은 게임을 만들어서 했습니다. 그리고 나서 '열전 달리는 일요일'을 한 거 같아요.

'열전'이 앞입니다. 90년대 초반이니까요. 제가 '우정의 무대'를 할 때 주철환 PD가 야전 팀들끼리 모여서 밥을 먹자고 했는데 KBS PD 팀들하고, MBC PD 팀들하고 여의도 중국집에서 밥을 먹었던 기억이 있어서 제가 기억을 합니다.

**김기륜**     그런 일이 있었죠. 그런데 KBS의 '열전 달리는 일요일'은 예능국이 아니고 교양국에서 했었다고 했어요. 교양국 출신 임기준 PD와 노윤구 PD 둘이서 열전 프로그램을 했는데, 에버랜드라고 예전엔 자연농원이라고 불렀는데 자연농원미술관 밑 계곡에서 세트를 짓고 프로그램을 했던 기억이 나네요.

자연농원은 참 오랜만에 들어보네요. 그때, 징검다리 놓고 했던 기억이 나요.

**김기륜**     그걸 마법의 다리라고 했지요. 마지막에 그 마법의 다리를 넘어가야 했습니다.

그 다리 밑에 괴물들이 있었고요.

**김기륜**     김 작가도 기억하네요. 그 밑에 6~7명의 괴물이 있었지요. 당시에는 큰 히트를 했는데 방송이 3주가 나가고 10년 치 예약이 끝나서 더 예약을 받지 못할 정도로 인기가 있었어요. 한 회에 60명 정원에 5인 1조 그룹으로 출연을 했었는데, 방송사에서 아나운서들이 스타가 되는 시발점이 된 것이 이 프로그램이었고, 예능 전문 MC가 연예인으로 스타가 되는 관문이 이 프로그램이었지요.

맞아요. 아나운서가 돌격대장을 맡았었죠. 1대 돌격대장이 누구였죠?

**김기륜**    1대 돌격대장이 최선규 아나운서, 그다음 2대가 손범수 아나운서, 3대가 김병찬 아나운서였습니다. 이 프로그램을 통해서 아나운서들이 예능 MC로 전문화가 되는 프로그램이었지요.

게임으로 치면 순서가 '열전 달리는 일요일', '일요 큰잔치', '출발드림팀' 이렇게 되겠네요.

**김기륜**    순서는 그게 맞는데 중간에 SBS에서 '좋은 친구들', '보야르 원정대' 그다음에 '슈퍼 바이킹'이라는 프로그램도 한 번 했지요. 성공은 못 시켰지만 '슈퍼 바이킹'은 '드림팀' 비슷한 건데 겨울에 시작해서 실패했어요.

저는 선배님과 관련해서 이런 기억이 있어요. 게임 프로그램을 설명하실 때 게임 세트를 말로는 설명이 안 되니까 선배님이 노트에 그림으로 그리시더라고요. 그때 그림을 잘 그리셨던 기억이 나는데, 맞나요?

**김기륜**    잘 그리진 않고 내 나름대로 스케치를 한 건데, 아주 못 그리지는 않았던 거 같은데요.

그 그림을 보면 어쨌든 설명이 됐던 거 같아요. 이게 말로는 어떻게 설명이 안 되잖아요. 그게 기억이 나요.

**김기륜**    그렇지요, 빨리 PD들에게 설명하려고 그림을 그려서 설명한 거죠.

그 뒤로 누구나 다 노트에 관심이 커졌어요. 세트 쪽이나 미술감독이나 세트 만들 때 말해보라고 하면서 노트에 그리던 기억이 납니다. 선배님과는 '출발드림팀' 이야기를 안 할 수 없는데 시작이 어떻게 된 건가요?

**김기륜**    1999년에 KBS에 김시규 PD가 '슈퍼TV'를 같이 해보자고 했어요. 그래서 갔는데, 그때 메인 작가들이 한 코너씩 담당하고 있었어요. 저에게 새로운 코너를 하려고 하는 데 아직 코너가 끝나지 않았으니, 한 달 정도 맡아서 하라고 했고 그래서 시작하게 되었어요. 처음 '출발드림팀'의 기획 의도는 '비인기 종목의 스포츠 활성화'였는데, 그래서 유도, 태권도, 농구 이런 식으로 비인기 스포츠 종목들을 연예인들이 배워서 대결하는 형식의 코너였죠. 한 30회 정도 하다 보니까 비인기 종목의 스포츠가 없는 거예요. 아이템이 떨어졌고, 유성찬 작가와 문은혜 작가가 다른 데로 가게 되면서, 자연스럽게 제가 전체 메인 작가가 된 거예요. "'드림팀'이 이제 아이템이 없다며 장애물 경기를 해보자. 기구를 사용해서 해보자." 해서 장애물 경기장을 만들다 보니까 제가 장애물을 다 만들게 됐고, 그래서 '드림팀'을 새롭게 만들게 되었어요.

장애물 같은 세트는 그 당시 선배님의 아이디어가 독보적이지 않으셨나요?

**김기륜**　그 당시에는 독보적이었어요. 시즌 1의 앞부분은 비인기 종목 스포츠가 있었고, 뒷부분에 가서 제가 맡았을 때 세트를 어마어마하게 만들었죠. 세트를 성처럼 만들고 로봇 팔이 날아와서 사람을 막 쫓아오죠. 마징가 제트가 서 있는데 팔이 분리돼서 팔이 쫓아와서 도망간다든지, 이런 식의 어떤 빅 세트를 게임화시킨 거지요.

그런 아이디어들이 선배님이 기계공학을 전공해서 그렇다거나 하는 것과 관계가 있지 않을까요? 저는 게임 아이디어는 잘 안 떠오르더라고요.

**김기륜**　관계가 아주 크지는 않겠지만 이과의 성향이 도움이 됐을 수는 있겠지요.

'출발드림팀'을 성공시키고 오래도 하셨지요?

**김기륜**　그렇지요, 시즌 1을 끝까지 했어요. 시즌 1 말기에 프로그램을 너무 오래 해서 시즌 1이 없어지고 시즌 2가 생겼고요.

그럼 몇 년이나 '출발드림팀' 프로그램을 하신 건가요?

**김기륜**　13년 정도 한 거 같은데 '시즌 2'만을 2016년까지 7~8년 했어요.

그럼 매주 하셨을 텐데 매주 게임을 바꿔서 배치하나요? 세트 장애물은 한번 설치해 놓으면 그냥 계속하는 거 아닌가요?

**김기륜**　　이것도 매주 바꿔줬지요. 배치나 가짓수도 처음에 15개 했다고 하면 다음 주에는 다른 것으로 15개를 다하고, 3회 때는 또 다른 걸 다하고. 그렇게 계속하다가 한 10회 하다 보면 그중에서도 제일 재미있었던 것을 잘 저장해 놨다가 13회 가서 새로운 거 2개 넣고 예전에 킵 해놓은 검증된 것으로 다 갖다 놓는 거예요.

코미디나 예능 대본은 다 날아가 버리면 없잖아요, 그런데 이런 게임 노하우는 다 선배님한테 남아 있을 거 같아요. 이런 세트 아이디어는 선배님 아니면 누구도 할 수 없잖아요.

**김기륜**　　카피해서 할 수 있겠지요, 중국에서 일부 카피를 하기도 했었고요.

카피도 시행착오가 있잖아요. 만들어 놓고 시험을 해보니 안 되는 것도 있고 방송은 바삐 돌아가야 하는데.

**김기륜**　　우리도 만들 때 시행착오를 겪기는 하는데, 이제 원천적인 그림이 있으면 보고하기는 쉽지요.

그럼 출발드림팀 이후에 최근에는 중국에 가서 계속 방송을 하신 건가요? 거기서도 게임 프로그램을 주로 하셨나요?

**김기륜**　2016년부터 중국으로 가서 프로그램을 했는데, 그중에서 제일 히트 친 것은 '왕패 대 왕패'라는 프로그램이죠. 게임만 하는 것은 아니고 콩트도 하고 노래자랑도 하고 버라이어티 형식에 게임이 절반 정도 들어가 있는 프로그램이었어요. 시청률이 무척 좋았고 1위도 여러 번 했는데 그다음에 '고능소년단' 우리나라로 치면 '런닝맨' 비슷한 프로그램이 있었고 그다음이 '왕자출격'이라는 프로그램으로 중국 국민 중 5억이 하는 가장 대표적인 모바일게임이 있는데 그것을 오프라인으로 가져와서 게임화시킨 겁니다.

선배님께서 하신 프로그램 중에 중국에서 시청률 1위도 하셨고 많은 프로그램을 했지요?

**김기륜**　1등을 한 프로그램이 '왕패 대 왕패', 그리고 다른 프로그램들도 시청률이 높았지요.

중국 TV에 한국 예능 작가의 이미지를 좋게 각인시킨 작가이기도 한데또 다른 프로그램은 뭐가 있었나요?

**김기륜**　크게 다섯 개 정도 프로그램에 참여했어요. 쓰완위성 TV에서 방송했던 '중국 아빠'라는 프로그램이 있었고, 2015년에 선전위성 TV와 공동제작한 '중한드림팀', 절강위성 TV '고능 소년단' 그리고 '왕자영요'와 크게 성공한 절강위성 TV의 '왕패 대 왕패' 정도인 것 같아요.

아무튼, 중국 프로그램에 큰 획을 그으셨는데 원고료는 한국에서 받는 것과 많은 차이가 있었나요?

**김기륜**　한국에서 받는 것에 3배 정도는 준다고 봐야지요.

사실은 게임의 노하우를 중국 TV에 전해 주시는 건데, 그렇다면 저작권은 별도로 지급되지 않나요?

**김기륜**　그게 한국보다 3배를 더 주니, 거기에 포함되어 있다고 봐야지요. 게임 아이디어는 저작권이라고 볼 수도 있는데, 아이디어만 가지고는 보호를 못 받는다고 해요. 여기에 그 아이디어를 독특하게 표현할 수 있는 표현 장치가 붙어야지만 저작권이라는 게 생겼다고 법적으로 해석을 한다고 하더라고요. 그런데 게임 하나의 아이디어를 가지고 '이거 저작권이 있다.' 이렇게 얘기를 하기가 나중에는 그것이 가능할 수 있을지 모르겠지만, 현재는 어렵다는 거지요.

예전부터 지자체와 세트장을 함께해서 테마파크 운영을 하고 싶다는 말을 많이 하셨었지요?

**김기륜**　이런 이야기를 한 지 거의 10년 된 거 같은데 드라마 세트장이 있으면 드라마 세트장 옆에 예능 세트장이 붙어야 한다는 생각입니다. 드라마 세트장은 사진 한 장 찍고 나면 재방문해야 할 이유가 별로 없는데, 오락적인 체험을 할 수 있는 체험 시설은 교육적인 목적을 띨 수 있거든요.

가족과 함께 가기도 좋고 회사 연수프로그램으로도 참 좋은 것 같아요. 선배님이 주관하셔서 기획하셨을 텐데 기획에 대한 권리도 받게 되나요?

**김기륜**    이 부분은 굉장히 중요한 포인트지요. 방송사들은 아직 포맷에 대한 권리가 이렇게 시작되고 있다는 것을 정확히 모르는 거 같아요. SBS가 100% 지분으로 만든 '포맷티스트'는 포맷에 대한 권리를 나누어 주는 것을 승인했어요. 그건 무슨 이야기냐면 SBS는 유능한 작가의 기획안을 선점할 수 있는 터를 만들어 놓은 거죠. 공모전에 가봤자 아이디어만 노출되는데 누구든지 먼저 '포맷티스트'에 기획안을 보여주게 되겠죠. 거기서 얘기가 잘되면 작가의 권리가 인정되는 기획안인데 굳이 아무것도 인정도 못 받는 방송국에 뭐하러 가겠어요. 그게 어떻게 보면 큰 변화의 시점인 거죠.

매우 중요한 포인트를 말씀하셨고, 앞으로는 많이 개선될 것 같은데요. 포맷에 대한 권리를 작가가 어느 정도 가져야 할까요?

**김기륜**    만일 어느 작가가 100% 기획안을 만든 거면 포맷에 대한 권리를 방송사나 프로덕션이나 원래 기안한 작가가 주도적인 권리를 갖게 되는 것은 당연하고, 그다음에 공동으로 개발되는 형태들은 작가 팀들, PD 팀들이 모여서 함께 개발했다면 그들이 그 안에 다 권리가 있어야 한다고 생각해요.

포맷의 권리라는 게 결국 자신이 만든 프로그램에 대한 애정에서 시작된 것 같은데 제일 애정이 있는 프로그램은 어떤 것인가요? 그래도 '슈퍼 TV'가 제일 애정이 있는 프로그램인가요?

**김기륜**　애정도 있었지만, '슈퍼TV'는 작가로서 중요한 역할을 했다고 생각합니다. 대부분 사람들은 중국이 한국 예능을 표절한다고 생각하는데, 사실은 표절하지 않아요, 그런데 표절해요. 무슨 이야기냐면, 중국은 좋은 프로그램이 있으면 판권을 반드시 사는 회사가 있어요. 예를 들어 판권을 산 곳이 다섯 군데가 있는데 다섯 군데 빼고 못 산 곳에서 표절하는 거죠. 그들이 아무것도 안 사고 표절하는 것이 아니고, 지금은 반드시 사요. 사려고 했는데 팔았다고 하니까 못 사는 거예요. 못 사니까 표절을 하는 거죠. 그러니까 '작가만 좀 데리고 올까? 유사한 프로그램을 할 줄 아는 PD와 작가를 한국에서 데리고 오면 되지 않나?' 그래도 해결은 되니까, 그래서 표절이다 베낀다고 하는 거죠.

어떻게 보면 저희가 예전에 일본 프로그램을 표절한 것도 있었는데 그보다는 중국이 합리적인 것 같다고들 하더라고요.

**김기륜**　왜냐하면 중국은 이미 유럽에서 다 휩쓸고 지나간 다음에 우리가 들어간 거잖아요. 중국에 있는 많은 프로덕션이 유럽 포맷을 많이 샀고, 유럽

팀들의 코치를 받아서 다 해본 경험이 있는 거죠. 그래서 포맷을 사는 것에 대해서 거부반응이 없어요. 전체 제작비보다 포맷은 큰 것이 아니거든요. 그런데 한국 포맷을 사는 이유는 두 가지죠. 일단 정통성에 있어서 자기들이 당당해지기 위해서 포맷을 사고, 그리고 브랜드를 사는 것과 같은 거죠. 우리가 오리지널이야, 우리는 한국 거, 한국에서 코치도 받고, 대외적으로 한국 것이라는 것을 마케팅에 이용하기 위해서 그들이 그 비용을 지불하고 사서 가는 거죠.

앞으로는 어떻게 될 거 같습니까? 요즘은 좀 뜸하긴 하잖아요. 조금 주춤하면서 작가들도 중국으로 건너가는 것이 예전 같지 않고 들리는 말로는 '중국 팀들도 곧 따라와서 이제는 배우고 할 것도 없을 텐데'하는 말들도 들리거든요.

**김기륜**　　많이 쫓아왔죠. 스튜디오에서 만드는 프로그램은 한국보다 훨씬 더 깔끔해요. 일단 제작비가 많아요. 우리가 쓰는 제작비의 거의 30배까지 쓰니까요. 우리는 대표 프로그램이 한 1억이라고 생각하면 절반은 출연료인데, 중국은 20억이라고 쳐도 10억 출연료 빼고 10억이 제작비라고 판단하면 거의 10배 이상이거든요.

중국하고는 지금도 계속 연락하시고 컨설팅도 하시나요?

**김기륜**　　그렇죠. 지속해서 연락은 합니다.

## 지금 우리나라 예능은 선배님이 보기에 어떤가요?

**김기륜**　　한국의 많은 프로그램이 리얼리티로 가고 있어요. 리얼리티가 나쁘다는 것이 아니고 10개의 프로그램이 있으면 리얼리티를 7개만 하고, 나머지 3개는 포맷이 있는 버라이어티를 해야 한다는 생각입니다. 왜 그것이 필요하냐면, 리얼리티 10개가 있으면 계속 유사성만 있어요. 요렇게 모아서 편집 또 요렇게 모아서 찍고, 그냥 그렇게 찍는 거예요. 그런데 방송을 미디어 산업 쪽으로 봤을 때 해외에서 뭔가 역할을 할 수 있는 프로그램이 필요한데, '복면가왕'이 미국 역사 7년의 침체기에 획을 긋는 시청률을 나타냈듯이 미국 방송역사에서 7년 만에 그런 결과치가 나왔는데 그게 한국에서 가지고 있는 MBC에서 가지고 있는 프로그램이라고 치면 MBC에서 그렇게 팔았던 콘텐츠 사업 분야에서 " '복면가왕' 다음에 팔 것이 없다."라고 했어요. '복면가왕'이 그렇게 전 세계의 미디어 시장에서 어마어마한 시청률을 내고 그런 결과를 냈는데 그 후속으로 팔 물건이 없다는 거죠. MBC가 '나 혼자 산다'도 잘 나가고 '전지적 참견 시점'도 잘 나가지만 그것을 가져다가 팔려고 하면 그들이 '이걸 우리가 왜 사야 하나요? 포맷이 없는데. 포맷이라고 하기에는 좀 애매해요. 그냥 혼자 사는 사람들 관찰한 거잖아요, 이걸 돈을 주고 사야 하나요?' 이렇듯 그들이 보는 포맷 논리에 권리가 존재하지 않는 프로그램들인 거죠. 한국의 콘텐츠가 전 세계적으로 히트작도 나오는 상황에서 팔 수 있는 것들도 만들어야 한다고 이야기하는 겁니다. 그것이 내가 말하는 '7개는 리얼리티를 해도 3개는 포맷이 있는 버라이어티를 해야 하지 않겠냐.'의 의미인 것이죠. 어떻게 팔 것이 없다는 이야기가 나와요? 옛날 프로그램은 포맷이 많았으니 옛날 것을 뒤져야 하는 것 아닌가 하는 생각을 하는지… 이해가 되지 않아요.

선배님께서 계속 시도하고 있는 건 무엇인가요?

**김기륜**　　'포맷이 모든 것'이라고 생각해요. '예능 작가들이 포맷을 개발할 수 있느냐, 없느냐 그것만이 살길이다.'라고 생각합니다.

예능 작가들은 늘 포맷을 만드는 게 일이지만 이제는 만드는 데 그치지 않고 내다 팔아야 보람이 있는 시대가 된 것 같습니다.

**김기륜**　　어느 정도 포맷의 권리가 존재할 수 있다고 판단되는 프로그램을 만들면 중국은 사요. 미국이 사느냐, 안 사느냐는 사겠다는 사람의 판단에 따르는 것이지만 일단 중국은 사지 않나요. 베트남, 태국 등도 살 확률이 있고요.

이제 앞으로는 방송사를 거치지 않고 작가와 제작사가 직거래를 할 수도 있지 않을까요? 박원우 작가도 본인이 만들어 내고 있고, 본인이 '칸'에 가서 직접 세일즈도 하고요.

**김기륜**　　박원우 작가도 큰 역할을 해내고 있는 것이고, SBS 포맷티스트도 그 역할을 하는 거예요.

급격히 바뀌는 상황인데, 방송사들의 저항이 있는 거죠. 그 저항을 어떻게 잘 넘을 수 있을까요?

**김기륜**    자꾸 결과물 이야기가 나올 수밖에 없어요. SBS는 이미 자회사를 만들어서 그 부분에 대해서 권리를 인정하고 쉐어 하는데 너희들은 왜 안 하냐, 이렇게 되는 거죠.

그럼 선배님도 게임 관련해서 중점적으로 관심이나 개발을 하시나요?

**김기륜**    나는 일단 나에게 기대하는 것이 그쪽이니까, 그쪽으로 개발을 많이 하려는 것이고 나도 음악 예능을 개발했고, 베이킹 예능도 개발해 놓은 것이 있고, 지속해서 개발도 하고 있고요.

꼭 게임에만 국한하지 않으시는군요. 어떻게 보면 한 20년을 독보적으로 하셨는데...

**김기륜**    그것은 한국에서 20년을 독식했다고 한다면 칭찬일 수도 있지만, 반대로 생각하면 김기륜 작가는 '게임작가' 이렇게 생각하는 것이 좋다고만은 생각하지 않아요. 제가 프로그램을 참여한 것이 300개 정도가 되는데, 그것이 다 게임 프로그램은 아니거든요. 물론 게임 쇼가 가장 많았지만, 베이킹 쇼도 있었고, 음악 쇼도 있었고, 리얼리티도 있었고 버라이어티도 있었죠.

어떤 프로그램을 하실 때가 가장 보람되고 재미가 있으셨나요?

**김기륜**　녹화 현장이나 모든 것들이 가장 좋았다고 느꼈던 프로그램은 리얼리티 서바이벌이었어요. 실제 현장에서 느끼는 제작의 만족도가 좋았고, 그 안에는 어떤 대결이라는 기본적인 형식이 깔린 데다가 서바이벌 내면에는 인간심리가 표현될 수밖에 없는 구도가 자연적으로 나오거든요. 그래서 그런 프로그램에 대해서 만들 때 재미가 있었던 것 같아요.

게임도 승부를 가리는 것이잖아요?

**김기륜**　승부를 가리는 건데 '이겼다, 졌다'에 대한 부분이 너무 강조되고, 장치 쪽에 두드러지다 보니까 보는 맛은 있는데 리얼리티에서 주는 인간성의 깊이에서 나오는 맛이 좀 덜한 거 같아요. '와 이겼다, 성공했다' 이런 일차적인 것보다는 '내가 실패했어' 해도 그 아픔의 끝에서 끄집어내는 리얼리티의 진한 맛이 게임 프로그램에서는 적다는 점이 아쉽죠. 그런데 지금은 그것이 잘 표현이 되는 그런 구성을 짜면 되는 것이라고 생각해요.

참 다양한 프로그램을 하셨는데 선배님은 나이로 하면 언제까지 프로그램을 할 수 있으실 거 같으세요?

**김기륜**　65세까지 하려고 합니다.

객관적으로 '예능 작가는 이 정도가 정년이야'는 65세 정도인가요?

**김기륜**    현재로 볼 때 65세까지는 예능 작가 일을 하면서 프로그램을 만들고 권리를 확보하고 싶어요. IP를 가져야겠다는 강한 의지가 거기에 꽂혀 있는 거지요. 첫 번째는 저를 위한 것이고, 두 번째는 후배들을 위해서도 그것이 개척돼야 한다고 생각해요. 그리고 그것을 위해서 계속 연구하고, 특히 작가협회가 거기에 큰 역할을 해야 한다고 생각합니다. 작가협회를 주도하는 드라마가 있지만, 드라마는 이미 잘 가고 있어요. 그 외의 영역은 전혀 여기하고는 극과 극이니까요. 예능과 교양, 다큐멘터리까지도 포맷 화 시킬 수 있는 그런 영역을 개척해 나가야 합니다. 그러려면 어느 개인만으로는 쉽지 않겠지요. 거기다가 이제 누구나 시장 전체가 인정하는 것으로 가려면 주어야 하는 사람 입장에서 '아, 줄 수밖에 없구나, 네가 말하는 논리가 타당하다. 일정 부분을 인정할게.' 이렇게 가야 하고 작가협회가 가장 신경 써야 할 것은 그 부분이라는 거죠. 제가 보기에는 협회가 해야 할 일 가운데 가장 큰 거예요.

지금까지 현업에 계시는 선배님은 유성찬 선배님하고 선배님까지인 거죠? 임 작가님도 계시지만요.

**김기륜**    임기홍 선생님 계시고 유성찬 선배, 나 있고 거의 그렇다고 봐야죠. 그리고는 없을 거예요.

선배님도 그렇고 세분 모두 오래 현업에 계실 것 같습니다.

**김기륜**    악착같이 해야지요.

청년 시절 그대로 일하시는 것 같습니다. 지금도 프로그램을 정석대로 하시고 계세요.

**김기륜**　그렇게 생각해요. 그렇기 때문에 제가 좀 더 많은 일을 했는지도 몰라요. 단지 지금 생각해 보면 저한테 온 게 별로 없고 그런 것이 지나고 나서 보면 불만이기도 합니다.

그런 거 같습니다. 선배님들이 밤새 하신 그런 것에 비하면 많이 못 가져오신 것 같습니다. 제일 큰 것이 저작권에 대한 권리가 없는 것이고요.

**김기륜**　그렇지요, 저작권의 권리가 없는 거죠. 그런데 사회가 변화하고 있으니까 다행이고, 그 변화를 빨리 만들어야 하는 것이 이제 숙제이고요.

예능 작가 요즘 많이 선호하는데 뭘 제일 잘해야 할까요? 가령 순발력이 있어야 한다든지, TV를 많이 봐야 한다든지.

**김기륜**　후배 작가들에게 '5년 차까지는 외국프로그램을 많이 봐라. 8년 차 이상이 되면 외국프로그램을 직접 봐서는 안 된다.' 라고 합니다. 왜냐하면 절대 재해석이 안 돼요. 글씨로 봐야지 절대 영상으로 보면 안 돼요. 사람들이 이걸 생각해서 만들어 놓은 것인데 이걸 뛰어넘는 아이디어를 만들 수는 있지만, 기존의 이미지가 이미 머릿속에 들어오기 때문에 확률적으로는 낮아질 수밖에 없죠. 그런데 '이걸 안보고 만들어봐라.' 하면 달라진다는 거죠. 그래서 1년 차부터 7, 8년 차까지는 기본기를 쌓아야 하니까 많이 봐야 하고 8년 이후, 9년 차 이후는 보게되면 내가 나의 독창적인 프로그램을 만드는 것에 제약을 받을 수밖에 없다, 그러니까 글로 봐야 하는 거죠.

영상보다 글로 보라는 조언이 참 신선하네요. 선배님의 앞으로의 계획은 어떻게 되시나요?

**김기륜**　　포맷이 있는 프로그램을 지속해서 개발하고 그다음에 그 권리를 확보할 수 있는 어떤 결과물을 계속해서 만들어 내서 결국은 그게 전례가 되어 시장 자체가 그것을 작가에게 분배할 수밖에 없는, 그런 시장을 만들어나가는 것이 가장 큰 계획입니다. 결론은 생각해 보니까 두 가지네요. 하나는 포맷 권리를 확보하는 프로그램 개발, 두 번째는 테마파크형 프로그램 개발.

선배님의 계획들을 65세 이전에 모두 이루시길 바랍니다. 오늘 말씀 감사합니다.

65세까지는 예능 작가 일을 하면서 프로그램을 만들고

권리를 확보하고 싶어요.

IP를 가져야겠다는 강한 의지가 거기에 있는 거지요.

어떡하든지 IP를 가져야겠다

그게 첫 번째는 나를 위한 것이고,

두 번째는 후배들을 위해서도 그것이 개척돼야 한다고 생각해요.


# 김기륜 작가 〈KBS 출발드림팀〉

# 지금 만나러 갑니다

#예능작가

타이밍의 여왕 신여진 작가.

서핑을 할 때 서퍼들은 바다를 바라보며 타기 좋게 생긴

파도가 밀려오길 기다리다가 때를 놓치지 않고

파도에 올라탄다.

파도에 올라타는 것도 어렵지만 일단 올라타기만 하면

안정된 자세를 잡고 숙달된 폼으로 리드미컬하게 파도를 즐긴다.

프로그램을 즐기는 신여진 작가와

파도를 즐기는 서퍼의 공통점이 바로 타이밍이다.

기다릴 줄 아는 타이밍!

때를 놓치지 않는 타이밍!

그리고

즐길 줄 아는 타이밍!

꼭 필요할 때 식큐멘터리 '한끼줍쇼'를 만들고

꼭 필요할 때 '슈가맨'을 만들고 가수 '양준일'을 재탄생시키고

'하트 시그널'로 세상의 모든 청춘남녀에게 하트를 날린

신여진 작가를 지금 만나러 갑니다.

# # 신여진 작가

**대표 프로그램 : jtbc 한끼줍쇼**

MBC    댄싱위드 더 스타 2,3
KBS    해피투게더 프렌즈
       뮤직뱅크
       해피선데이 꼬꼬관광 싱글 싱글
       청춘불패 1,2
       해피선데이 불후의 명곡
       가족의 품격 풀하우스

KBS-R  캔의 미스터 라디오
JTBC   한끼줍쇼
       투유프로젝트 슈가맨 1,2,3

채널A   하트시그널


**수상**

2005년 KBS 연예대상 최우수 방송작가상

신여진 작가님, 안녕하십니까?
예전에 신여진 작가가 어디에서 이런 얘기를 했었는데
"예능 작가들의 연차별에는 '없는 게 있다.'"
그 얘기가 무슨 뜻인지
다시 한번 이 자리에서 얘기해 주시겠어요?

## 신여진 작가

김진태

**신여진**  "1, 2년 차는 돈이 없고, 3, 4년 차는 시간이 없고, 그다음 5, 6년 차에는 친구가 없고, 7, 8년 차에는 애인이 없고, 9, 10년 차에는 싹수가 없고, 11년 차 이후에는 철이 없다." 뭐 이런 이야기를 한 적이 있었습니다.

"11년 차 이후는 철이 없다."라는 것이 '감이 없다.'는 것과 같은 맥락인가요?

**신여진**　　11년 차 이상은 이제 감이 없다. 아무래도 트랜드에 좀 둔감해진다는 표현을 격하게 한 것이죠.

지금이 몇 연차죠, 신여진 작가는?

**신여진**　　오래됐죠, 한 25년도 넘었으니까요. 1994년 12월에 시작했습니다.

그러고 보니 횟수로 28년 차 베테랑 작가가 되었는데, 지금 생각해보면 잃고 얻은 것은 무엇인가요?

**신여진**　　선배님께서 그렇게 말씀하시니까 좀 난해하기는 합니다. 잃고 얻은 거라~ 생각할 겨를도 없이 살아왔던 것 같은데요. 일단 결혼을 못 했으니까 청춘을 잃었습니다.

미혼이라고 청춘을 잃은 건 아니고 아직도 청춘인 거죠. 그럼 얻은 것은 무엇이 있나요?

**신여진**　　얻은 것은 부와 명예를 얻었습니다. (웃음)

정리하자면 청춘을 잃고 부와 명예를 얻었다는 거네요?

**신여진**  얻었다는 표현은 좀 그렇지만 열심히 일했고요, 그것으로 인해 제가 하고 싶은 일을 할 수 있는 삶을 살 수 있게 된 것입니다. 만나고 싶은 사람 만날 수 있고, 하고 싶은 것을 할 수 있고, 상상력을 프로그램으로도 실현할 수 있고 이런 거 같습니다. 말은 부와 명예라고 하지만 결국은 내가 하고 싶은 일을 할 수 있는 기회, 이런 것을 얻었다고 볼 수 있습니다.

기회를 얻었다는 것이 부와 명예보다 더 멋져 보이네요. 통장에 잔고도 괜찮은가요?

**신여진**  뭐… 위로 보면 끝이 없지만, 따지고 보면 나쁘진 않은, 괜찮은 거 같습니다.

신여진 작가도 기성세대고 방송가에선 옛날 세대잖아요, 지상파 세대. 케이블에서 요즘엔 유튜브로 옮겨오는 이런 추세인데 앞으로는 어떻게 변할 거 같아요? 어떻게 대비를 해야 할까요?

**신여진**  그러게요, "앞으로 어떻게 대비해야 합니까?"라고 물으시니 참 그렇긴 한데요.

예전과는 환경이 너무 다르잖아요. 요즘은 지상파보다 유튜브나 다른 매체들이 대세이고.

**신여진**　　사실은 제가 유튜브를 할 생각은 없고요. 콘텐츠도 없고 어떻게 말하면 저는 팀워크가 없잖아요. 저도 후배작가는 있지만, 그렇다고 제가 사업성이 있어서 후배들을 전부 결집해서 '우리 한번 사업을 해보자' 이럴만한 용기는 없는 거 같고, 그냥 같이 호흡하는 팀들이 있으면 같이할 수 있는? 어떻게보면 저는 요즘에 '하트 시그널'과 '굿피플'을 하면서 팀워크가 굉장히 좋아서 '하트 시그널 1, 2' 그리고 '굿피플', '하트 시그널 3'까지 하고 작가 팀도 '하트 시그널 1'은 다른 팀이 있었지만, '하트 시그널 2'부터는 저하고 한 3명정도는 그대로 왔고, 그다음부터는 팀원들이 생겨서 같이 협업을 하면 좋겠다, 그런 정도 생각이에요.

팀원들 구성은 어떻게 하나요? 역할 배분 같은 게 있을 텐데 어떤 팀이 잘 맞나요?

**신여진**　　예전에 어떤 개그맨분이 그런 얘기를 한 적이 있었어요. "못난 나무가 산을 지킨다"라는 말을 예전에 저와 토크쇼를 같이하면서 한 적이 있었어요. 그게 무슨 말인가 곰곰이 생각해보니까 저도 같이 일을 하면서 동료들이나 후배들이나 친구들이 많았잖아요. 그런데 결국은 잘난 사람은 독립해서 나가게 되고, 또 어떻게 보면 못난 사람은 탈락하기도 하고, 또 어떤 대열에서 없어져서 일을 안 하기도 하고, 어떤 사람은 결혼해서 외국으로 가기도 하고, 이런저런 일들을 겪다 보니까 각자 서로 결핍 하나 있는 사람들끼리 모이는 것이 혼자 있는 것보다 나은 것 같다는 생각이 들었습니다. 혼자였을 때 완벽한 사람은 혼자였을 때도 잘 할 수 있지만요.

서로의 단점을 보완해 줄 수 있어서 그런 거겠죠.

**신여진**  네, 그리고 서로의 장점이 있으면 서로가 덜 억울한 거 같고, 서로의 단점을 보완도 해 줄 수 있고, 서로 돋보이게도 해 줄 수 있고요. 이런 관계들이 오히려 더 오래갈 수 있는 거 같아요. 요즘에 들어서 느끼는 거 같아요. 그래서 예전에 선배님들이 얘기하셨던 것들이 이제야 이해가 가는 부분들도 있고 '잘 났다, 못났다'를 얘기하기는 좀 그렇지만 '맞고, 안 맞고'는 있는 거 같아요.

서로의 궁합 같은 거지요!

**신여진**  맞습니다. 서로의 바이브는 제일 중요한 거 같고요, 만약 바이브가 아니라면 결핍이 있는 사람들끼리 일하는 건 또 어떨까 하는 생각이 듭니다.

결핍이라기보다 바꿔 말하면 '장기'가 서로 다른 거지요. 예를 들어서 스튜디오에서 연예인들 리드를 잘한다거나 분위기 업을 잘하는 후배가 있는가 하면 또 다른 누구는 묵묵히 일을 잘하고 또 다른 누구는 아이디어가 좋고.

**신여진**  그런 건 참 좋지만 그걸 내 맘대로 초이스할 수는 없는 거 같고요.

이것도 결국은 시절 인연 같아요. 그때 그 시절에 만나서 코드가 잘 맞으면 제일 좋은 거고, 결국은 서로 비슷한 사람, 바이브가 통하는 사람끼리 일을 하는 것, 예를 들어서 선배가 술을 좋아하는 데 후배가 안 좋아한다거나, 또 후배들은 일의 스트레스를 술로 풀어야 하는 데 선배가 안 좋아한다거나 이러면 사실상은 코드가 안 맞는 거잖아요. 서로 원하는 방향이 다른 거고. 어떨 때는 후배 중에 "저는 꼭 일로써 성공하고 싶지는 않아요." 이런 사람들도 있잖아요, 그러면 "나는 일로 꼭 성공하라는 것이 아니고 일을 할 때 이렇게 해주었으면 좋겠다."라고 하면 "그렇게 살고 싶지 않은데요." 이렇게 얘기를 하는 후배들이 있는 것처럼 나중에는 그런 일들을 계속 겪다 보니 조심스러워지고. 서로 원하는 방향이 비슷하고 바이브가 통하고, 그리고 일을 하는 데 있어 서로 하나씩은 필요한 부분이 있는 거예요. 서로에게 결핍이라는 표현은 결국은 서로에게 욕구가 충족되는 부분이 하나씩은 있는 관계들, 또 너무 일만 할 수도 없고 그렇다고 일 때문에 만난 사이이다 보니까...

일이란 게 역시 관계를 벗어날 수는 없는 것 같고, 말했듯이 바이브가 중요한 것 같아요. 혹시 지상파가 화려했던 과거로 돌아갈 수 있을까요?

**신여진**　　없을 거 같아요.

이제 '그 시대는 끝났다'라고 보는 건가요?

**신여진**　　그런데 그 대신 지상파가 할 수 있는 일은 있다고 봅니다. 매머드 한 어떤 규모의 프로그램 같은 것들은 작은 곳에서 할 수 없잖아요.

그런데 자본은 케이블도 훨씬 유동적이고 거대한데.

**신여진**    그럴 수도 있지만, 케이블이 원하는 종류의 프로그램이 있을 거고 저도 결국 어떤 채널을 선택하는 이유는 자기만의 확고한 색깔이 있어야지만 되는 거잖아요. 그래서 작가도, 지상파방송국도 마찬가지로 확실한 자기 색깔이 있으면 살아남을 수는 있는 거 같습니다.

채널도 각각 색깔이 있잖아요. 신여진 작가가 생각하기에 '이런 건 나한테 맞는 거 같아'라고 생각하는 채널은 어떤 채널이 있나요?

**신여진**    JTBC도 저랑 맞고요.

채널마다 색깔이 있잖아요?

**신여진**    저는 채널의 색깔을 그렇게까지 많이 생각해 본 적은 없고 같이 일하는 사람들하고의 어떤 호흡이나 그런 게 아닐까 싶습니다. 제가 아직은 각 채널 색깔에 맞게 프로그램을 구성하는 것은 그렇게 뛰어난 거 같진 않고요. 사람과의 관계에서, 저도 보면 색깔이 있는 사람들과의 관계에선 호불호가 분명히 있는데 저의 호불호가 아니고 저를 좋아하는 사람도 있고, 저의 프로그램의 색깔을 좋아하는 사람도 있고, 싫어하는 사람도 있을 수 있고 그런 것처럼 서로 색깔 있는 사람들끼리 색깔에 맞게 콜라보를 하는 것이 제일 좋은 거 같아요. 제가 요즘 가장 힘든 것이 그런 거예요. 어렸을 때는 아이디어가 막 샘솟으니까 이것도 아이디어가 되고, 저것도 아이디어가 되고 그냥 미완의 것도 다 아이디어가 됐는데, 연차를 먹으면 먹을수록 완성되지 못한 것을 꺼내놓지 못하고 내 머릿속의 검열이 너무 많아지고. 옛날에는 어떤 단어 하나만 보면 '이걸로 프로그램 하나를 만들면 되겠구나.' 이런 톡톡 튀는 기발함이 있었어요. 이제는 그런 것들이 옛날 같지는 않더라고요. 그리고 또 하나는 충분히 내가 이걸 이렇게 변형하면 재미있는 프로그램 만들 수 있는데 싶지만, 아직까지는 그런 것을 잘 못하겠습니다. 채널에 맞게 이렇게 저렇게 좀 조합해서 이것도 하고 저것도 하고 이런 것을 잘 못하겠더라고요.

기획을 많이 했잖아요, 기획했던 프로그램들을 얘기해 주세요.

**신여진**　　가장 최근 기획은 '슈가맨'이고요. 기억에 남는 프로그램은 '토크 박스'입니다. '토크 박스'라는 제목 아이디어는 프로그램 회의를 하는데 '그들만의 리그'라는 제목으로 아이디어를 냈어요, 회의하면서 제가 "'그들만의 리그'보다는 '토크 박스'로 하면 어떨까요? 박스를 굴려서 그것으로 순위를 정하는 방법으로 하면 어떨까요?"라고 제안을 했고 그때 '토크 박스'라는 제목과 '순위를 매기자'라는 것으로 하자고 해서 그 자리에서 '토크 박스'라는 제목이 완성되었죠.

'토크 박스' 하던 시기에도 무척 성공했고 또 다른 기획도 많이 했죠? '슈가맨'은 어떤 계기로 기획하게 되었나요?

**신여진**　2015년에 같이 '프렌즈'를 만들었던 PD에게 유재석 씨와 할 만한 프로그램을 제안받았어요. 유재석 씨에게도 잘 맞는 프로그램이어야겠지만, 내가 과연 무엇을 하고 싶은지 두 달 정도 혼자서 홍대 앞 카페에서 매일 두 시간씩 노트북을 켜고 기획을 위한 고민을 했었어요. 그때 우연히 눈에 들어온 영화 포스터 한 장 '나도 모르는 나만의 전설을 찾아서', '서칭 포 슈가맨' 영화의 로그 라인 한 줄, '내가 작가를 시작한 후에 만났던 수많은 가수들은 어디서 무얼 하지? 사라진 인물들을 찾아서 다시 한번 기회를 주면 어떨까.' 그렇게 해서 시작한 프로그램이 '슈가맨'이었습니다.

2019년 겨울에 불어 닥친 '양준일 붐'이 대단한데 예상하셨나요?

**신여진**　2019년 6월, '슈가맨 시즌 3'를 다시 할 수 있을지 타진하는 과정에서 그동안 연락해왔던 가수들에게 다시 전화를 돌렸었어요. 프로그램의 특성상 '슈가맨'이 오케이를 해야만 프로그램을 진행할 수 있기에 마음속에 찜해둔 몇몇 '슈가맨'들에게 연락을 했고, 이쯤 되면 되겠다는 확신이 들게 한 가수가 있었는데 바로 '태사자'와 '양준일'이었습니다. 특히 양준일 씨 관련해서는 6월부터 직접적으로 팬카페 회장과 긴밀히 통화를 하며 비자부터 일정, 여정, 스토리텔링까지 차근차근 준비했어요. 비자를 내는 과정부터 순탄치는 않았는데 영사관이 없어서 애틀랜타에서 플로리다까지 가서 받아야 하는 등 여러 가지 어려움이 있었죠. 한국에 들어오는 시기도 새로 얻은 직장 문제 때문에 조율도 해야 했으며 방송에 대한 큰 미련이 없던 분이라서 설득하는 과정도 꽤나 오래 걸렸어요. 양준일 씨가 출연만 한다면 '시즌 3'은 충분히 스타트해도 된다는 굳건한 믿음이 있었습니다.

양준일 씨를 섭외하게 된 배경은요?

**신여진**　　'슈가맨 시즌 1, 2'때는 "'양준일'이란 사람을 아냐?"고 물었을 때 후배들이며 젊은 피디들의 반응이 그다지 탐탁지 않았어요. '누구?' 이런 느낌. 또 찾는다고 해도 단서가 '일산에서 영어 학원 했다.' 정도 외에는 그 어떤 단서도 없었죠. 하지만 유튜브 탑골 가요의 영향인지 2019년에는 그 분위기가 달랐고, 2019년 6월경 다시 한번 '시즌 3'을 준비하면서 양준일 씨를 찾아보니 팬카페가 존재한다는 사실을 알게 됐죠. 팬카페에서 회원들과는 댓글로 소통한다는 정보를 듣게 되었고, 그 후에 들어가기 힘들다는 팬카페에 가입하기 위해 어린 후배들에게 부탁, 대신 가입, 다행히 팬카페를 만든 분과 연결이 되었죠. 팬카페 회장과 2~3달가량 많은 교감을 하면서 그분을 출연시키기 위해 작전을 짜가며 오랜 시간 공을 들였어요. 특히 방송에 대해 큰 미련이 없던 터라 그분이 "오빠는 연예인이 아니고 '슈가맨'이에요. 오빠를 평생 안 봐도 좋으니 오빠의 삶이 달라지면 좋겠어요. 그러니 다른 프로그램은 안 해도 좋으니 '슈가맨'은 꼭 나가야 해요."라고 1차 설득을 했고, 양준일 씨에게 처했던 여러 가지 어려움을 7, 8, 9, 10월, 장장 4개월에 걸쳐 해결해 나가면서 녹화를 추진하게 되었죠.

섭외 중에 가장 어려웠던 점은요?

**신여진**  비자부터 한국에 와서의 체류 문제, 방송국에 대한 선입견, 불신을 하나하나 해결해나가는 과정이 생각보다 길었습니다. 비자를 내는 과정도 간단치 않았고, 10여 년간 노래와 춤을 하지 않았던 상태라서 노래 연습을 하는 과정도 미국에서 영상을 통해 자료를 받아 가면서 원격으로 연습해야 했어요.

신여진 작가가 그분을 섭외했기에, 작가로서 보람이 클 것 같은데 가수 양준일에 대한 소감이 어떤가요?

**신여진**  녹화를 하고 난 후, '터졌다' 직감할 수 있었어요. 특히 '50대의 양준일이 20대의 양준일에게 한마디'는 현장에서 전율이 느껴졌습니다. 어려움 속에서 여전히 밝은 영혼을 가진 분이었고 인생의 내공이 묻어나는 멘트들이 감동이었죠. 어떻게 한국으로 다시 오게 할 수 있을지 고민을 하게 됐고, 계획하진 않았지만, 다행히도 친한 매니지먼트사에서 팬미팅 제의가 들어왔고, 하늘의 뜻인지 12월 31일에 마침 공연장을 구할 수 있었어요. 방송 이후 2주 만에 재입국해서 12일 만에 팬 미팅까지 일사천리로 이뤄낼 수 있었어요. 모든 건 계획하지 않았지만 완벽하게 퍼즐이 맞춰졌죠. 이 모든 스토리는 3년 전 우연히 보게 된 영화 포스터 '서칭 포 슈가맨'의 로드리게스처럼, 미국에서는 잊힌 가수지만 남아공에서는 국민가수가 되었던 로드리게스. 아마도 누군가가 30년 전에 이 스토리의 또 다른 주인공을 점지해두었다는 듯이 91년도에 데뷔를 했고, 뜻대로 일이 되지 않자 다시 미국으로 돌아가서 서빙하며 힘들게 지내던 주인공이, 30년 후 유튜브를 통해서 다시 발굴되고 입소문이 나게 되어서 그 덕분에 우연히 방송에 출연, 2019년 화려한 컴백을 하게 됐고 고향인 한국으로 돌아와서 성황리에 콘서트를 열게 된다는 거대한 스토리를 꾸며뒀던 듯합니다. '슈가맨'을 위해 처음 한국에 왔을 때는 30년 만의 무대가 다소 어색하긴 했어도 그때의 느낌은 사라지지 않았더라고요. 그 후 팬 미팅을 통해서 예전 모습 그대로 전성기 때의 모습을 다시 찾게 되었죠. 방송작가를 하면서 가장 길고도 거대한 프로젝트였고, 그 큰 스토리 속의 주인공이 다시 원래의 자리로 돌아오는데 작은 역할을 했다면 그것만으로도 충분히 행복하고 보람된 일이었어요.

'예능 작가 생활 28년 차' 많은 프로그램이 스쳐 지나가죠?

**신여진**　'토크 박스' 2부를 만들면서 잘됐던 거였고, 이홍렬 씨와 했던 '보물섬', 그다음에 '도전 60초'를 했었는데 김진태 선배님께서 메인이셨고, 선배님께서 60초 안을 가지고 오셨었던 거 같아요. 저는 아유미 코너를 맡아서 했었습니다. 그다음에 한경진 PD와 했었던 '카운트다운 쇼', '신나는 일요일', 그때는 제가 거의 세컨드 작가에서 메인 작가로 넘어가는 단계여서 제가 아이디어를 냈고, '야! 한밤에' 같은 경우, 제가 의욕이 넘쳐서 '아이디어 뭐 없나?' 하면서 막 쏟아 내던 시기였어요. '야! 한밤에' 때쯤이 아이디어의 절정기 아니었나 해요.

KBS에서 했던 '야! 한밤에'도 기획을 했었죠?

**신여진**　　맞습니다. 강영원 PD가 김경남 작가와 '시사 터치 코미디 파일'을 하고 있었는데, 예능 프로그램을 저와 같이하자고 제안하셨고 그래서 '야! 한밤에'라는 예능 프로그램을 하게 되었습니다. 프로그램 제목을 제가 지었는데 당시 KBS 국장님이 '야한 밤에' 제목이 너무 강하다고 제목을 다른 것으로 바꾸라고 하셨지만, SBS에서 '색다른 밤에'라는 제목으로 프로그램이 방영되고 있었던 터라 시청자들에게 그렇게 강하게 느껴지지 않을 거라고 설득해서 프로그램 제목이 결정되었었던 기억이 납니다. '야! 한밤에'는 김경남 작가와 황선영 작가 이렇게 셋이 함께 만든 프로그램이었고, 프로그램 코너 중에 저는 '싱글 파티'라는 코너를 맡았습니다. 여기까지가 저의 초창기 프로그램이고요.

'반갑다 친구야'가 '해피투게더 프랜즈'인가요? 원래 정식 이름이 '해피투게더 프랜즈' 아닌가요?

**신여진**　　네. 원래 '해피투게더 프랜즈'였고 '반갑다 친구야'는 부제였죠.

이게 '해피투게더 시리즈'였죠?

**신여진**　　'해피투게더 시즌 3'였습니다. 처음부터 이걸 하려고 한 것은 아니었고, 원래는 개인 단독 프로그램으로 만들었는데 해피투게더 프로그램이 돼버린 거죠. '해피투게더 쟁반노래방'이 막 내릴 때쯤이어서.

그중 애착이 가는 프로그램은 뭐가 있을까요?

**신여진**　'반갑다 친구야'도 좋아하는 프로그램이고 '청춘 불패'도 제가 좋아하는 프로그램이고.

그럼 폭 망해서 꼴도 보기 싫은 프로그램은요?

**신여진**　꼴도 보기 싫은 프로그램이야 없죠.(웃음)

자신이 만든 프로그램은 다 애착이 가는 게 맞죠. '한끼줍쇼'의 기획 배경은 어떤가요? 어떻게 탄생하게 되었나요?

**신여진**　'한끼줍쇼'는 '슈가맨'이 잠깐 쉴 때, 유재석 씨하고 다음 프로그램을 바로 연결하고 싶은데 '슈가맨'이라는 프로그램은 좀 제한적인 프로그램이잖아요, 사람을 섭외해야 하니까, 그래서 그때 당시에 잠깐 뭐 할 게 없을까해서 저희 팀 메인 PD, 메인 CP랑 그다음에 슈가맨 할 때 저랑 함께했던 1, 2, 3번 작가들이랑 유재석 씨한테 주려고 만들었던 프로그램이었습니다.

처음부터 이경규 씨, 강호동 씨를 타깃으로 만든 프로그램이 아니었군요?

**신여진**　아니에요. 처음에는 유재석 씨와 유희열 씨를 주려고.

유재석 씨와 유희열 씨요?

**신여진** 그게 '한끼줍쇼'로 주려던 것이 아니고 유희열 씨와 유재석 씨에게 줄 기획안을 준비하는 과정에 여러 가지 아이디어 중의 하나였어요. 그중에 유재석 씨가 중국을 가야 해서 바로는 못 한다고 하니 '그럼 우리가 바로 할 수는 없으니까 일단 그럼 먼저 이경규 씨랑 해볼까?'라고 해서 한 거죠.

그러면 강호동 씨가 먼저 섭외가 됐나요? 아니면 이경규 씨가 먼저 섭외가 됐나요?

**신여진** 이경규 씨가 먼저 섭외가 됐습니다.

그럼 이경규 씨가 강호동 씨와 같이하기를 원했나 보네요?

**신여진** 아니요. 저희가 이경규 씨와 강호동 씨 같이하고 싶어서 이경규 씨를 먼저 만났고, 그리고 강호동 씨를 찾아갔죠. 이경규 씨는 '그래, 나쁘지 않다'가 생각이었는데 약간 그런 것은 있었습니다. '나쁘지는 않으나 강호동 씨가 할지 모르겠다.' 이경규 씨는 조금 고민을 하셨던 거 같은데 '할 수는 있겠다.'였고 아이템에 대해서도 이렇게 하면 좋지 않을까 저렇게 하면 좋지 않을까 아이디어를 냈었고, 제가 봤을 때 강호동 씨는 조금 고민을 했습니다.

강호동 씨가 왜 그랬을까요? 이경규 씨가 조금 부담스럽지 않았을까요?

**신여진**　사람이 힘들 때마다 꺼내야 할 카드가 하나씩 있잖아요 그때 강호동 씨가 "내가 지금 '이경규'라는 카드를 벌써 꺼내도 될까?", 그 카드를 지금 꺼내는 게 맞는지 안 맞는지에 대해 고민을 좀 많이 했던 거 같습니다.

그러게요, 이경규 씨와 MBC에서 함께했던 '소나기'인가? 그 이후로 이경규, 강호동 투 샷이 처음이더라고요.

**신여진**　네. 맞아요.

두 분이 같이있는 그림이 생각해보니까 처음이더라고요. 굉장히 익숙한 그림이라고 생각했는데.

**신여진**　그게 좋았죠. 사실은 너무 좋았는데 이 과정에서 강호동 씨가 마지막까지 고민을 많이 해서 저희가 삼고초려를 했습니다. 이경규 씨도 고민했지만.

그런데 이경규 씨라면 꼭 강호동 씨가 아니어도 다른 카드가 있을 수 있잖아요?

**신여진**　이경규 씨는 사실은 누린 사람이니까 후배랑 하는 것에 대해서 뭐 그렇게까지 거부감이나 저항감은 좀 덜했던 거 같아요. 오히려 '이거 가지고 될까? 가서 자야 하지 않을까?' 예를 들어서 MBC '일요일 일요일 밤에' 같은 걸 하셨던 분이니까 남의 집에 가서 밥만 먹는 게 프로그램이 성립될지, "하룻밤을 재워 달라고 해야 하는 거 아니야?" 라고 계속 얘기를 했고, 우리는 "그렇지 않다, 안 자도 된다.", 그런데 이경규 씨는 옛날 접근 방식이니까 아무래도 좀 부족할 거 같다고 생각을 많이 하셨던 거 같습니다.

처음부터 이렇게 해서 식큐멘터리로 하고 내레이션 깔고 성우는 김세원 씨가, 원래 컨셉이 정해졌던 것인가요?

**신여진**　　그건 아니었어요. '일반인 집에 밥을 먹으러 가자'에서 시작을 했어요. 그렇게 찍고 난 다음에 남의 집에 '딩동' 해서 밥을 먹고 올 수 있을까? 그 하나를 가지고 갔고, 그 외 나머지 '식큐멘터리로 하자' 이런 것은 메이킹하는 과정에서, 제가 강호동 씨랑도 프로그램했었고 이경규 씨랑도 프로그램했었는데, 두 사람은 녹화 'ON AIR' 보다 녹화가 꺼진 다음에 더 재미있다는 것을 제가 알잖아요. 그리고 제가 같이했던 것이 '스타킹'이랑 '풀 하우스'였는데, 그 프로그램들은 그들의 장점을 잘 살린 프로그램이기도 하지만 어떻게 보면 못 살린 프로그램이기도 하거든요. 재미있는 것은 남들은 스튜디오에서 진행할 때 '날것'처럼 하는 것이 이경규 씨의 장점이기도 하지만 대개 보면 프로그램들이 드라이하잖아요 "다음, 자, 박사님 어떻게 생각하십니까?", "자, 그럼" 외에는 아무것도 없는데 그분들은 끝나고 녹화장 가서 '왜 그걸 저렇게 했는지, 이렇게 했는지' 그런 걸 우리들한테 얘기를 하거나 '아까 이런 얘기를 했어야 한다.' 이런 얘기들을 하는 게 더 재미있는 사람들이다 보니 '그럼 이 프로그램은 최대한 그런 것들을 배제하자. 재미없는 부분을 **빼고** 재미있는 것만 나가자' 이렇게 된 거죠. 그리고 그 당시에는 두 사람이 어떻게 보면 슬럼프였을 때이기 때문에 프로그램 컨셉 자체를 MC들의 야생 도전기로 한번 가보자고 했어요. 그래서 오히려 더 잘 된 것 같아요. 유재석 씨하고 유희열 씨라고 생각했을 때보다는 훨씬 좋은 성과가 있었죠.

네. 유재석, 유희열 투 샷이었으면 프로그램이 젠틀하기만 했을 것 같네요.

**신여진**　네. 그리고 그분들은 남한테 그런 얘기도 못 하는 사람들이고 우리가 뭔가를 풍자할 게 없잖아요. 그리고 밥도 못 먹게 되면 더 안쓰럽기도 하고 먹었을 때도 안쓰럽기도 하고, 마른 두 사람인데. 그러니까 그런 것에 비하면 이경규, 강호동 씨가 훨씬 더 이 프로그램에 맞았던 거죠. 그래서 유재석 씨한테도 농담으로 이런 얘기를 하니까 유재석 씨도 얘기하더라고요. "좋은 프로그램이긴 한데 자기하고는 너무 정서적으로 안 맞는 프로그램인 것 같다."라고.

이것이 먹방하고 리얼버라이어티하고 함께 있는 컨셉인데, 섭외가 어디까지인가요?

**신여진**　섭외는 하나도 안 하죠. 이건 섭외를 할 수가 없습니다.

게스트만 섭외해 놓으면, 무작정 집 앞에서 초인종을 누르는 '딩동'은 리얼인가요?

**신여진**  당연히 100% 리얼입니다. 요즘 같은 세상에 리얼이 없으면 안 되죠. 우리가 동네를 미리 가봐서 어디로 움직인다는 정도의 로드는 있습니다. 왜 도둑놈들이 도둑질하기 전에 '어디로 가야 할까.' 머릿속으로 길을 그려본다고 하잖아요. 그런 것처럼 우리가 처음에 망원동을 우리끼리 가봤어요. 처음에 파일럿을 할 때 우리끼리 파일럿을 한 거죠. 프로그램 회의를 하면서도 '이 프로그램이 될까?' 하고 생각한 것 중 하나는 '집에서 밥 먹는 사람이 없다. 누가 요즘 같은 시대에 밥을 집에서 먹냐' 저도 그렇지만 요즘 다들 밖에서 먹잖아요. 저는 사람들이 집에서 이렇게 밥을 먹을 거라고 생각 못 했어요. 그리고 사람들이 문을 열어줄까? 마찬가지로 나 같으면 안 열어준다. 나는 택배가 와도 죽은 척한다. 그런 얘기들 하면서 '된다, 안 된다'가 있었고, 그냥 이 프로그램을 '한번 해볼까'라고 생각했지 지금 생각해 보면 누구도 확신을 가지고 프로그램이 '된다, 밥 준다'라고 생각하고 시작한 사람은 아무도 없었습니다.

'한끼줍쇼' 프로그램에는 기본수칙이 있다고 들었어요. 어떤 것들이 있나요?

**신여진**  기본수칙은 있습니다. 그게 우리끼리 수칙이라고 하기보다는 처음에 정할 때 '오후 6~8시까지라는 시간을 정해놓는다.', '밥 먹는 시간인데 남의 집에 가는 것도 시간을 정해놓고 가야지.' 하는 것이 기본수칙이었습니다. 사실 남의 집에 9시 넘어서 잘 가지 않잖아요. 그래서 기본적인 수칙들을 정했습니다.

그렇죠. 그런 수칙이 설득력이 있더라고요.

**신여진**    '한끼줍쇼' 프로그램은 저희가 처음부터 규칙을 정해놓고 시작한 것은 아니었고, 프로그램을 시작하기 전에 '룰' 같은 것을 마음속에 정해놓고 시작을 했어요. 프로그램이 민폐 논란이 있을 수 있다고 생각했기 때문이었어요. 왜냐하면 '항상 왜 남의 집 가서 밥을 얻어먹어? 연예인이 돈도 많은데 왜 남의 집에 가서 밥을 달라고 하지?', '요즘 세상에 초인종을 누른다고 집에 들어오게 해서 밥을 줘?', '친한 사람들도 남의 집에 연락 안 하고 찾아가지 않는다.' 등 여러 가지로 말이 안 되는 설정이잖아요. 이런 논란을 빠져나가기 위해서 제작진과 굉장히 많이 고민했고 민폐가 되지 않도록 했어요. 너무 구걸하지 않기로 했고, 길거리에서 만나는 사람들 섭외는 7시 반 넘어서는 안 하기로 했죠. 회사나 식당에서는 밥을 달라고 하지 않고 가정집에서만 하자고 약속했어요. 가족 중 한 명이라도 불편해하면 밥을 먹지 않기로 하는 그런 '룰'을 정했습니다.

방송이 90분이면 녹화는 몇 시간 정도 뜨나요? 이경규 씨는 길게 찍는 거 아주 싫어하잖아요?

**신여진**    저희는 무조건 리얼 타임입니다. 프로그램 자체가 점심 먹고 나와서 1시 반이나 2시쯤 만나서 대본 리딩하고 3시부터 5시까지 동네를 돌고, 그리고 잠시 한 시간 정도 쉬었다가 6시에 만나서 벨을 누르고 밥 먹고 각자 퇴근.

그러면 대본 리딩 후에 다 같이 움직이나요?

**신여진** 맞습니다. 점심 먹고 나와서 저녁 먹고 가는 거예요. 점심 먹고 "야, 이 동네 어디 가서 밥 먹지?" 둘러보고 6시부터 '딩동' 하고 밥 먹고 가는 거죠. 옛날에는 오프닝 같은 걸 1시부터 하고 그랬는데 매일 같은 일을 반복하기도 하고 너무 피곤하니까 또 옛날에는 로드도 잘 나왔고 집도 잘 나왔는데, 요즘에는 워낙 이런 프로그램들이 많아지니까 로드가 점점 짧아지고, 우리도 오프닝을 2시에서 2시 반까지 하면 동네 둘러보는 건 한두 시간이면 다 돌아보거든요. 예를 들어서 다음 주에 상암이다. 그러면 하늘공원에서 만나서 오프닝 2시 반부터 3시 반까지 촬영하고 내려와서 차로 이동하면 박정희 박물관에서 내리게 돼요. 그러면 거기서부터 TV조선과 스타벅스 돌고, JTBC 돌고, KBS 돌고, MBC 돌고, 다시 갔다가 그다음에 YTN 보고, tvN 보고 거기서 작전타임 하고 나면 5시쯤 끝나게 되죠. MC들은 5시에서 6시까지 각자 차에서 쉬면서 가다듬고, 우리 스텝들은 길거리에서 김밥 먹고, 시간이 괜찮으면 카페 가서 쉬고, 6시부터 딩동!

의외로 '아~ 이 집에 가보니까' 이런 에피소드는 없나요? '이 사람 뭐야' 가보니 유명한 사람이라든가?

**신여진** 이런 것은 있죠. 처음에 갈 때 그 동네에 누가 사는지 정도의 호구조사나 신상 파악은 해 놓습니다.

아, 번지수까지는 모르더라도요?

**신여진**　　모르죠. '전현무가 이 동네 사는데'라고 하면 '어디 몇 동, 몇 호에 살아?' 이렇게 물어볼 수 없잖아요. 지난번엔 금호동을 갔는데 위에서부터 '딩동' 하고 내려오다 보니까 갑자기 어떤 여자분이 "어~ 저 윗집에 전현무 씨 살아요."라고 얘기를 해주는 경우도 있었고, 청담동을 갔는데 저 아파트에 이휘재 씨가 산다는 말을 부동산에서 이야기해 주시기도 했어요. 우리는 아무 집이나 벨을 막 누르기 때문에 그런 말에 귀 기울이지는 않습니다.

그럼 그렇게 막 누르다가 얻어걸린 사람은 있었나요?

**신여진**　　소녀시대 서현 씨요. 청담동 갔을 때인데 너무 당연할 수도 있는 것이긴 하지만, 그다음에 이휘재 씨 집이 나왔어요.

그 집이 이휘재 씨 집이라는 것은 얼추 알고 누른 건가요?

**신여진**　　아니, 전혀 몰랐어요. 전혀 알 수도 없는 것이 이경규 씨는 "나한테는 이야기하지 말아라, 나는 알고는 못 한다." 하시고, 강호동 씨는 스포츠맨이고 스포츠맨 정신이 있어서 "나한테 그런 얘기 하지 마"라고 합니다.

아, 모르는 척 못 한다는 거네요?

**신여진**　그죠, 그리고 일본에 갔을 때도 우리가 "이 아파트에 한국 사람이 좀 산데요"라고 그런 건 얘기해 줄 수 있잖아요. 그런데 그때도 "나한테 그런 얘기 하지마" 하셨어요. 확실히 MC분들 자체가 그런 것을 싫어합니다.

MC들을 다 겪어 보셨잖아요. MC들의 이야기를 좀 들어보고 싶어요. 이경규, 강호동, 유재석, 신동엽 씨 등 MC분들 이야기 좀 해주세요.

**신여진**　어떻게 하다 보니까 제가 지난 학기에 네 분과 프로그램을 같이 했는데, 신동엽 씨와 '인생술집', 그리고 유재석 씨와는 '슈가맨'을, 강호동 씨와는 '한끼줍쇼'를 했고 '하트 시그널'은 윤종신 씨와 같이했었습니다. 우선 강호동 씨 이야기를 하자면 누구든 모르는 사람을 만나서 이야기를 하라고 하면 서로 민망할 때가 많잖아요, 그리고 연예인들이 가끔 녹화장에서 일반인들과 만나게 되는 경우들이 있는데 그럴 때 민망해하는 연예인들도 많거든요. 남의 집에 갔을 때 민망한 상황들이 있을 수 있는데 강호동 씨랑 가면 그런 걱정은 하나도 없어요. 그냥 모든 사람을 무장해제 시키는 능력이 있는 거 같아요. 친화력일 수도 있는데 녹화 중 가족들에게 "방송 좀 해주시겠냐? 해줄 수 없겠냐?" 이렇게만 이야기하면 부담을 느끼게 될 텐데, 강호동 씨는 처음부터 출연 제의를 하지 않고 "어머니, 꽃이 너무 이뻐요, 집이 너무 이뻐요!" 하면서 다가가니까 사람들이 어느 순간 자신도 모르게 내 집 이야기를 하고 있고, 꽃 이야기를 하고 있고. 그러면서 그 사람의 마음을 열어내요. 강호동이라는 사람하고는 내가 내 이야기를 좀 하는 것이지 녹화를 하고 있다고 생각을 안 하는 거죠.

친화력으로도 최고의 MC네요.

**신여진**    제가 봤을 때 강호동 씨는 누구를 만나도 어떤 상황에서도 일반인이든 연예인이든 사람을 무장해제 시키는 자기만의 매력이 있는 거 같습니다. 녹화 중에 '아, 지금 급해 죽겠는데 저런 이야기를 해야 하나?' 하는 생각을 할 때가 있었지만, 급한 순간에도 출연자 가족들과 꽃 이야기를 하고 "어머니 ~ 우리 따님~ 공주님" 이렇게 호칭을 부르면서 촬영을 하니 어떤 일반인을 만나도 또 가족들과 촬영을 해도 전혀 민망할 일이 없죠. 오히려 편안하게 촬영을 하게 되는 그런 친화력이 강호동 씨만의 장점인 거 같아요.

그럼 이경규 씨에 관해서 이야기 좀 해주세요.

**신여진**    이경규 씨는 대한민국에서 최고로 동물적인, 본능적인 방송인, 방송 천재! 그러니까 강호동 씨가 "경규 형님이 천재여서 같이 프로그램하기가 너무 두려웠다."라고 맨날 이야기합니다. 예를 들어서 강호동 씨는 길이 막힌 골목길에서 이 길이 힘들 거라는 것을 잘 알지만 가야 하는 사람인 거죠. 가서, '여기 길이 없네.' 하고 돌아오는 사람인데, 이런 것들을 자기의 방송 분량이나 내가 방송을 하는 나의 노하우라고 생각을 하는 사람이고, 이경규 씨는 '야, 여기 길 없어, 가지 마' 하고 이걸 동물적으로 이미 알고 있어요. 이 길이 맞는지 안 맞는지를 파악하고 가지 말아야 한다는 것을 이미 알고 있어서, 때문에 두 사람이 길을 가면 항상 힘이 들어요. '얘는 저 길을 왜 가고 있어.' 하는 게 이 사람의 본능이고, 저 사람은 '내가 얼른 갔다 올게요.' 하는 게 저 사람의 본능이기 때문에 안 맞아요. 근데 그런 두 사람이 만나니까 프로그램에서 시너지가 있는 것이고, 실질적으로 두 사람은 스타일상으로는 안 맞는 거예요. 이경규 씨는 '방송에도 안 나오는데 뭐 하러 해' 이러시고, 강호동 씨는 '이게 안 나오더라도 나올 때까지' 하는 사람입니다. 그러다 보니 사실 녹화장에서 너무 힘이 들죠.

두 MC의 스타일이 완전히 다르군요.

**신여진**　　그래서 처음에 두 사람이 왜 같이하는 것에 대해 두려움이 있는 건지는 알 거 같아요.

신동엽 씨의 장점은요?

**신여진**　　신동엽 씨는 제작진하고 협업이 참 잘되는 사람. 이야기도 잘 통하고 제작진의 말을 참 잘 듣고 인정을 해주는 그런 사람입니다. 프로그램에서 코너를 했는데 같이 하는 사람들이 '너무 길다. 너무 많다.' 이런 평가를 하면 신동엽 씨는 '이 프로그램에서 가장 고민을 많이 한 사람은 일단 제작진이고 분명히 제작진이 이렇게 했을 때는 이유가 있을 거다.' 그런 면에서 제작진의 의도를 한 번 더 고민해주는 사람입니다. 그리고 난 다음에 자기의 의견을 이야기하는 그런 사람이죠. 지금까지 이 분야에서 최고가 되기 위해서 살아남은 사람들, '일만 시간의 법칙'과 같이 그 많은 시간을 견뎌낸 사람들이라서 그런 건지는 잘 모르겠지만, 신동엽이라는 사람은 제작진과의 소통이 가장 잘되고 본인의 의견도 굉장히 세련되게 전달을 해요. 그리고 그것에 관한 판단은 제작진의 몫이라고 어느 정도의 부분은 인정해 주는 그런 사람이죠. 짧게는 '녹화가 재미있었어. 내가 보기에는 녹화가 2회분이면 충분히 분량이 나올 거 같아.' 다른 사람들은 "야, 충분해 그만해", 내지는 그다음부터는 어느 정도에서 못 나오게 한다든지 이런 게 있다면, 신동엽 씨는 녹화가 끝날 때까지 "이거 두 개로 나갈 거야? 두 개로 나갈 거 같으면 조금 더 하고" 이렇게 이야기를 하고 끝나고 난 다음에는 "이거는 한 개보다 두 개가 낫다. 그리고 이 내용을 자르면 오히려 내용이 부족할 것 같은데" 이런 이야기를 합니다. 그 대신 본인의 이러한 이야기를 했을 때 제작진이 그 이야기에 대해서 고민을 한 흔적이 없다거나 하면 그다음부터는 그런 이야기를 하지 않는다고 합니다.

신여진 작가가 앞으로 함께 일하고 싶은 MC는 누구인가요?

**신여진**   저는 요즘 박나래 씨나 양세형 씨 이런 분들과 일을 하고 싶은데 이게 어떻게 하다 보니까 거물급 MC분들과 일하게 되고 그러다 보니 이분들과 진행을 할 기회가 없었어요. 저는 항상 '날 것' 같은 사람들하고 일하고 싶거든요. 메인 MC 옆에 새로운 사람을 발굴해서 프로그램하고 싶은데 그걸 못 하는 게 좀 답답합니다.

요즘 누가 괜찮을 거 같아요? 앞으로 차세대 MC로 말입니다.

**신여진**   자신만의 콘텐츠가 있는 사람들이요. 앞에서 이야기한 박나래 씨나 양세형 씨 같은 사람들처럼 자기가 플레이어가 될 수 있는 사람들이 차세대 MC로 괜찮을 거 같습니다. 요즘에 많이 느끼는 것이 '왜 사람들이 장성규 씨 같은 사람들을 좋아할까?'를 생각해 봤어요. 우리는 늘 전성기를 가지려고 열심히 뛰어가는데 결국은 올라가면 내려오는 것밖에 없잖아요. 일단 열심히 하고 에너지가 있고 그러니까 장성규 씨를 보면 전현무 씨가 보이는 거예요. 전현무 씨도 인기가 없을 때가 있었는데 늘 열심히 했고, 최선을 다했고 그런 전현무 씨와 처음 일을 시작했을 때 확신이 있었거든요, 지금은 거물급 MC가 되어서 섭외도 힘들지만요. (웃음) 이렇게 새로운 사람과 일을 하고 그 후에 반응이 좋으면 저도 즐겁습니다. 새로운 사람을 발굴해서 프로그램을 시작하기 전에는 '이 사람이 이런 게 될까?' 이런 고민도 하게 되고, '아~ 나도 생각해 보면 어릴 때 선배님 밑에서 까불던 막내 작가였을 때가 좋았구나.' 이런 생각을 하면서 저 자신을 돌아보기도 합니다. 지금 선배가 돼 보니까 선배님 밑에서 까불었을 때가 더 재미있었다는 것을 알겠더라고요. 저도 내려갈 일만 있는 거 같아서 이런 게 조금 두렵기는 합니다.

신여진 작가는 언제까지 현업에 있을 생각입니까? 자신이 생각하는 예능 작가 정년이 언제라고 생각하나요?

**신여진** 임기홍 작가님께서 현업에 계시고, 오경석 작가님이 칠순까지 하신 거 아니에요? 그렇게 따지면 저도 그렇게까지 갈 거 같긴 한데 모르죠. (웃음)

계획이 있다면 어떤 계획이 있나요? 작가에서 다른 업종으로 간다거나,

제작사를 한다거나 그런 계획은 없나요?

**신여진**    저는 그럴 자신은 없습니다.

그냥 작가를 쭉 끝까지 한다는 거죠?

**신여진**    그런 건 아닌 거 같고요. 5년 정도는 어떻게든 현업에 남아서 더 감각을 익히고 싶습니다.

뭘 더 익혀요?

**신여진**    늘 배울 게 많은 거 같습니다. 저는 늘 부족한 거 같아요.

요즘 후배 작가들을 보면서 이런 생각을 한 적이 있는데 '생화학전 준비를 하는 거 같다.'는 생각이요, '대량살상, 무기를 만들어서 공중에 확 뿌려야겠다.'는 생각을 가지고 일을 하는 것 같아서 안타깝다는 생각이 들어요. 신여진 작가는 여전히 지금도 '소총'을 쏘고 있는 거 같아요. 여전히 묵묵히 하나하나 아이디어 짜서 만들고 하는 모습에서  그런 느낌이 듭니다.

**신여진**    저는 사업을 하고 큰 그림을 그리고 이렇게 저렇게 해서 앞으로 돈을 벌겠다고 생각해 본 적은 없습니다. 돈은 많이 벌고 싶긴 한데 사업성에 대해서 생각해 본 적은 없어요. 공산품을 찍듯이 방송을 많이 해서 돈을 벌고 싶지는 않았어요. 매번 그때그때 뭔가 나의 만족도가 있는 프로그램을 해서 '나' 자신을 충족시키는 걸 하고 싶었습니다. 제가 중국에 2014년부터 프로그램 컨설팅을 하러 가기 시작했고, 2015년부터 프로그램을 했었는데, 저로 인해서 중국이 달라지고 변화되는 과정을 보면서 많은 것을 얻은 것 같습니다. 얼마 전에 ≪90년대생이 온다≫라는 책을 봤는데 책을 읽으면서 많이 공감했던 부분이 있었어요. 요즘에는 관리형의 사람들은 필요 없는 거 같고, 내가 플레이어가 돼야 하는데 그러니까 내가 55세 이후 그 정도쯤 돼서는 뭔가 나만의 콘텐츠가 있지 않을까 하는 생각이 듭니다. 현역에서는 한 55세 정도까지가 서로 불편하지 않은 단계인 거 같아요.

지금도 사실 적은 나이는 아니죠. PD들이 신여진 작가보다 다 어리지 않나요?

**신여진** 물론 PD들이 다 어려요. 어린 PD들과 프로그램을 하면서 그들과 함께하려고 노력하고 있어요, 예전과 같은 관리형의 작가는 방송국에서는 이제 없어졌거든요. 메인 작가는 촬영장에는 안 가고 편집을 보면서 "이게 뭐야? 이렇게 하면 안 돼, 저렇게 바꿔" 이렇게 지시했었는데, 요즘같이 일하는 작가들이나 PD들은 핸드폰을 보고 자란 어린 친구들이다 보니 영상에 대해서는 더 뛰어나고 편집도 메인 작가인 저보다 훨씬 더 잘할 때가 있어요. 이런 걸 보면서 오랜 경험이 정답은 아닌 거 같다는 생각이 듭니다. 저보다 어리고 젊은 사람들과 생각을 소통 하는 게 경험보다 더 중요하다는 생각이 들 때도 있거든요. '아, 이런 생각을 하고 있구나, 이렇게들 하고 있구나, 이렇게 변화하고 있구나' 하는 이런 과정들이 재미있어서 함께 일하면서 제가 더 배우고 있는 거 같습니다. 아직도 저는 프로그램 촬영 현장을 나가고 있어요. 현장에 나가지 않을 때는 섭외도 제가 할 수 있는 것은 제가 하고 후배들이 할 수 있는 것은 후배들이 하고 그렇게 어린 친구들과 함께 공감하면서 일하고 있습니다.

맞아요, 현실적이고 균형 있는 생각이네요. 신여진 작가는 55세까지 프로그램 현업에 있을 거 같네요. 충분히~

**신여진**    현업이라고 해봤자, 제가 옛날처럼 그렇게 현업에 있을 수는 없지 않을까요? (웃음)

요즘 개인적인 관심은 무엇인가요?

**신여진**    요즘 '그게' 없어서 제일 걱정입니다. 제가 프로그램할 때마다 제 관심사를 프로그램에 많이 녹였었거든요. 한동안은 취미랑 투잡이랑 이런 것에 관심이 많아서 '투잡 쇼'라고 KBS의 파일럿 프로그램을 만들고, '백조클럽'이라고 '슈가맨'을 하고 있었을 때 '슈가맨'에 출연했던 '여자 아이돌'과 뭐 할 게 없을까 해서, '이 친구들 무용을 좀 시켜 봐야겠다'는 생각으로 '백조클럽'을 만들었거든요. 제가 관심 있는 것을 프로그램으로 기획했었는데 어느 순간 '이거다' 싶은 게 없는 게 저의 딜레마입니다.

10년이 지난 '신여진' 앞에 어떤 수식어가 붙으면 좋겠어요? 10년이 지나도 작가 생활을 하고 있지 않을까요?

**신여진**　　그때는 방송작가를 하고 있지는 않겠죠. 작가라는 타이틀을 그때까지 가지고 있을지도 잘 모르겠습니다. 작가 생활을 하면서 가지고 있던 노하우를 가지고 그 무언가를 하고 있을 것 같아요.

그 무언가가 무엇일까요?

**신여진**　　그것을 급하게 생각하지는 않습니다. 그냥 방송 일을 너무 오랫동안 해서 서로에게 부담스러운 자리가 될 때까지 하고 싶은 생각은 없는데, 마음속의 정년을 55세 정도로 생각하고 있고, 그리고 그사이에 '무언가가, 무엇일까요?'에 대한 생각을 해보려고 합니다. 그게 유튜버가 될 수도 있고, 책이 될 수도 있고, 아카데미가 될 수도 있고, 뭐가 될지는 모르겠지만 생각은 하고 있는데 굳이 방향성을 정해놓고 있지는 않습니다.

그럼, 어떤 사람으로 살고 싶은 건가요? '주변에 사람들이 많았으면 좋겠다.'던가, '10년 후에는 몇 개국을 돌았으면 좋겠다.' 이런 계획도 좋고요.

**신여진**　　의외로 제가 계획적이면서도 먼 미래에 대한 계획을 별로 안 세우고, 지금과 6개월, 1년 후 단기계획을 세우는 편이에요. 지금은 그냥 누군가에게 '좋은 사람'이고 싶습니다. 유능한 사람이 좋은 사람일 수도 있고, 돈이 많은 사람이 좋은 사람일 수도 있고 여러 가지가 있겠지만, 내가 무엇인가를 줄수 있을 때는 주어야 한다고 생각을 하고, 받는 시기가 되면 누군가에게 무엇인가를 받고도 싶습니다. 받을 수 있는 사람이 될 수 있도록 가진 게 있는 동안은 미리 저금해둔다고 해야 하나? 보험을 들어 놓는다고 해야 하나? 요즘 그런 마음을 가지고 있습니다.

예능 작가는 무슨 일을 하는 사람이라고 생각하나요? 재미난 콘텐츠를 만드는 사람들, 재미도 여러 가지가 있지만 웃음을 만드는 사람들, 감동을 만드는 사람들?

**신여진**　　저는 이 시대의 어디에선가 '문화를 만들어내고 있는 자부심을 가지고 사는 사람들' 인 거 같습니다. 사실은 만나보면 제일 폭이 좁은 사람들이 작가잖아요.

그렇죠. 콘텐츠, 이것밖에 모르죠.

**신여진**　　그리고 많은 것을 아는 척하지만 어디에 가도 작가들만큼 그 울타리가 좁은데 사는 사람들은 없거든요. 그런데도 마치 문화창작자 같은 느낌을 가지고 살잖아요. 내가 마치 문화의 최전방에서 뭔가를 만들어내는 사람들이라는 착각으로 사는 사람들인 거 같다는 느낌이 듭니다.

어쨌든 콘텐츠는 필요하잖아요. 그래도 앞으로도 꾸준히 살아남을 직업이지 않나요, '작가'라는 직업이?

**신여진**　　크리에이터는 살아남아도 작가는 살아남지는 않을 거 같아요. 작가와 크리에이터는 조금 다른 거 같습니다. 창작하는 사람들은 결국은 '글만' 쓰는 것이 아니라, '글도' 써야 하고 '영상'도 만들 수 있어야 하거든요. 요즘 나이 어린 작가들은 유튜브 만들고, 글도 쓰고 하는데 그런 것이 필요한 시대인 것 같아요.

맞습니다. 꼭 맞는 말이에요. 지금까지 함께한 신여진 작가 긴 시간 동안 감사합니다.

예능 작가 1, 2년 차는 돈이 없고

3, 4년 차는 시간이 없고

5, 6년 차에는 친구가 없고

7, 8년 차에는 애인이 없고

9, 10년 차에는 쌍수가 없고

11년 차 이후엔 철이 없어요.


\# 신여진 작가 〈jtbc 한끼줍쇼〉

# 지금 만나러 갑니다

겨울에 따뜻한 야외 온천에 앉아 있거나

여름에 시원한 느티나무 아래 앉아 있거나

김동용 작가와 마주 앉아 있거나

이 세 가지 상황은 편안함의 차이가 똑같습니다.


언제나 한결같고

언제나 원칙이 있지만

언제나 위트가 있고

언제나 철학이 있는


유쾌한 코미디 작가이며 후배들에겐 한없이

따뜻한 선배인 김동용 작가를

지금 만나러 갑니다.

# # 김동용 작가

**대표 프로그램 : MBC 청춘행진곡**

MBC      청춘 행진곡
            코미디 닷컴

KBS      열려라 코미디
            코미디 세상만사
            쇼! 행운열차

SBS      오박사네 사람들
            웃으면 좋아요
            웃으며 삽시다

OBS      개국특집 '브라보 마이 라이프'
            코미디다 웃자고

**수상**

제 23회 한국PD대상 TV예능부문 작가상
2016년 한국민영방송대상 우수상

안녕하십니까? 김동용 작가님.
개인적으로 형이라고 부르는 게 편한데
오늘은 김 작가님으로 하겠습니다.
이 사무실은 어떤 용도의 사무실인가요?

# 김동용 작가

김진태

**김동용**　여기는 선배이신 임기홍 작가님과 20년 동안 함께하는 사무실입니다. 임기홍 작가님과 함께 DVD 제작한 지 한 20년 정도 되었으니까요.

방송작가가 꼭 방송 대본을 쓰는 게 아니고, 관련된 방송 콘텐츠를 제작하는데 작가님은 콘서트를 녹화해서 DVD를 제작하는 일도 방송과 함께 겸하고 있다고 보면 되겠네요.

**김동용**　맞아요, 방송 일 아니라 무대 공연도 제작하기도 합니다. 작년부터는 허 참 선생과 함께 악극을 만들어서 전국의 무대에 올리려고 작업 중입니다.

네. 예능 작가가 하는 작업이 여러모로 넓다는 생각이 듭니다. 악극도 잘 되길 빌고요. DVD는 어떤 것을 제작하셨나요?

**김동용**　국내 SM 엔터테인먼트 소속사 아이돌의 DVD는 거의 다 이 사무실에서 제작했다고 보면 됩니다.

예를 들면 어떤 아이돌이 있을까요?

**김동용**　HOT, 신화, 동방신기, 소녀시대, 샤이니 등의 아이돌 라이브 공연 실황을 SM 엔터테인먼트에 판권료를 지불합니다. 그 후 공연 실황을 녹화하고 편집한 후에 유통 회사와 계약 후 출시를 하게 됩니다.

지금은 DVD 시장이 하향 사업이잖아요?

**김동용**　요즘은 유튜브 시대이다 보니 판매율이 저조합니다. 그러나 팬들은 개인 소장용으로 DVD를 꾸준히 찾고 있습니다.

요즘은 어떤 작업을 하고 계시나요?

**김동용**　슈퍼주니어 DVD 편집이 끝나서 출시했었고, 동방신기 DVD도 출시했었고요, 얼마 전에 EXO DVD도 출시했습니다.

아, 그래도 꾸준히 DVD 제작 사업을 하고 계시네요. 모두 국내공연이죠?

**김동용**　국내에서 공연했었던 겁니다. 올림픽 체조 경기장에서요. 아까도 말씀드렸지만 직접 판매를 하는 것은 아니고 제작 후에 유통사에 넘기면 유통 회사에서 판매하게 됩니다.

그렇다면, 중계차로 녹화를 하나요?

**김동용**　중계차로 녹화합니다. 보통 한 대가 아니고 중계차 2~3대 정도 가지고 녹화를 하게 되지요.

필요한 카메라 댓 수도 많겠네요? 그만큼 인원도 많이 필요하고요.

**김동용**　　ENG 카메라까지 포함해서 50대 정도 필요합니다. 중계 연출 담당 PD는 외주를 주고, 현장 공연 연출 담당 PD는 따로 있습니다.

오랜 세월 동안 꾸준히 하고 계시네요.

**김동용**　　지금도 꾸준히 하고 있습니다.

김동용 작가님께서는 다른 작가들에 비해 여의도에서 오래 계셨죠?

**김동용**　　여의도에는 작가를 시작할 때부터 있었으니까 꽤 오래됐습니다. 1989년 10월에 MBC 코미디 작가 모집 공고를 보고 준비를 한 후 대본을 제출해서 MBC 코미디 작가로 시작하면서부터 여의도에 있었습니다. 당시 제가 MBC 코미디 작가 공모 때 제출한 대본을 보고 MBC PD에게서 연락이 왔습니다. 출근 날짜를 정해주었고 그때부터 작가 생활을 시작하게 되었습니다.

그렇게 되면 프로그램 원고를 바로 쓰게 되나요?

**김동용**　　당시에는 코미디 작가들이 없어서 저 같은 경우 바로 대본을 쓰기 시작했습니다. 보통은 3개월 연수 기간이 있어서 방송사 사정이나 시스템에 대한 설명도 듣고, 대본도 보고, 편집되는 것도 알고 난 후에 대본을 써야 하죠. 저는 입사 후 2주 만에 바로 '청춘 행진곡' 대본을 썼습니다. 10분짜리 콩트였어요.

그때 그 시절만 해도 코미디 콩트의 시대였지요?

**김동용**　콩트의 시대였죠. 그 당시 KBS가 '유머 1번지'라는 프로그램으로 대박이 나 있었고 그전에 '쇼 비디오자키'로도 대박이 나 있던 상황이었어요. '쇼 비디오자키'는 공개 코미디였고 '유머 1번지'는 비공개 코미디였는데 MBC에서도 비공개 코미디 '청춘 만만세' 프로그램이 있었어요. 그런데 "우리도 공개 코미디를 한번 해보자"라고 해서 당시 개그맨 중에 키도 크고 잘생긴 개그맨 정재환 씨를 MC로 내세워서 콩트 코미디 6개 정도를 한 것이 데뷔작인 '청춘 행진곡'입니다.

그 당시 MBC '청춘 행진곡'에서 했던 콩트 프로그램 코너는 무엇이었나요?

**김동용**　'좌우로 정렬'이라고 개그맨 김정렬 씨가 교관이고 이하원, 김종하, 황기순, 배영만, 서승만 씨등이 출연을 했고 한 6~7개월 정도 콩트를 했습니다. 당시 서승만 씨는 바람잡이로 객석을 웃음바다로 만들었어요. 매번 객석이 빵빵 터지고 재미가 있었던 그런 시절이 있었습니다.

아~ 기억납니다, 그런 시절이 있었지요! 녹화 전에 개그맨 서승만 씨가 무대에 올라가서 객석을 웃기던 게 기억에 남네요.

김동용 작가님의 데뷔 프로그램은 '청춘 행진곡'이네요?

**김동용**    맞아요. '청춘 행진곡'으로 데뷔해서 '내 고향 좋을시고'를 하고 있었습니다.

현재는 메인 작가가 여러 개의 프로그램을 하고 있습니다만, 당시는 프로그램을 여러 개 하는 시스템이 아니었죠?

**김동용**    그때 당시 작가가 1명이기 때문에 여기저기 다니면서 할 여유도 없었고 한 개의 프로그램만을 했습니다. 지금이야 한 프로그램에 여러 명의 작가가 있으니 여러 개의 프로그램을 하고 있지만요.

그 당시에도 '개그맨'이라는 호칭이 있었나요?

**김동용**    그때도 '개그맨'이라고 불렀습니다. 전유성 씨가 개그맨이라는 단어를 처음 만들어서 개그맨이라고 불렀으니까요.

그 시절 잘나가는 개그맨들은 누가 있었을까요?

**김동용**    그때 유명한 개그맨이 정재환, 황기순, 김정렬, 배영만, 서승만 씨등이 있었습니다. 인기 있었던 코너는 '좌우로 정렬'이었고 고구려, 백제, 신라 연합군들의 중구난방 이야기였어요. 백제는 호남 사투리, 고구려는 평양 사투리, 신라는 경상도 사투리로 서로 소통이 안 되는 코미디였고, 사투리로 생기는 에피소드였습니다. 제가 이 코너로 KBS의 '유머 1번지'의 시청률을 잡고

MBC 코미디 왕국을 다시 이뤄냈습니다.

MBC 코미디가 KBS에 빼앗긴 명성을 되찾게 되었군요. 그리고 나서 한 동안 MBC 코미디 프로그램이 시청자들에게 인기가 많았죠. 괜찮았죠?

**김동용**　MBC 코미디가 4~5년 프로그램의 전성기를 누렸죠. 잘 됐습니다.

그러다가 KBS의 '개그 콘서트'라는 프로그램이 생기면서 다시 그 명성을 빼앗기게 되죠? 맞습니까?

**김동용**　그렇죠. 한 몇 년 전성기를 누리다가 '개그 콘서트'에 다시 그 자리를 넘겨주게 됩니다. 그렇게 되면서 MBC 코미디 프로그램은 사실상 사라지게 되는 거죠.

코미디 프로그램 녹화할 때 과정을 좀 설명해 주세요.

**김동용**　우선 프로그램 회의를 합니다. KBS는 전통적으로 회의를 잘했어요. 최양락, 이봉원, 김형곤, 김학래 씨 등 선배들이 아이디어 회의를 잘해서 프로그램이 나갔는데, MBC 코미디 프로그램을 할 때는 혼자서 밤새우면서 힘들었던 기억이 납니다.

혼자서 프로그램 대본을 써야 하니 힘이 들기도 하셨겠네요?

**김동용**　그렇죠. 거기다 코미디 프로그램이라는 것이 스토리가 있는 게 아니고 뜬금없이 코미디가 전개되기도 하고, 등장인물이 12명인 프로그램도 있었는데 12명의 대본을 신인 작가인 제가 회의도 제대로 안 한 상태에서 알아서 써오라 하니 대사를 한 명 한 명 나눠주기도 너무 힘들었습니다. 그렇게 밤새워서 대본을 써 가면 그걸 가지고 회의를 하고 그때 임기홍 작가님이 메인 작가셨는데 지석원 PD랑 저 그리고 코너별로 코너 작가가 있어서 회의를 한 번 더 하게 되고 회의하고 수정을 하면서 대본을 다지게 됩니다.

녹화 시간은 얼마나 걸렸나요?

**김동용**　녹화는 세트 변환이 있어서 3시간 정도 걸렸습니다.

당시 코너로는 뭐가 있었죠?

**김동용**　코너 제목이 김병조의 '짱구네 집', 김정렬의 '좌우로 정렬', 유명한 멘트 "영숙이 숙제했어?"라는 유행어를 만든 코너인 서세원의 '스타 데이트'가 있었어요. "영숙이 숙제했어? 숙제만 하면 뭐해, 복습도 해야지?", 이 말도 안 되는 엉뚱한 개그들이 나오던 때가 있었습니다.

기억이 새록새록 다 나네요. 참 오래된 옛날이야기입니다. 그런데 그 당시 콩트가 재미있었어요. 재밌게 봤던 기억이 납니다.

**김동용**　콩트가 아주 인기가 많았던 시절이었어요. '청춘 만만세'의 이러한 코너들로 MBC가 KBS의 코미디 프로그램의 시청률을 모두 이겼을 때니까요. 당시 김병조의 '짱구네 집' 코너에서는 개그맨 김영하 씨의 '뺑이야'라는 유행어가, 김정렬의 '좌우로 정렬'에서는 사투리가 유행이었습니다.

그렇게 89년, 90년도가 흘러가고 그러다가 91년에 SBS가 개국하면서 시트콤으로 넘어가신 건가요?

**김동용**　아닙니다. SBS가 개국하면서 제가 '주부 만세'라는 프로그램을 만들었습니다.

SBS 개국 때 말씀이신가요?

**김동용**　개국 프로그램으로 '주부 만세'를 만들었는데 지금은 돌아가신 이주일 씨와 강남에서 유명했던 노래 교실 강사 구지연 씨를 섭외해서 만든 프로그램이었습니다. 그 당시 노래 강사인 구지윤 씨가 가르치는 회원이 3천 명이었어요. 그분이 입심이 좋고 말씀도 재밌게 한다는 소문을 듣고, 몰래 가서 가르치는 모습을 보고는 제가 섭외를 했었던 기억이 납니다. 개그가 뭔지도 아시고 웃음을 아시더라고요, 그래서 그분을 섭외하고 이주일 씨를 설득해서 '주부 만세'라는 프로그램을 만들었습니다.

당시 이주일 씨가 최고 전성기 때였나요?

**김동용**    아니었습니다. 전성기가 지나고 이주일 씨가 국회의원을 하고 난 후 전성기가 조금 주춤할 때였습니다.

**故** 이주일 선생님은 어떤 분이셨나요? 한때는 인기가 많은 분이셨는데.

**김동용**    저와는 친형님처럼 친하고 편한 분이셨습니다. 나이트클럽을 운영하셨을 때 녹화가 끝나면 같이 가서 당시 제일 비싼 양주를 각 1병씩 저와 PD, 이주일 씨랑 같이 마시곤 했습니다.

그렇군요. 약주를 잘하신다는 말은 저도 들었습니다.

**김동용**    아주 좋아하시고 즐겨 드셨어요. 아주 많이 드셨고요. 그렇게 한 1년 정도 프로그램을 같이하면서 술도 마시고 재밌게 지내다가 이주일 씨 아들이 교통사고로 사망을 하는 사고가 났어요. 아들이 자신의 벤츠 차를 달랬는데 어린 나이에 무슨 벤츠냐며 다른 차를 타라고 해서 다른 차를 몰고 나갔다가 교통사고를 당해서 사망하게 되자 내가 왜 그걸 안 줬을까 하면서 자책도 많이 하셨습니다. 그렇게 아들을 떠나보내고 그 뒤로 주일이 형이 술도 더 마시고 담배도 더 피우고 하셔서 본인도 암으로 돌아가셨지요.

그러면 아들의 교통사고 후 계속 안 좋은 상황이었겠네요.

**김동용**    '주부 만세' 프로그램 당시 아들이 사망했고 그 후에는 녹화하느니 마느니 그랬지만 녹화장에는 오셨는데 제정신이 아니셨어요. 대본을 볼 겨를도 없으셨고 그래서 제가 무대 뒤에서 대본을 불러줬습니다.

지금도 생각하시면 마음이 아프시겠습니다. 그러면 다른 얘기로 넘어가서 그때 이주일 씨와 구지윤 씨와 했던 '주부 만세'라는 프로그램은 어느 정도 인기가 있었나요?

**김동용** 아주 인기가 많았습니다. 그 당시 '주부 만세'에서 핵심 콘텐츠인 '여보 저예요'라는 코너가 있었는데 주부들이 남편들에게 전화해서 허락을 받아내는 코너였어요. 예를 들어 "오늘 날씨가 별로인데 나 술 한잔 사줄래요?"라고 전화하면 "무슨 술이야?"라는 말을 듣게 되거나 "좋아. 오늘 술 한잔 같이하지."라는 말을 듣게 되는 주부들의 이야기를 듣는 코너였습니다. 비바 백화점 비바 홀에서 녹화했었는데 객석의 400~500명의 주부가 너무 웃겨서 빵빵 웃음이 터지는 그런 프로그램이었습니다.

프로그램이 주부 대상의 토크 프로그램이었군요?

**김동용** 네, 주부 대상 토크 프로그램이었습니다. 그런데 구지윤 씨가 노래 강사이다 보니 녹화 현장에서 노래에 감정을 넣어서 노래를 가르쳤습니다. 맛깔스럽게 표현해 가면서 잘 가르쳤기에 주부들은 너무도 좋아했습니다.

이주일 선생님은 '주부 만세' 프로그램이 마지막이었나요?

**김동용**　아닙니다. 그 뒤로도 저와 SBS에서 프로그램을 한 개 정도 더 했습니다.

어찌 됐든 그 뒤로 계속 안 좋은 일들이 겹치게 되니 친한 형님처럼 지내던 사이였는데 김 작가님도 마음이 안 좋으셨겠네요?

**김동용**　그렇죠. 특히 하나뿐인 아들이 교통사고로 세상을 떠난 후부터는 같이 술도 안 마셨고, 말도 조심하게 되고 어떻게 할 줄 모르겠더라고요. 그다음부터는 서로 조심하는 사이가 되긴 했습니다.

그러면 김 작가님은 SBS 개국 때 건너가서 '주부 만세'를 하시면서 계속 SBS 프로그램을 하게 되셨나요?

**김동용**　SBS 개국 때 '주부 만세'를 10개월 정도 했는데 코미디 프로그램도 하자는 제의가 들어와서 두 개의 프로그램을 같이하게 되었습니다. 그렇게 두 개의 프로그램을 같이하다가 어느 날 "한국 최초의 시트콤 프로그램을 한번 해보자." 해서 시작한 게 바로 '오 박사네 사람들'입니다.

아, 그렇게 시작해서 '오 박사네 사람들'이라는 시트콤 프로그램이 SBS에서 탄생했군요. 콩트를 집필하는 것과 시트콤을 집필하는 것 중, 어떤 점이 다르던가요? 작가가 느끼기에 말입니다.

**김동용**　매우 다르죠. 콩트는 10분 분량으로 호흡이 짧고 개그맨들의 캐릭터나 기량을 최대한 압축해서 치고 빠지는 아웃풋이 확실히 있고, 시트콤은 1시간 분량으로 기, 승, 전, 결이 있는 드라마 타이즈로 거기에 코미디처럼 계속 시청자들을 웃겨야 하는, 그리고 그것도 공개 코미디였습니다.

'오 박사네 사람들'이 공개 코미디였나요?

**김동용**　'오 박사네 사람들'이 한국 최초의 시트콤이면서 공개 코미디였습니다. '거실'과 '방' 신을 공개로 했는데 당시 주부 관객 40~50명이 지켜보고 있었지요.

이 프로그램이 시트콤의 시초였죠?

**김동용**　시트콤의 시초가 됐어요. 그것도 공개 시트콤은 그 후에도 없었습니다. 물론 전체를 다 공개로 한 건 아니었지만요.

당시 출연자는 누구였습니까?

**김동용**　두 사람이 부부로 출연을 했었는데 오지명 씨가 치과의사, 그리고 일용 엄니 김수미 씨가 부인이었습니다. 그다음에 김흥국 씨와 이병철 씨가 구두닦이로, 임현식 씨가 사진관 주인, 박용우 씨가 사진관 조수로 출연을 했었습니다.

아, 듣고 보니 저도 출연자들 생각이 납니다. 아무튼, 그 프로그램 역시 대박이 났었죠?

**김동용**　　대박이 났습니다. 얼마나 인기가 높았냐면 원래 프로그램이 목요일 밤 1회를 하다가 반응이 너무 좋으니까 토, 일요일 2회를 하게 되었어요.

당시 프로그램 시청률을 알 수 있을까요? 인기가 많았다면 몇 % 정도 시청률이 나오는지 궁금하기도 합니다.

**김동용**　　당시 한 25% 정도였어요.

김 작가님 생각에 왜 이렇게 '오 박사네 사람들' 시트콤이 인기가 좋았다고 생각하시나요?

**김동용**　　제 생각엔 처음이라 그런 게 아닌가 하는 생각을 해봅니다. 연기자들의 코미디는 본 적이 없었으니까요.

개그맨들이 하는 코미디 연기는 많이 봐왔지만, 연기자들이 코미디 하는 모습은 처음 봤겠군요. 게다가 당시 주인공인 오지명 선생님도 원래는 캐릭터가 그런 캐릭터는 아니었었죠?

**김동용**　　오지명 선생님은 캐스팅하기 전에는 액션 배우로, 주로 악역이나 무게감 있는 역할을 해왔습니다. 그러다가 프로그램에서 갑자기 코미디를 하니 당시 반응들이 무척 놀랐죠. 김수미 씨도 마찬가지로 일용 엄니 역할을 하다 시트콤을 하니 반응이 대단했고요. 두 콤비가 아주 잘 맞았습니다. 거기에 탤런트 박지영과 윤승원 씨가 부부였는데 캐릭터를 잘 소화했었습니다.

**시트콤 프로그램은 다른 프로그램보다 애드리브가 많나요?**

**김동용**　당시는 철저한 대본 플레이었습니다. 4명의 작가가 한 회를 똑같이 집필합니다. 그리고 회의를 하면서 같이 시놉시스를 짜고 첫 신, 두 번째 신, 어떤 사건을 잡아야 하고 사건을 잡은 다음에는 첫 신은 어디서 시작이고, 두 번째 신은 어디서 시작인지 이것을 다 똑같이 짭니다. 그렇게 시놉시스를 짜다가 중간에 잘 안 풀리면 엔딩을 먼저 짜기도 하고 '이 이야기를 어떻게 끝낼까?' 먼저 생각하고 다시 거꾸로 올라와서 가운데 중간 신에서 다시 생각하고 그러다 보면 한 회가 완성됩니다. 이렇게 한 회가 설정되면 신 1부터 시작해서 전부 25신 정도 되는데 인서트까지 30신 정도가 되는 대본을 완성하게 됩니다.

**한 회분이 그렇게 된다는 말씀이시죠? 그런데 장소가 똑같지 않습니까?**

**김동용**　장소가 똑같죠. 이 프로그램은 야외 신이 단 한 '신'도 없었습니다. 야외에서도 찍고, 강변에서도 찍고 하면 사건이나 이야기 폭이 넓을 텐데 제작한 세트 7개 안에서 해야 해서 이야기가 한정될 수밖에 없었습니다.

그렇겠군요. 장소가 주로 거실이 나왔던 것으로 기억되는데, 맞나요?

**김동용**  거실이 메인이었습니다. 그리고 그다음은 치과였고요. 그래서 치과는 게스트를 활용했고, 거의 거실은 메인 장소로 매일 시놉시스를 짜기가 어려웠습니다. 거실에서의 에피소드라는 게 한정되어 있으니까요. 시놉시스를 짜놓고 나면 대본 쓰기는 아주 쉬웠어요.

함께 대본을 집필한 작가는 어떤 작가들이었나요?

**김동용**  '동작 그만'을 했던 최성호 작가, 저 김동용 그리고 최성호 작가 동생 최용호 작가, 윤학렬 작가 이렇게 4명의 작가가 한 회를 쓰고 나면 그다음엔 또 4명의 작가로 구성된 한 팀이 있어서 이렇게 4명, 4명의 작가가 각각 토, 일요일 프로그램을 맡아서 대본 작업을 했습니다.

제가 생각해도 대본 작업이 상당히 어려웠을 것 같은데 어떠셨나요? 에피소드도 한정이 되어 있어서 더 힘드셨을 것 같은데.

**김동용**  너무 어렵고 힘들었어요. 설정에서 야외가 없었으니까요. 장소가 한정되어 있으니 당연히 에피소드가 한정되어 있었고요.

그렇지만 그 뒤로 시트콤의 황금시대를 열어준 셈이지요. 그 뒤에 나온 프로그램이 '순풍 산부인과' 맞나요?

**김동용**   그 뒤로 시트콤이 몇 개 나왔습니다. '순풍 산부인과'도 인기가 많았었고, 그 후로 '거침없이 하이킥', '지붕 뚫고 하이킥' 등 여러 프로그램이 나오긴 했습니다만 '오 박사네 사람들'이나 '순풍 산부인과'를 뛰어넘는 프로그램은 없었다고 볼 수 있습니다.

그 뒤로 MBC 김병욱 PD가 '거침없이 하이킥' 시리즈를 시작하게 되었지요?

**김동용**   그렇게 MBC도 시트콤을 제작했지만 사실 '거침없이 하이킥' 같은 시트콤은 야외에서 녹화하니까 사건이나 소재가 많았지요. 당연히 에피소드도 많았으므로 '오 박사네 사람들'과는 비교가 되지 않습니다.

'오 박사네 사람들'로 시작해서 '거침없이 하이킥'으로 시트콤의 시대가 끝이 났다고 볼 수 있겠네요.

**김동용**   그렇다고 볼 수 있죠. 반복되는 얘기일지는 모르지만, 작가로서는 '오 박사네 사람들'이 훨씬 대본 작업하기가 힘든 건 사실입니다. 소재가 한정적이고 장소 제한을 받기 때문에, 거기다 다른 시트콤은 비공개라 오디오 소리를 넣었지만 '오 박사네 사람들'은 주부들 대상의 공개 시트콤이라 현장에서 웃는 소리를 그대로 넣어야 했어요. 신선하기는 했지만, 매번 그 웃음을 끌어내야 해서 스트레스도 많았습니다. 야외 촬영 없이 스튜디오에서 녹화하다 보니 제작비가 들 게 없었거든요. 그러니 SBS에서는 효자 프로그램이었죠.

그렇게 코미디 프로그램에서 대한민국 최초의 공개 시트콤을 하시게 되었고, 그 후로 어떤 프로그램을 하시게 되었나요?

**김동용** 그러고 나서 다시 MBC로 가서 '알까기' 코너로 또 한 번 코미디 프로그램을 하게 됩니다.

당시 프로그램 이름이 뭐였나요? 그리고 프로그램에 관해 설명을 부탁드려요.

**김동용** '코미디 닷컴'이라는 프로그램의 한 코너가 '알까기'였습니다. 당시 원만식 PD와 김정욱 PD가 공동 연출할 때였어요. PD도 바둑을 둘 줄 알았고, 최양락 씨도 바둑을 좋아하고 저 역시 바둑을 좋아했고요. 어느 날 우연히 점심을 먹는데 최양락 씨가 "점심 먹고 나서 알까기나 한 번 하시죠." 하면서 누구 흉내를 내는데 그때 흉내 내는 사람이 우리나라 바둑 윤기현 9단이었어요. 윤기현 9단은 해설을 재밌게 하고 독특한 목소리를 가졌는데 그 사람 성대모사를 최양락 씨가 똑같이 하는 겁니다. 그때 '이거다!' 하면서 프로그램 코너를 만들었어요.

'알까기' 코너가 어떤 콘셉트이었죠?

**김동용** 최양락 씨가 해설을 맡았습니다. 여기에 연예인이든, 유명인이든 출연을 해서 알까기를 하는 것이었습니다. 아무것도 아닌 사소한 알까기를 최양락 씨가 굉장히 무게감 있게, 진지하게 설명을 해서 큰 인기를 얻었습니다. 윤기현 9단의 성대모사를 하면서 해설도 똑같이 따라 했습니다. "전국의 알까기 팬 여러분 한 주일 동안 안녕하셨습니까? 네~" 이런 식으로 그 추임새도 넣으면서 똑같이 흉내를 잘 냈습니다. 이창호 씨하고 누가 바둑을 둔다고 하면 "자! 다음 수가 어딜까요? 네, 이창호 만의 수인가요? 네!" 이런 식으로 대답을 하는 응수 타진이죠. 말하자면, 윤기현 씨가 그 톤으로 하는데 그 톤을 그대로 흉내 내니 너무 재밌었습니다. 또 게스트들은 아무 말을 안 하는 설정이었습니다. 송대관, 설운도 씨가 해도 아무 말이 없었습니다. 멘트가 없었어요. 출연자들이 당시 유명인이나 인기 있는 연예인이었어요. 이 사람들은 출연해서 그냥 알까기만 하는 것이고 다른 게 없었으니 그것들이 굉장히 특이하고 신선하게 느껴져서 '알까기' 코너는 대박이 났습니다.

제 기억으로도 코너가 참 신선했습니다. 정말 특이했고요.

**김동용** 그렇게 시청자들의 반응이 좋아서 처음 15분짜리 코너였는데 나중에는 25분, 30분까지 시간이 늘어났습니다. 사실 아까도 말씀드렸지만, 프로그램은 인기가 있다고 늘리면 오래 못 가는 거 같습니다. 아깝게, 아쉽게 끝내야 하는데 계속 시간을 늘리다 보니 빨리 식상해지더라고요. 오래 못 가는 거 같아요. 결국 '오 박사네 사람들'도 그랬듯이 '알까기'도 오래가지는 못했습니다.

혹시 코너를 하시면서 에피소드나 아쉬운 점 같은 것은 없었나요? 출연자 섭외에는 어려움이 없었는지요?

**김동용**　　섭외가 쉽지 않았습니다. 쟁쟁한 사람들을 섭외해서 아무 대사도, 멘트도 없이 알까기만 시킨다고 출연자들이 꺼리기도 했었습니다. 당시 에피소드라 하면 사제 간 대결을 해보자는 생각을 해서 '조훈현 씨와 이창훈 씨의 사제 간 알까기 대결'을 위해 원만식 PD와 함께 한국 기원을 갔습니다. 조훈현 씨와 이창훈 씨를 만났는데 아무리 설득을 해도 하지 않겠다고 하더라고요. 자신들은 한국 최고의 바둑 황제들인데 알까기를 하면 경망스럽게 보이고 특히 아시아권에서는 중국이나 일본의 팬들이 보면 비난한다고 해서 그냥 두 사람의 사인만 받아왔던 기억이 납니다. 그러고 나서 얼마 있다가 조훈현 국수가 '이경규가 간다'라는 프로그램에서 이경규 씨와 알까기를 하는 것을 보게 되었습니다. 그땐 얼마나 서운했는지 모릅니다. 그 당시 만약 사제 간의 알까기 대결을 성사시켰다면 당대 최고의 시청률이 나왔을 텐데 하는 아쉬움이 아직도 남아 있습니다.

김 작가님께서는 코미디 프로그램을 주로 어느 방송사에서 하셨나요?

**김동용**　　보통 다른 작가들은 한 방송사에서 프로그램을 오래 하는 것이 일반적인데 저는 그러지 않았어요. MBC 공채 작가로 데뷔해서 3~4년 하다가 SBS 개국하면서 옮기게 되고 SBS에서 한 10년, 그리고 SBS에서 계약이 풀리면서 KBS로 가서 '코미디 세상만사'라는 프로그램을 개그맨 김미화, 서세원, 최양락 씨와 함께하게 되었지요.

코미디언 중에서는 누가 제일 잘 웃긴다고 생각하시나요? '코미디를 잘 다룰 줄 안다는 코미디언'이나 '역시 잘하는 사람'은 어떤 사람일까요?

**김동용**    역시 최양락, 이봉원 씨를 코미디에서는 따라갈 사람이 없습니다. 이 두 사람을 왜 이렇게 웃긴가 연구해보았는데 작가는 대본을 써서 나름대로 그 인물을 이입시켜서 그 캐릭터에 맞게 대사를 뽑아서 쓰기 때문에 어느 정도 한계가 있는데 이 사람들은 그 연기를 하면서 이미 캐릭터가 자기화가 되어있는 것이었습니다. 모든 작가의 대본, 또는 모든 자기 자신의 아이디어가 이미 몸에 다 들어와 있기 때문이라는 결론을 얻었어요. 사실 작가는 캐릭터를 대본 쓸 때만 몰입하게 되고 대본 작업이 끝나면 그 배우들에게 대본을 주면서 캐릭터 역시 주게 되죠. 연기자들은 그 대사를 자기화하기 때문에 몰입도도 다르고 캐릭터가 명확하게 나오게 되는 것입니다. 제가 둘과 함께 대본 회의를 하면서 느낀 것은 이 사람들은 이미 몸에 체득이 돼서 아이디어도 좋고 순발력도 좋다는 것을 알 수 있었습니다.

연기를 타고난 최양락 씨나 이봉원 씨 인성은 어땠나요? 같이 일을 할 땐 그런 것도 좀 보잖아요.

**김동용**    사람의 성품, 인성은 이봉원 씨가 정말 '탑'입니다. 같이 일을 해보면 누구나 알 수 있어요. 후배들에게 우스운 소리도 많이 하고 짓궂은 장난도 하면서 친해지려고 하는 후배들에 대한 배려가 남다르고 심성이 착하며, 무엇보다도 제작진들을 위해주죠. 자기의 손해를 손해라 생각 안 하고 사람들에게 많이 베풀고 합니다. 제가 오랫동안 코미디 프로그램을 해오면서 수십 명의 개그맨과 함께했는데 인성이 가장 좋은 개그맨은 누구냐는 질문을 받으면 항상 '이봉원' 씨라고 대답을 해요. 코미디 연기의 천재는 누구냐는 질문에는 '최양락' 씨라고 대답하죠. 세월이 흘러도 그건 변함이 없어요.

**이봉원 씨는 성품이 남다르시군요?**

**김동용**　이봉원 씨는 자존심이 세고 남자답고, 의리가 강합니다. 겉모습은 좀 가벼워 보일 수도 있지만, 아까 말씀드린 것과 같이 인성이 가장 최고인 개그맨은 이봉원 씨입니다. 유비보다 관우가 나이가 많죠. 그런데 관우가 유비를 형님으로 모셨습니다. 저 역시 이봉원 씨가 저보다 나이가 어리지만 '형님'이라고 부를 수 있을 정도의 인성을 가지고 있는 사람입니다. 방송작가 생활을 30년 넘게 하면서 개그맨 중에 누구를 얻었냐고 하면 '이봉원 씨를 얻었다.'라고 말할 수 있어요. 선배 중에 누구를 얻었냐고 묻는다면 '임기홍 작가님을 얻었다.'라고 말할 수 있습니다. 제가 '화목 순대'를 처음 가게 된 것이 임기홍 작가님 때문이었습니다. 그 당시에는 방송국 구내식당에서 거의 식사를 해결했는데, 어느 날 임기홍 작가님께서 저를 부르시더니 여의도 사무실 근처에 있는 '화목 순대'를 데리고 가시더라고요. 저는 어려서부터 어머님께서 선짓국이나 해장국 등을 많이 해주셨기에 순대국에 대한 친근감이 있었거든요. 그래서 순대국을 즐겨 먹는데 그 집은 정말 너무 맛있었어요. 접시에 머리 고기랑 순대가 나오고 그다음에 순대국이 따로 나오는데 정말 너무 맛있게 먹었고 30년 넘게 단골집이 되었어요. 얼마나 맛있었는지 KBS에서 '순대국 형제들'이라는 제목으로 최양락, 팽현숙, 유재석 씨 등과 함께 프로그램을 만들었었습니다. 최양락 씨와 팽현숙 씨가 순대국집을 운영하는 부부로, 유재석 씨는 최양락 씨의 동생으로 출연을 했었어요.

최양락 씨와 팽현숙 씨는 실제로 순대국집을 운영하는 것으로 알고 있는데, 혹시 '순대국 형제들' 프로그램과 무슨 연관성이 있는 거 아닌가요?

**김동용**　　잘 봤어요. 두 부부가 운영하는 순대국집의 원조가 바로 KBS앞 '화목 순대' 집이고 '순대국 형제들'이 지금의 순대국집을 운영하게 하는 결정적 역할을 해주었지요. '순대국집 형제들'을 막 시작했을 때 최양락 씨가 순대국집을 차리고 싶어 했어요. 그래서 제가 화목 순대국집 사장님을 소개해 주었고 사장님에게 순대국 비법을 전수해 달라고 부탁하자 사장님이 아무런 대가도 받지 않고 '화목 순대'의 비법을 전수해 주었어요. 그래서 경기도 덕소에 최양락 씨와 팽현숙 씨가 순대국집을 오픈하게 됐고 홈쇼핑에서도 판매하면서 돈을 많이 벌었지요.

최양락 씨와 프로그램도 오래 하셨죠?

**김동용**　　그렇죠. 사실 저는 우리나라 코미디언 중에서 최고는 '최양락' 씨라고 봅니다.

코미디의 황제는 이주일 선생님이라고들 많이 얘기하는데, 그리고 이주일 선생님하고도 프로그램도 오래 하시고 꽤 친분이 있으셨는데, 그래도 코미디의 최고는 '최양락' 씨인가요?

**김동용**　이주일 씨는 "자, 이런 틀입니다. 하세요."라고 해야지만 하시는 스타일이시고, 최양락 씨는 철저하게 계산된 웃음, 계산된 연기를 하는 그것을 아주 맛깔스럽게 제대로, 표정 하나하나까지 대본대로 연기하는 연기자입니다.

더군다나 충청도가 고향이라서 정서도 비슷하잖아요. 그래서 더 공유하는 것이 있으셨던 거 같은데요. 어떻습니까?

**김동용**　아무래도 같은 충청도니까 서로 공감하는 것이 있었죠. 최양락 씨가 프로그램하는 것도 없고 다 그만둔다고 가족과 함께 호주로 간 적이 있었습니다. 그때 경인방송이 개국을 했는데 하루는 경인방송 PD가 찾아와서 코미디 프로그램을 같이하고 싶다고 하더군요. 그래서 그때 제가 "그렇다면 최양락 씨를 불러야 한다. 코미디는 최양락 씨가 없으면 안 된다."라고 해서 호주로 갔던 최양락 씨를 다시 코미디를 할 수 있게 해주었던 기억이 납니다. 그래서 경인방송에서 '최양락의 코미디 쇼'라는 프로그램을 저와 함께했고, 이 프로그램으로 최양락 씨는 다시 인기를 얻게 돼서 라디오 프로그램도 하게 되고 제2의 전성기가 찾아왔지요.

당시 이봉원 씨와 함께 출연한 코미디 프로그램도 있었는데 어떤 프로그램이었나요?

**김동용**　　그게 경인방송 프로그램이었어요. 최양락, 이봉원, 황기순 씨 등과 함께 했습니다. 황기순 씨가 도박 사건으로 필리핀에서 모든 재산을 탕진하고 와서 방송사에서 섭외가 없을 때였는데 프로그램 기획을 하면서 최양락 씨와 함께 황기순 씨를 다시 한번 재기할 수 있게 해주자고 생각했지요.

그러고 보면 김동용 작가님께서 개그맨들 여럿 살리셨네요? 이제 한국 방송작가협회에 대한 이야기를 좀 나누어 보겠습니다. 작가협회 감사 일을 오래 하셨고 현재 상임 이사로 계시는데요. 현재 방송작가협회 회원 수는 얼마나 되나요?

**김동용**　　현재 방송작가협회 총회원 수는 3,500명 정도입니다.

그중에 예능 작가의 비율은 어느 정도 될까요?

**김동용**　　예능 작가의 비율은 정확지는 않지만 한 800명 정도 되는 것으로 알고 있습니다.

예능 작가 모임으로 예능 연구회가 있지 않습니까? 예능 연구회 초대 회장님이셨지요?

**김동용**　　제가 1대 예능 연구회 회장을 맡아서 했었습니다. 그리고 2대 회장은 김진태 작가, 지금은 3대 회장을 최대웅 작가가 맡아서 하고 있습니다. 최대웅 작가는 예능 연구회 회장직을 맡으면서 '부산 국제 코미디페스티벌' 부위원장도 맡고 있습니다. 예능 연구회 회장직은 계속 연임하고 있고요.

그렇다면 장르별 연구회는 무엇무엇이 있습니까?

**김동용**　　장르별 연구회는 우선 '예능 연구회'가 있고요. 그다음에 '드라마 연구회', '구성 연구회', '번역 연구회', '라디오 연구회' 해서 총 5개가 있습니다. 거기에 또 하나 원로 작가 연구회라고 원로 작가들의 모임인 '원로 연구회'가 있습니다. 이렇게 6개 분과라고 보시면 됩니다.

김동용 작가님께서는 예능 작가로 오랫동안 일을 해오셨는데요. 잘 아시겠지만, 예능 작가들이 수입이 들쑥날쑥합니다. 이로 인해 생활하시는 데 불편하시거나 직업인으로서의 애환 같은 것이 있을 수 있잖아요. 어떻게 생각하십니까?

**김동용**　　작가협회 회원이 되고 난 후 제가 선배 작가로서 신입 작가들에게 강의하게 되면 그럴 때 꼭 해주는 말이 있는데 작가는 비정규직이고 어느 방송사에서도 작가들에게 4대 보험을 해주지 않으며, 언제 프로그램이 없어지게 될지 모르니 정체되어 있지 말고 늘 준비를 하라고 합니다. 그리고 예능 작가로 있다가 장르를 바꿔서 드라마 작가로 성공한 홍 자매, 이우정 작가, 송지나

작가 등 많은 작가가 있어요. 그러니 예능 작가라고 해서 예능만 하려는 생각보다는 앞을 넓게 보라는 당부도 하게 됩니다.

요즘은 유튜브 방송의 시대 아닙니까? 이제 지상파나 종편, 케이블의 시대는 가고 유튜브 1인 방송 시대가 왔는데 이것에 대해서 신입 작가들에게 한 말씀 해주신다면요?

**김동용**    요즘은 유튜브 1인 방송이 많이 활성화되어 있고, 너도나도 유튜브 방송을 하는 시대이다 보니 그만큼 경쟁력도 필요합니다. 따라서 '유튜브 콘텐츠에는 어떤 것들이 소구력이 있나 고민해 보고, 뭐든 다 좋으니 늘 아이디어를 생각하는 작가가 되어야 한다'는 말을 꼭 해주고 싶습니다.

30년 세월이 정말 빠르게 지나갔습니다.

**김동용**    정말 빠르게 지나갔어요! 제가 1989년에 데뷔해서 지금 2020년이니까 30년이 넘었습니다.

현재 예능 작가가 되고 싶어 하는 사람들이 많이 있습니다. 준비해야 할 것이나 꼭 당부하고 싶은 말이 있다면 어떤 것이 있을까요?

**김동용**    저는 대학교에서 강의 하면서도 학생들에게 꼭 해주는 말이 있는데, 그것은 '책을 많이 읽어라'입니다. 요즘 사람들이 핸드폰을 보느라 책을 잘 보지 않는데 학교에 왔다 갔다 하는 시간이 하루에 두 시간이면, 그 두 시간만 활용해도 1년이면 많은 책을 볼 수 있습니다. 책의 종류와 상관없이 자신이 좋아하는 책을 즐겨보게 되면 아무것도 아닌 거 같지만 많은 데이터를 가지게 되고, 그것이 후에 어떤 일을 하던 분명히 '밑거름'이 될 것이라고 말해주고 싶습니다.

오늘 인터뷰 소감, 어떠셨나요?

**김동용**    오랜만에 후배랑 옛날얘기를 하니 잠시나마 그때 그 추억으로 돌아갈 수 있어서 참 좋았습니다. 화목 순대에 가서 순대국에 소주나 한잔합시다.

알겠습니다. 감사합니다.

#예능작가

수십 명의 개그맨들과 함께 프로그램을 했는데
인물이 가장 좋은 개그맨이 누구냐는 질문을 받으면
항상 '이봉원' 이라고 대답을 해요.


코미디 연기의 천재는 누구냐는 질문에는
'최양락' 이라고 대답하죠.
세월이 흘러도 그건 변함이 없어요.


# 김동용 작가 〈MBC 청춘행진곡〉

# 지금 만나러 갑니다

무라카미 하루키는 소설이 써지지 않는 슬럼프 기간
'라이터스 블록(writer's block)'을 한 번도 겪지 않았다고 하는데
비결은 쓰고 싶을 때만 쓰기 때문이라고 해요.
최대웅 작가도 슬럼프가 없는 예능 작가인데
최대웅 작가의 비결도 프로그램을 물론 잘 만들지만 무엇보다도
하고 싶은 프로그램을 하고 싶을 때 하기 때문이 아닐까 싶어요.
프로그램을 진지하게 파고드는 스타일 이기 보다는 힘을 빼고
대충(?) 설렁설렁 아이디어를 하는 스타일이에요.
설렁설렁한 내공이 어느 날 갑자기 생긴 것이 아니라는 건
그간 거쳐온 프로그램을 봐도 알 수 있지요.
충분히 치열했고 언제나 열정적인 최대웅 작가를
지금 만나러 갑니다.

# # 최대웅 작가

**대표 프로그램 : MBC 황금어장 무릎팍도사**

| | |
|---|---|
| MBC | 황금어장 무릎팍도사 |
| | 유재석, 김원희의 놀러와 |
| | 스타의 친구를 소개합니다 |
| | 명랑 히어로 |
| KBS | 토요일 전원출발 |
| | 슈퍼TV 일요일은 즐거워 |
| | 슈퍼선데이 |
| | 폭소클럽 |
| SBS | 기쁜 우리 토요일 |
| | 웃으며 삽시다 |
| | 좋은 친구들 |
| | 절친노트 |
| 중국 | SO-HU.com '은밀하게 위대하게' |
| | YOUKU.com '남신여신' |
| | 하얼빈 위성 '빙설성동력' 제작 |

前 한국방송작가협회 이사 및 예능연구회장
現 한국방송작가협회 부이사장
現 부산 국제 코미디 페스티벌 부집행 위원장

**수상**

2013년 제 21회 대한민국 문화연예대상 예능작가상
2011년 KBS 연예대상 코미디부문 방송작가상
2009년 한국방송작가협회 예능작가상
2007년 MBC 연예대상 예능작가상
1994년 SBS 3기 공채 코미디 작가

최대웅 작가님 반갑습니다.
프로필을 좀 얘기해 보겠습니다.
한국 방송작가협회 예능연구회 회장이시고요,
'예능 이사' 맞으시죠?

# 최대웅 작가

김진태

**최대웅**　네, 예능 이사 맞습니다. 너무 오래 예능 이사 자리를 꿰차고 있어서 후배들이 눈치를 주기도 합니다. (웃음)

이사인데 예능 파트인 거죠? '부산 코미디페스티벌'에서는 어떤 직책을 맡고 계시나요?

**최대웅**　부 집행위원장을 맡고 있습니다.

코미디페스티벌 이야기를 먼저 해주세요. 코미디페스티벌의 조직도를 설명해 주세요.

**최대웅**　조직위원장은 부산 시장님이시고 집행위원장에 김준호 씨, 부 집행위원장에 (공연·콘텐츠에 관한 역할) 저, (행정·총무에 관한 역할) 조광식 씨, 그 외에 30명 정도의 직원들이 일하고 있습니다. 1년에 한 번씩 공연하고 세계 4대이자, 아시아에서는 최대, 최초이고 벌써 7회째를 맞이했습니다.

대단합니다. 코미디페스티벌의 준비 기간이 1년인가요?

**최대웅**　네. 사실은 저희가 멜버른 페스티벌에 갔을 때 조직위원회에 물어봤어요, "얼마 동안 준비를 하시나요?" 했더니, 그 사람들은 페스티벌이 끝난 그다음 날부터 다음 페스티벌 준비를 시작한다고 하는 거예요. 그게 너무 멋있었고 그래서 저희도 그렇게 하기로 했습니다.

지금이 7회째라고 하셨는데 그렇다면 1회 때부터 지금까지 어떤 점이 달

* **세계 3대 코미디페스티벌**　호주 '멜버른 국제 코미디페스티벌', 영국 '에든버러 프린지', 캐나다 '몬트리올 저스트 포 래프'.

라졌나요?

**최대웅**　　꾸준히 하다 보니까 관객이 많이 늘어났고, 더 기분 좋은 것은 아이들, 어린이 손님이 많이 늘어났다는 것입니다. 코미디는 사실 어린이들이 봐야 하거든요. 제가 그걸 보면서 '아, 미래는 밝다.' 이런 마음이 들더라고요. 그것이 제일 달라졌어요. 그리고 공연 콘텐츠가 많아졌어요. 예전에 한국코미디는 방송 코미디가 전부였는데, 이것이 하나는 유튜브, 또 하나는 공연 쪽으로 간 거죠. 이제는 공연 코미디가 많아지고, 특히 지난해부터 유튜버들이 오다 보니 유튜버가 인기가 많아지고, 한국코미디가 다 죽었다고 생각하는데 죽은 것이 아니고 공연 쪽에서 살아나고 있는 것입니다.

아주 좋은 얘기입니다. 코미디프로그램이 방송에서 없어지니까 죽었다고 생각하는데, 사실은 많아지고 있다는 거죠. '코미디는 죽지 않았다.' 방송으로는 죽은 듯해 보이지만 말이죠.

**최대웅**　　그렇습니다. 그리고 코미디페스티벌을 통해서 '옹알스'가 아주 잘 됐고, 작년에는 '셀럽 파이브'가 멜버른에 초청을 받아서 갔는데, 인기가 많았고 너무 잘해서 부상으로 마차를 타고 멜버른 시내를 한 바퀴 돌았습니다.

재미있네요. 큰 의미도 있고요.

**최대웅**　　코미디페스티벌의 큰 의미는 바로 재능기부입니다. 유명하신 분들이 재능기부를 해주고 계시는데 제7회 부산 국제코미디페스티벌은 이외수 선생님께서 글씨를 써 주셨어요. 이외수 선생님이 써주셔서 '이외수 체'라고 하는데 이 글씨체를 '코미디페스티벌 체'라고 이름을 붙여서 계속 사용할 계획입니다. 원래 글씨체도 저작권이 있어서 돈을 주고 사야 하거든요. 코미디페스티벌 포스터는 박나래 씨한테 부탁해서 기안84가 그려준 겁니다. 원년에는 전유성 형이 부탁해서 박광수 씨가 포스터를 그려주었습니다. 그리고 3회 때는 김준호 씨가 부탁해서 '미생' 그린 윤태호 작가가 그려주었습니다. 매회 때마다 그해 TOP 작가들이 그려준 포스터입니다. 우리가 포스터에 전통성이 있어서 사실은 내년, 후년에는 어떻게 해야 하나 걱정이 되기는 합니다. 허영만 화백에게 부탁드려야 하나 하는 생각을 합니다.

매회 때마다 포스터의 모양이나 글씨체를 바꿔야 하나요?

**최대웅**　바꿔야 하는데 이제부터는 '코미디페스티벌 체'로 이외수 선생님의 작품을 계속 사용하려고 합니다.

기사에 나온 것을 보니 '부산 국제영화제' 보다 '부산 국제 코미디페스티벌' 이 훨씬 더 빠른 속도로 발전하고 있다고 하던데 그것이 사실인가요?

**최대웅**　저희는 영화제에 비하면 예산이 10분의 1수준입니다. 저는 사실 10회 정도가 되면 재정적으로나 여러 가지 면에서 안정을 찾을 것 같다고 생각합니다. 그런데 영화는 파일을 여러 개 만들어서 여러 극장에서 동시에 상영하면 관객 모집이 쉽지만, 코미디는 출연자가 무대에 있어야만 하기에 한쪽에서 공연하면 다른 쪽에서는 못하게 됩니다. '모객' 자체부터가 상대가 안 되는 거죠. 저는 서울태생이고 개그맨 김준호 씨는 대전이고, 조직위원회 조광식 씨만 부산인데, 저희 셋이서 처음부터 부산 코미디페스티벌을 만들었거든요. 사람들이 "왜 부산이냐?"라고 했는데 예전에 부산국제영화제에서 이런 질문을 듣고 김동호 위원장께서 하시는 말씀이 "잔칫집에는 잔칫상이 많다."라는 거예요. "잔치를 치러보지 않은 사람들은 상 차리기도 힘들다."라는 말을 하시더라고요.

좋은 말이네요. 그 말을 듣고 나니 정말 그 말이 맞는 거 같다는 생각이 강하게 듭니다.

**최대웅**　부산을 '축제의 도시'라고 말을 하는데, 저는 '잔치의 도시'라고 말하고 싶어요. 늘 손님을 맞을 준비가 되어있고, 잔치를 잘 치러 본 거죠. 처음에 '페스티벌을 언제 할까? 시기를 언제로 하면 좋을까?'라는 고민을 많이 했었습니다. 다들 한여름, 가장 사람들이 피서다 뭐다 많이 가는 그때, 그 날짜를 하려고 했는데, 전유성 형이 축제는 사람이 없을 때 하는 거라고 하시면서 해운대는 100만씩 오는데 뭐하러 그때 하려고 하냐고 그러셔서 제일 사람이 없는 시기, 아주 애매한 시기를 생각했습니다. 그래서 여름의 끝자락 8월 말로 정했고 그 시기에 페스티벌을 하고 있습니다.

저도 궁금했거든요, '휴가철도 지난 이때쯤 하는 이유가 뭘까?' 하고. 하지만 전략이 있었군요. 그렇다면 코미디페스티벌의 모객은 어떻게 하나요?

**최대웅**　'코미디페스티벌'은 시작 전부터 개그맨들이 내려와서 모객 활동을 합니다. 부산이 제2의 도시라고 하지만 연예인 보기가 진짜 '하늘의 별 따기'입니다. '코미디페스티벌'을 시작하면 변기수 씨와 오나미 씨, 두 개그맨이 에어부산을 타고 내려오면서 '코미디페스티벌' 1일 승무원으로 홍보를 하고 출연료도 안 받습니다. 지난해 성화봉송도 첫 번째 주자가 신동엽 씨였고 유재석 씨부터 전 개그맨이 출연료를 하나도 받지 않고 모두 녹음을 해서 '웃으면 복이 와요'라는 주제곡도 만들었습니다. 코미디언과 개그맨들의 적극적인 참여 외에도 저희 예능 작가 선 후배들이 모두 자발적으로 '국제 코미디페스티벌'의 심사위원을 자청하여 맡아주셔서 큰 힘을 주고 계십니다. 모두 재능기부로 말이죠. 예능 작가들의 도움과 관심이 얼마나 페스티벌의 큰 힘이 되는지 모르겠습니다. 또, 유명한 예능 작가들이 심사위원으로 오게 되면 기사도 크게 나게 돼서 광고효과도 크고 그것 때문에 관객도 더 많아집니다.

코미디페스티벌을 만들게 된 동기가 무엇인가요?

**최대웅**　개그맨 김준호 씨하고 KBS에서 '개그스타'라는 프로그램을 같이 할 때 조광식 씨라고 그분이 코미디페스티벌을 위해서 5억 정도의 기금을 마련하셨어요. 월급은 많이 못 드리지만, 1년에 한 번씩 해외여행 다니시는 셈 치고 캐스팅하고 다니시면서 해보자고 해서 시작하게 되었습니다. 그런데 지금도 그 5억은 보질 못했습니다. (웃음)

악의 없는 선의의 미끼를 던진 거네요. 그럼 개그맨 김준호 씨가 먼저 페스티벌을 제안했군요?

**최대웅**　김준호 씨와 조광식 씨가 먼저 만들어서 부산이 결정된 후에 제가 합류했습니다. 만약에 부산이 결정되기 전에 합류했다면 아마 서울로 하지 않았을까 싶습니다.

그렇다면 굳이 두 분은 왜 부산이었을까요?

**최대웅**　사실, 코미디페스티벌을 개최하기 전에 예산이 1억밖에 없었는데, 일본의 '요시모토'라고 큰 기획사가 있습니다. '요시모토 서울'에서 제가 기획작가로 일하고 있었는데 처음엔 한, 중, 일 이렇게만 하려고 했었어요. 그런데 중국은 코미디도 없고 어떻게 하면 될지 모르니 일단 한국, 일본으로만 하자고 해서 일본 개그맨들과 한국 개그맨들로만 해서 해운대에 간이무대를 만들어서 무료공연을 했습니다. '과연 일본 코미디를 보고 웃을 것인가?' 하는 생각에서 시작한 거죠.

이게 0회라는 거죠? 시험 삼아 해 본 무대였겠네요.

**최대웅**　네, 0회. 그러니까 7회째를 맞고 있지만 8번을 한 거죠. 그런데 일본 코미디 중에 '진나이 토모노리'라고 영상을 가지고 웃기는 개그맨이 있어요, 예를 들면 좀비를 죽이는 건데 막 총을 쏘면 좀비가 방으로 오다가 거실에서 방으로 들어올 때 신발을 가지런히 벗고 들어오고, '이게 무슨 좀비야?' 이런 식인데 아주 유명합니다. 우리나라 '코미디빅리그'에도 제가 출연을 시킨 적이 있는데, 한국에서 보지 못했던 일본 코미디가 오니까 관객들이 많이 웃는 거예요. 일본 코미디라 하면 대부분 야한 것일 줄만 알았는데 그렇지 않고 관객들이 웃고 좋아하니까, '야. 이것도 되겠구나!' 하는 생각이 들었습니다.

개인적으로 '부산 코미디페스티벌'의 어떤 점을 좀 부각하고 싶으신가요?

**최대웅**　'부코페'가 성장하려면 거점이 있어야 해요. 그래서 '코미디 아트센터' 설립이 저희의 숙원 사업입니다. 부산에서 아트센터를 설립하기 위한 부지를 주셨고, 일명 '서비스의 전당'을 만들려고 합니다. 예술의전당이 아닌, 코미디 전용 극장도 있고 코미디언들 캠프도 할 수 있고, 좀 작은 극장은 4D로 상영도 되고요. 스페인에 갔을 때 '페이퍼 랩'이라고 얼굴 인식을 해놓고 웃을 때마다 돈을 내는 극장이 있었습니다. 0원으로 입장을 해서 아이패드에 얼굴을 인식한 후에 통과할 때마다 웃으면 가격이 올라가는 거예요. 끝까지 안 웃고 나오면 돈 안 받고, 그래서 어떤 사람은 퇴장할 때 21,000원도 내고, 또 어떤 사람은 11,000원도 내고 상한선은 있되 형식 자체가 재미난 극장, 이런 극장도 만들려고 합니다. 코미디의 메카를 하나 만들고 싶은 것이 저희의 숙원 사업입니다.

**전유성 선생님이 청도 철수하고 부산을 거점으로도 생각하고 계시는 거 아닌가요?**

**최대웅**  전유성 선생님은 청도에 먼저 가셨었고, 청도에도 코미디 아트 페스티벌이 있지만, 그 전에 코미디페스티벌의 명예 위원장이셨습니다. 코미디페스티벌을 개최하기로 마음먹고는 김준호 씨와 곰곰이 생각하다가, '상징적으로 투명하고 이런 거 맡을 사람 누가 있을까?' 고민하다가 저와 김준호 씨 둘이서 "전유성 형밖에는 없다." 그래서 그분을 명예 위원장으로 모셨고 지금도 그 역할을 해주고 계십니다.

**후에는 부산에 거점을 두고 같이 하는 큰 그림을 그리고 있는 거네요?**

**최대웅**  그럼요. 그래서 명예 위원장도 맡고 계시는 것이죠. 등기상으로는 감사인데 명칭은 명예 위원장이십니다. 늘 좋은 얘기 많이 해주시고, 지난해에는 '전유성 50년 쇼'를 폐막식에서 공연했었습니다. 아이디어도 저보다 훨씬 더 좋으신데, 한번은 코미디페스티벌에 박중훈 씨가 왔습니다. 그래서 하이라이트에 출연시키려고 했는데, 전유성 형이 "야, 중훈이 같은 경우는 소개받고 나가면 재미없어, 그냥 어수선할 때 '비와 당신' 노래 부르고 가라고 해." 하셨어요. 그 당시 MC가 이영자 씨였는데 박중훈 씨가 저한테 와서 "자기랑 전유성 씨랑 친해지게 된 계기를 한 번만 물어봐 주면 안 되겠냐?"고 하더라고요.

그래서 물어봤죠. 처음에 어떤 감독이 박중훈 씨를 데리고 와서 유성이 형한테 "얘, 어때요?" 했는데 그때 유성이 형이 "얘는 안 돼." 그랬데요. 그런데 그 뒤로 '투캅스', '나의 사랑 나의 신부'가 빵 터졌잖아요. 그래서 그날 무대에서 "형님, 저 엄청나게 잘 됐잖아요. 그런데 왜 그때 안 된다고 하셨어요?" 웃으면서 물어보니까 유성이 형이 "난 지금도 네가 잘됐다고 생각 안 해." 이런 거예요, 재미있잖아요. 또, 한번은 심형래 씨도 코미디페스티벌에 왔는데 "야, 너또 바보짓하고 그러지 말고 색소폰 잘 불지?" 그랬더니 형래 형이 "네.", "그럼 너는 그거 불다가 삑사리 내고 가." 하셨어요, 심형래 씨도 90년대 최고의 개그맨인데 시작도 전에 나와서 "안녕하세요? 심형래입니다." 인사하고 "도레미~ 삑, 죄송합니다." 이러고 진짜 갔어요. 관객들이 얼마나 웃었는지 모릅니다.

**전유성 씨의 파워는 뭔가요? 후배들이 이렇게 따르고 하는 이유는요?**

**최대웅**　제가 보기에는 형님이라고 하면 안 되기는 하는데 유성이 형을 제가 24살에 만났습니다. 50이 다 되신 분을 24살에 만났는데, 그때는 제가 막내 작가였어요. "저, 선생님." 그랬더니 "나는 교원자격증이 없어." 그러셨습니다. 그래서 "선배님." 그랬더니 "너, 서라벌예대 나왔니?" 그래서 "아니요.", "그럼, 어디 어디 나왔니?", "아니요.", "그럼, 내가 너 선배도 아닌데." 그러셔서 "제가 그럼, 뭐라고 불러야 할까요?" 그랬더니 "형이라고 해." 그래서 그때부터 '형'이라고 부르기 시작했습니다. 다른 사람들이 보면 이상하게 생각할지모르지만, 그때부터 지금까지 '형'이라고 합니다. 유성이 형을 이렇게 보면 '참 신한 생각' 이런 것이 저보다 훨씬 낫습니다. 지금 70살이 넘으셨는데 어느 날은 인도에서 후배들한테 전화해서 "생활비 좀 보내라." 그러면 후배들이 생활비를 보내고, 또 언젠가 심형래 씨가 사기 사건 때문에 핸드폰 번호도 많이 바꾸고 할 때 물어 물어서 심형래 씨한테 전화를 해요. "무슨 일이세요?" 하니까 "응, 너 돈 좀 주려고, 힘든 거 같아서." 그리고 돈을 보내줬어요. 이걸 뭐라고 해야 하는지는 모르겠지만요.

그런 건 정말 자신이 있기 때문인 거죠.

**최대웅** 그런 것 같습니다. 힘들 때 동아리 복학생 선배 같은 분이십니다. 본인도 힘들지만 누굴 도와주려고 하는 것, 청년 정신, 노년에 아직도 청년 정신이 있으신 것 같아요.

순수한 에너지가 있으신 거 같아요. 최대웅 작가는 히트 프로그램도 많이 했는데 프로그램을 했던 것을 한번 쭉 얘기해 주시겠어요?

**최대웅** 저는 SBS 공채 작가 3기로 작가 생활을 시작했습니다. 원래는 대학교 때 배낭여행이 꿈이었는데, 제가 대학교 다닐 때는 1990년대로 남자가 군대를 다녀오기 전에 해외여행이 쉽지가 않을 때였습니다. 대학을 입학하고 아버지께서 대학등록금을 내주시는 것도 죄송스러운데, 해외여행 간다고 경비를 달라고 하기엔 미안하고 뭐라도 해서 여행을 가볼까 하는 생각에 알아보던 중에 '대학가요제'에 출전해서 입상하면 상금을 받을 수 있다는 말을 듣게 되었습니다. 그런데 아무리 생각해도 노래로는 상 받을 실력이 되지 않는 것 같아서 고민하던 중에 '대학가요제'가 아닌 '대학개그제'도 있다는 것을 알게 되었어요. 제가 고등학교 때 KBS에 '비바청춘'이라고 고등학교를 돌아다니는 예능프로그램이 있었는데, 마침 제가 다니는 학교가 방송을 하게 되었고, 제가 출연을 하게 되었는데 잘했다고 하시면서 연말에 학교 대표들을 방송국으로 불러서 특집프로그램을 한다고 꼭 오라고 하셨습니다. 연말이 돼서 KBS 방송국에서 2주 동안 합숙하면서 지냈어요. 그때 만난 사람들이 개그맨 유재석 씨, 가수 김경호 씨, 개그우먼 정선희, 김지선 씨 등이었어요. 그 당시 학교 '문학의 밤' 동아리에서 날고 긴다고 하는 애들이 여기 모여 있었는데, 당시 유재석 씨는 '영웅본색' 패러디를 했는데 '영웅본색'을 보면 장국영이 전화를 걸다가 죽는 장면이 있잖아요, 그것을 '똥 마려운 것'으로 패러디를 해서 개그를 했는데 얼마나 웃겼는지 몰라요. 지금도 가끔 유재석 씨를 보면 그때 생각이 나서 놀리곤 합니다. 그리고 김지선 씨와 박미선 씨는 북한 사투리를 했는데 너무 재미있었습니다. 그뿐만 아니라 제가 알고 있는 PD들이 청바지를 입고 있었고, 우리 아버지와 비슷한 연배의 아저씨들인데 가수들 얘기를 하고, 팝송 얘기를 하고, 너무 다른 거예요. 그래서 '아, 방송국이라는 곳이 굉장히 좋다.' 이런 생각을 하게 되었습니다.

그럼 그 당시가 몇 년도 인가요?

**최대웅**　1988년, 89년이었습니다. 저는 방송국에는 PD, 연기자, 카메라 맨, 이렇게만 있는 줄 알았는데, 어떤 아저씨가 제일 늦게 왔다가 제일 일찍 가시더라고요. 그래서 "저 아저씨는 뭐 하는 사람이에요?" 하고 물어봤더니 '작가'라고 했고, 그때 '방송작가'를 처음 알게 되었습니다. 사실 예전에 '비바청춘' 출연할 때 제가 쓴 콩트가 최고의 콩트로 뽑히기도 했었거든요.

어떤 콩트를 했었는지 생각나시나요?

**최대웅**   그때 원종배 씨가 지금의 전현무 씨처럼 인기 있는 MC였는데, '사랑방 중계'라는 프로그램을 했었어요. 그 프로그램을 패러디해서 '공부방 중계'를 했습니다. 제가 콩트를 쓰고 나면 당시 PD분들이 편집을 잘해주셔서 그 콩트들이 인기가 많았었어요. 마침 SBS에서 작가를 뽑는다고 했을 때 그때 생각이 나서 작가 공채시험을 보게 되었고, 합격하게 되었습니다. 합격 후 제일 먼저 코미디프로그램인 '웃으며 삽시다'를 맡게 되었고, 다행히 가자마자 작은 콩트를 쓰게 해주셔서 그렇게 작가 생활을 시작하게 되었죠. 그렇게 일을 하다 KBS에서 임기홍 작가님을 만나게 되었습니다. 당시 저는 잘나가는 작가였고 그러던 중 군대에 가야 했는데, 대학을 졸업하고 가려고 입대 연기를 하게 되었어요. 대학을 졸업하고 나서도 프로그램을 4~5개씩 하고 너무 바빴습니다. 그러면 어차피 늦은 거 대학원까지 졸업하고 가자고 했고, 28살에 '작가 사병'으로 군대에 가게 되었습니다. 그때 제가 '작가 사병'으로 갈 수 있었던 것은 임기홍 작가님 덕분이었어요. 임기홍 작가님께서 군대에 연예 사병이 있다는 것을 아시고는 '연예 사병'으로 갈 수 있도록 이야기를 해주신다고 하셨습니다. 그런데 국방부 국군 방송에 가서 알아보니 연예 사병에 가수 사병, 연기 사병, 아나운서 사병, 코미디언 사병 이렇게만 있고 작가 사병은 없다는 걸 아시게 되셨어요. 때마침 그때 IMF가 터져서 제작비 절약방송을 해야 했는데, 임기홍 작가님이 그쪽에 가서 "아니, 이런 친구가 군대에 가서 국군 위문 공연이나 홍보 영화에 대본을 쓰면 그게 다 절약이 되는 게 아닙니까?" 이렇게 말씀을 해 주셔서 그동안 써온 대본과 방송국 사장 추천서를 국방부에 제출했어요. 그래서 제가 최초로 '작가 사병'으로 입대를 하게 되었습니다. 당시 저와 함께 군 복무를 하던 윤종신 형은 가수 사병이었고 하정우 씨는 연기 사병이었어요. 하정우 씨는 그 당시에는 유명한 배우는 아니었는데 아버지께서 국군 홍보 영화 3편을 찍어줘서 들어왔다고 하더라고요. 그래서 우리가 "야. 일병" 하고 부르면 하정우 씨가 "예, 일병 아빠 빽!" 이랬어요. 하정우 씨 아버지가 김용건 선생님이신데 저와 '금촌댁네 사람들'이라는 프로그램도 했고, 그래서 아들 보러 오시면 고기도 사주시고 하셨습니다. 그러다가 동티모르 위문 공연에 가게 되었는데, 그때 MC가 '수다맨' 강성범 씨밖에 없고, 아무래도 저도 가야 할 거 같았어요. 동티모르는 배를 타고 간다고 하는데, 3주를 배를 타고 가서 1주일 있다가 다시 3주 배를 타고 돌아와야 한다는 거예요. 그때 제가 하정우 씨한테, 본명이 김성훈인데, "성훈아, 군대 시절에 외국을 나가는 게 쉽지 않지. 그래서 말인데 '네가 가라, 동티모르 형이 양보할게.'" 했더니, "정말 감사합니다."하면서 하정우 씨가 저 대신 동티모르에 다녀온 기억이 납니다. 그 때문인지 지금도 하정우 씨가 제 연락은 잘 받지 않습니다.(웃음)


정말 잊지 못할 군대 생활을 했네요. 이제 '황금어장'에 대해서 이야기 좀 해볼까 합니다. 어떻게 시작하게 되었는지부터 이야기 좀 해주세요.

**최대웅**    '황금어장'의 시작은, 제가 토크쇼를 좋아했어요. 그 당시만 해도 리얼리티가 없었던 시절이니까 토크쇼를 하고 싶었는데 마침 MBC 여운혁 PD 가 프로그램을 같이하자고 해서 세팅을 했는데 편성이 '놀러와' 뒤 시간으로 난 거예요. '놀러와'를 제가 하고 있었는데 토크쇼 다음에 또 토크쇼를 할 수 가 없어서 어쩔 수 없이 콩트를 하게 되었고, 제가 잘하는 콩트를 하자고 해서 '우리 동네 실화극장 황금어장'으로 시작하게 되었습니다. 그런데 강호동 씨 가 신동엽 씨에 비해 디테일한 콩트가 안됐고, 그러다가 '점쟁이' 연기를 잘하 는 걸 찾게 되었어요. 한번은 가수 싸이 씨가 나왔는데 그때 주제가 '미신을 신 봉하는 사나이'였어요. 싸이 씨가 점을 많이 본다고 해서 우리가 후배들한테 재미난 점쟁이를 알아 오라고 했는데, 몇 명을 알아 왔는데 그중 한 명이 '무릎 팍도사'가 있다는 겁니다. '무릎팍도사'가 뭐냐고 물었더니, '무릎이 닿기도 전에 알아맞힌다.'라고 해서 그렇게 부른다고 하더군요. 그때 '바로 이거다.' 하는 생각이 들었고 그때부터 강호동 씨는 '무릎팍도사'가 되었죠. 실제로 '무 릎팍도사'는 대전에 있습니다. 그때부터 강호동 씨가 재미있게 연기를 해주었 고 덕분에 편성을 수요일로 옮기게 되었으며, 콩트를 토크쇼로 진행하게 되었 습니다. 그전까지의 토크쇼는 자기들이 말하고 싶은 것을 말하는 "우리 앨범 이 나왔어요. 춤이 나왔어요. 우리 영화의 명대사는 뭐예요." 이런 것들을 이야 기하는 토크쇼였는데, '무릎팍도사'는 시청자들이 궁금해하는 것을 물어보는 토크쇼로 바뀌는 전환점이 된 프로그램이었고, 시청자들이 '누가 출연하는지 보다 누가 뭘 하는지가 더 중요하다.'고 생각하는데 일조한 프로그램이라고 말 할 수 있습니다.

당시에 에피소드가 있었죠. 두산그룹 박용만 회장과 식사 자리가 있었는데, 그때도 최 작가가 예능연구회 회장으로 있을 때인데 "황금어장 작가입니다." 그랬더니, 박 회장이 "우리 집사람이 '무릎팍도사' 같은데 나가지 말라고 했다."라고 하시면서 "섭외하려고 하지 마세요!" 그랬죠? 그러면 우리 같으면 그냥 "네." 하고 끝나는데, 그때 최 작가가 "'무릎팍도사' 깜은 안 되고요, 회장님께서 한 세 분 정도 묶어서 출연하신다고 하면 제가 2주 정도 방송해 드릴게요." 그래서 완전 주위가 빵 터졌어요. 그랬더니 박 회장이 "아니, 나는 왜 안 돼요?" 그러시길래 "아니, 이건희 같은 분이 우선 상징적으로 출연을 하시고 난 후 그다음에는 가능하십니다." 그랬지요. 지금 생각해도 계속 웃음이 나네요.

**최대웅**　　그러고 나서 박용만 회장이 끝나고 제 이름을 적어 갔어요. 저는 '맥주에 뭘 타나? 아님 잡혀가나?' 했는데, 아무 문제 없었습니다. (웃음)

최대웅 작가는 지금도 예능연구회 회장을 맡고 있기도 하고, 많은 프로그램도 성공시키기도 했는데 여기서 앞으로 예능 작가들이 어떻게 가면 좋겠는지 한 말씀 해주세요.

**최대웅**　　저는 그렇게 생각합니다. 예능 작가의 길이 한 가지만 있는 것은 아니기 때문에, 저처럼 해외에 나가서 프로그램을 기획한다든지, 박원우 작가처럼 필름 마켓에 가서 포맷을 판다든지, 선배급 되는 작가들이 다양한 시도를 해봤으면 좋겠습니다. 앞으로는 100세 시대라고 하잖아요. 이제는 한 사람의 직업이 3~4개씩 있어야 한다는데, 저희도 예능 방송작가를 50세나 60세까지 하고 나면 그다음에는 다른 직업을 가질 수 있도록 선배들이 다양한 시도를 해서 후배들에게 여러 가지 길을 제시해 주는 것이 '우리의 몫'이라고 생각합니다. 또 한 가지는 '또 그 사람, 또 그 나물에 그 밥', 예능프로그램을 보면서 우리가 이런 말을 하잖아요. 편성이 안되니까 안전하게 유명한 연예인을 섭외하게 되는데 이제부터라도 경쟁력이 있는 작가들은 과감한 MC 기용을 해봐야 할 거 같습니다. 게스트들도 과감하게 기용을 해서 발굴하고, 그러다가 설령 실패했어도 책임을 질 수 있는 역량이 있는 작가들이 과감한 발굴을 해야 한다고 생각합니다. 지금 생각해 보면 저는 시절이 좋을 때 방송작가를 했다고 생각합니다.

그건 같은 생각입니다. 우리 때는 방송이 정말 좋은 시절이었어요.

**최대웅** 얼마 전에 선배작가를 만나서 이야기를 했는데, 요즘 MBC아카데미에 예능 작가가 되고 싶어서 등록하는 사람들이 많이 줄었다고 하셨습니다. 이제는 방송작가보다 유튜버 크리에이터를 더 많이 하고 싶어 하기 때문이죠. 예전에는 예능 작가가 되고 싶은 사람들이 참 많았었어요. 그런데 이제는 방송작가를 하고 싶지 않은 거예요. 왜냐하면, 자기가 만들어서 자기가 춤추고, 자기가 방송을 내보내면 수입을 자기 혼자 가져가는데 굳이 여럿이 함께하고 여럿이 나눌 필요가 없는 거죠.

이제 방송사의 몰락이 우리까지 온 거 같다는 생각을 했습니다.

**최대웅**    저도 선배님과 같은 생각이에요. 방송사의 몰락이 급속도로 올 거로 생각합니다. 이미 TV 방송국은 예전의 '종이 신문화'가 됐다고 말하고 싶습니다. 요즘 아무도 신문을 안 보잖아요. 이제 앞으로 아무도 TV를 안 보는 시절이 너무 빨리 오게 될 거 같아서 걱정입니다. 그런 의미에서도 이제는 '작가'라고 하기보다는 '크리에이터', '창작자', '콘텐츠 생산자'로서 누군가가 선도해 나가는 작가들이 있었으면 좋겠고, 이러한 다양한 시도를 통해서 다양한 길로 가는 것이 좋을 거 같습니다.

**이제 최대웅 작가는 앞으로 어떻게 해나가야겠다는 각오 같은 게 있나요? '코미디페스티벌' 이야기를 먼저 해주세요.**

**최대웅**    '코미디페스티벌'은 보람도 있고 미래지향적으로 하는 것이고, 숙제처럼 앞으로도 계속할 생각입니다. 나중에는 그 숙제에 대한 보람도 클 것 같다는 생각도 들고요. '무릎팍도사'의 마지막 질문이 "최종 꿈이 무엇입니까?"였는데 그것에 대한 답은 제가 만든 포맷으로 할리우드에 진출해서 150개국에 제 포맷을 파는 것이 꿈이자 목표였고, 그것을 위해서 일본과도 협업하고, 중국과도 협업하고, 베트남도 가고 했습니다. 그런데 이미 박원우 작가가 '복면가왕'이라는 포맷을 50여 개국에 수출을 했어요. 그렇게 하고 있기 때문에 저는 박수를 치고 고맙게 생각도 합니다. 이제 저는 좀 더 쉽게 박원우 작가 뒤를 따라가면 되니까 목표로까지 생각할 필요는 없을 것 같긴 합니다.

**그럼 지금 콘텐츠에 관한 것을 추진하고 있는 것이 있는 거군요?**

**최대웅**　네, 맞습니다. 아마 영토는 제가 더 넓을 것 같습니다. 베트남까지 했으니까요.

방송콘텐츠를 말하는 거죠?

**최대웅**　네, 방송콘텐츠입니다. 제가 지금 콘텐츠 수출업체를 만들었거든요. '최 C LAP' 연구소입니다. 여기서 'C'는 '콘텐츠'를 의미합니다.

지금 그 일을 하는 거죠?

**최대웅**　네, 하고 있습니다.

최대웅 작가가 중국에서 제작도 했었죠?

**최대웅**　중국에서는 프로그램 기획 제작을 했고, 베트남에서는 영화를 했습니다. 처음에 중국에 갔더니, 자꾸 제작사를 소개해 달라고 하는 거예요. 그래서 그럴 바에는 '내가 그냥 회사를 만들어서 하자.' 그런 생각에 '최 C LAP'을 시작하게 되었고, 회사를 내자마자 운 좋게 하얼빈에서 '빙설성동력' 제작을 하게 되었습니다. 이 프로그램이 세계 3대 겨울 축제인 빙빙제 기간에 '빙신'을 선발하는 거였고, 중국 출연자 6명, 한국 출연자 6명 총 12명이 런닝맨처럼 게임을 하는 프로그램이었습니다. 제작진을 모아서 하얼빈에서 촬영했는데 그곳 기온이 영하 39도였어요. 해가 떠 있는 시간이 별로 없었습니다. 그 때문에 촬영시간이 적었고 그래서 이동을 밤에 해야하는데 위험하니까 밤에 이동을 못 하게 하더라고, 낮에도 11시에나 움직일 수 있는 환경이었습니다. 그래도 길이 비교적 덜 얼어있을 시간이 그 시간이기 때문에, 저희가 차를 그때부터 줄지어서 이동을 했습니다. 마치 국토대장정을 하듯이 말이죠.

**그러면 많은 인원이 갔을 텐데 스태프 관리도 무척 힘드셨겠어요?**

**최대웅**  네, 그렇습니다. 제작진과 카메라 팀, 동시팀, 매니저 팀 등 이렇게 90명 정도를 데리고 가서 촬영을 하는데 우리가 촬영하는 것을 중국팀들이 촬영하고 있더라고요. "왜 우리를 찍냐?"고 했더니 다큐멘터리를 만들어서 메이킹을 하려고 해서 그런 줄 알았는데 나중에 알아봤더니 제작방식을 찍어놓고 예능 제작하는 법을 배우려고 찍었던 거였습니다. 그 당시 한국인 출연자는 '미쓰에이'의 페이, 'HOT' 토니, 그리고 붐과 천명훈 씨를 섭외했었는데 가수 채연 씨를 섭외했으면 좋겠다고 해서 급히 섭외했던 기억이 납니다.

**가수 채연 씨가 중국에서 인기가 많았나 보네요?**

**최대웅**  네, 가수 채연 씨가 그 당시 중국에서 인기가 많았어요. 그래서 채연 씨 섭외를 해서 갔는데 당시 채연 씨가 계약서를 너무 까다롭게 쓰는 거예요. 뭐 티슈도 놔달라, 그래서 너무 까다로운 거 아니냐고 했는데, 채연 씨가 이렇게 안 쓰면 중국 사람들은 모른다는 거예요. 그래서 자동차 기종과 연식까지도 쓰고, 뭐 푸조 몇 년식 몇 CC를 보내 달라, 의상 차를 보내 달라, 왜냐면 중국은 야외촬영 이런 것을 안 해봐서 전혀 모른다고 하더라고요. 저도 몰랐어요, 가서 알게 됐어요. 우여곡절 끝에 프로그램을 했는데 '흑룡강 위성'에서 역대 최고의 시청률이 나왔다고 해서 굉장히 좋았습니다.

최대웅 작가, 즐거운 시간이었습니다. 오랜 시간 감사합니다. 앞으로 최대웅 작가 작품도, 회사도 모두 잘 되길 바랍니다.

#예능작가

100세 시대라고 하잖아요. 이제는 한 사람의 직업이

3~4개씩 있어야 한다는데, 저희도 예능 작가를

50세나 60세까지 하고 나면

그다음에는 다른 직업을 가질수 있도록.

시도를 해서 후배들에게 여러 가지 길을 제시해 주는 것이

우리의 몫이라고 생각을 합니다.


# 최대웅 작가 〈MBC 황금어장 무릎팍도사〉

# 지금 만나러 갑니다

하늘을 올려다보면 멀고 먼 우주에

항성과 행성이 있습니다.

항성은 스스로 빛을 내는 천체이고

항성을 중심으로 수성, 금성; 지구와 화성, 목성, 토성

그리고 천왕성, 해왕성 같은 천체들이 공전을 하고 있습니다.

항성을 중심으로 항성의 빛을 받아 반사하며

행성도 빛을 냅니다.

임기홍 선배님이 예능 작가들의 항성이었고

수많은 예능 작가들이 항성을 중심으로 공전하는 행성이었음을

부정하는 작가는 없을 것입니다.

예능프로그램이 빛나고 후배 작가들이 빛날 수 있도록

기꺼이 길을 밝혀준 임기홍 작가님을

최고의 MC이며 같은 동네 주민인 남희석 씨가

지금 만나러 갑니다.

# \# 남희석 Mc

| KBS | 미녀들의 수다 |
| | TV 오디션 도전 60초 |
| | 전국노래자랑 |
| SBS | 남희석 이휘재의 멋진 만남 |
| | 좋은 친구들 |
| 채널A | 이제 만나러 갑니다 |

## 수상

2012년 제 19회 대한민국연예예술상 TV진행상
2010년 SBS 연예대상 예능 10대 스타상
2007년 KBS 연예대상 쇼오락 부문 남자최우수상
1999년 제 26회 한국방송대상 코미디언상
1999년 백상예술대상 코미디부문 최우수연기상

# ＃ 임기홍 작가

**대표 프로그램 : KBS 불후의 명곡**

MBC    청춘만세
　　　　일요일 일요일 밤에
　　　　토요일 토요일은 즐거워
　　　　우정의 무대
　　　　유쾌한 스튜디오

KBS    영 스튜디오
　　　　불후의 명곡
　　　　시사터치 코미디 파일
　　　　열린 음악회
　　　　젊음의 행진

**前** 한국 방송작가협회 이사장

**수상**

2007년 KBS 연예대상 쇼오락 부문 최우수 방송작가상
1999년 한국방송 작가상

임기홍 작가님 반갑습니다.

방송작가님이면서 저하고는 목동 동네 주민이시기도 하죠.

2020년에 새로운 일도 하시게 되었죠?

# 임기홍 작가

**임기홍**　　한국 방송작가협회를 대표하는 이사장직을 맡게 되어서 어깨도 무겁고 부담도 큽니다. 4천여 명 정도 되는 방송작가협회 회원작가분들의 권리와 복지에 대해서 최선을 다하도록 하겠습니다.

**남희석**　작가분들을 위해서 어떤 점을 중점적으로 노력하실 생각이신 지요?

**임기홍**　작가분들이 어려운 일을 겪거나 부당한 대우를 받는다거나 할 때 실질적인 도움을 줄 수 있는 법무팀을 만들려고 합니다. 드라마 장르보다 비드 라마 장르에선 아직 저작권에 대한 체계가 세워져 있지 않습니다. 그런저런 것 들을 돌아보고 개선할 건 하도록 노력하겠습니다.

**남희석**　워낙 인품이 좋으시고 40여 년의 방송 현장 경험까지 있으시 고 잘 해내시리라 믿습니다. 자, 이제부터는 사적인 얘기들을 묻도록 해 보겠습니다. 무엇이든 물어볼게요. 임 작가님, 고등학교는 청주에서 나오 신 것으로 알로 있는데요. 청주고 때 음악을 하셨다고 들었습니다.

**임기홍**　아~ 음악을 했죠. 청주고등학교 브라스 밴드부에 들어가서 트롬본 을 불었죠.

**남희석**　잠시만요, 고등학교 때 밴드부에서 트롬본을 부시다가 대학교 는 경기대학교에 가셨잖아요? 그렇다면 전공이 무엇이었나요?

**임기홍**　맞아요, 경기대학교에 입학했습니다. 전공은 무역학과였습니다.

**남희석**　오~ 개그 작가, 방송작가하고는 연결이 안 되는데요!

**임기홍**　　연결이 안 되죠. 이제 제 이야기를 시작해 볼게요. 제가 경기대학교 무역학과에 입학하고 신입생 환영회가 있었어요. 경기대학교는 지하에 강당이 있고, 그 강당에서 신입생 환영회를 하는데 너무 재미가 없어서 중간에 집으로 왔어요. 그리고 4월 중순쯤에 학생회를 찾아가서 "우리 학교 축제 담당하시는 선생님이 누구십니까?"라고 했더니 저쪽에서 "난데 왜 그러냐" 하시는 거예요. "저는 신입생인데 신입생 환영회가 너무 재미없어서 중간에 갔습니다." 그랬더니 담당 선생님이 웃으시면서 5월 축제에는 경기가요제가 있다고 말씀하시는 거예요. 그때만 해도 대학교 축제에는 가요제가 있었던 때였거든요. 그 이야기를 듣자마자 "그렇다면 경기가요제 사회를 제가 보면 안 되겠습니까? 저는 자신 있습니다, 신입생 환영회 때처럼 재미없게 하지는 않을 것입니다." 라고 큰소리로 말씀드렸죠.

**남희석**　　지금 경기대학교 때 이야기하시는 거죠? 1학년 신입생이요.

**임기홍**　　그렇죠, 그렇게 말씀드리고 난 후 선생님께서 "그럼 한번 해봐라." 하셨고, 그래서 제가 경기가요제 사회를 보게 됐어요. 그런데 제가 생각해도 내가 너무 잘했어요. 그때는 서울에 있는 학교의 학생 수가 많지 않아서 다른 학교 아이들이 축제 구경을 오기도 하고 그랬는데 다른 학교 학생들이 잘한다고 하면서 당시 성신여대, 명지대 등 타 학교 대학축제에 사회자로 섭외가 되어 불려간 거예요. 제가 대학축제 사회를 보던 때 이문세 씨, 임백천 씨 그런 분들이 가수로 활동하고 있을 때였죠.

**남희석**    그런데 그 사람들은 이미 연예인 아니었나요?

**임기홍**    그 당시 인기가 완전히 많지는 않았고, 임백천 씨 같은 경우는 대학
가요제에 듀엣으로 나와서 본선까지는 올라갔지만, 상은 못 받았어요. 그때가
통기타 시절이었는데 유명했던 사람이 '삼포로 가는 길' 불렀던 강은철 씨 '사
이먼 앤 가펑클'의 노래를 우리나라에서 가장 완벽하게 부르는 사람이었어요.
대학생들이 팝송을 좋아했을 때였는데, 그때 MBC에는 '별이 빛나는 밤에',
TBS에는 '밤을 잊은 그대에게'라는 라디오 프로그램이 쌍벽을 이룰 때였어
요. 청취율이 높을 때였는데 하루는 제가 TBC 라디오를 찾아갔어요. 그곳에
계신 분이 저를 보더니 여기는 어떻게 왔냐고 물으시더라고요. 제가 '밤을 잊
은 그대에게' PD님을 만나 뵙고 싶어서 찾아왔다고 했더니 저에게 "내가 밤을
잊은 그대에게 PD인데 무슨 일이죠?" 하시면서 저를 유심히 쳐다보셨어요. 제
가 "저만큼 개그 잘하는 사람을 본 적이 없습니다. 그래서 '밤을 잊은 그대'에
게 프로그램에 출연하고 싶어서 찾아왔습니다."라고 대답을 했죠. 그랬더니 이
름하고 전화번호하고 적어놓고 가라고 하시는 거예요. 적어놓고 집으로 왔는
데 아무리 기다려도 연락이 없는 거예요. 그렇게 한 달쯤 지났는데 집으로 전
화가 왔고, 10시부터 12시까지 생방송이니까 9시까지 오라고 해서 갔더니, 주
의사항을 얘기해 주었어요. 그렇게 라디오 방송에도 출연하게 되었죠.

**남희석**    당시 그럼 DJ는 누구였어요?

**임기홍**    TBC '밤을 잊은 그대에게'는 황인용 씨였고 MBC '별이 빛나는 밤

에'는 차인태 씨가 DJ였던 시절이었어요.

**남희석**    어머나! 별밤 DJ가 차인태 씨 시절이라고요? 대박입니다.

**임기홍**    그때는 두 DJ의 청취율이 아주 높았어요. 황인용 씨가 "대학생 개그맨 선생님이라고 소개를 해드려야 하나요? 우리 임기홍 씨 나와주셨습니다." 이렇게 제 소개를 청취자에게 했어요.

**남희석**    그게 첫 방송 출연이신 건가요? 몇 년도 인가요?

**임기홍**    1977년 대학교 1학년 때였습니다. 재미있는 얘기나 이런 거 있으면 얘기해보라고 해서 신나서 얘기하던 생각이 나네요.

**남희석**    어떤 내용인지 기억이 나세요?

**임기홍**    그게 기억이 안 나요. 그런데 다른 라디오 방송은 DJ하고 출연자가 있으면 DJ가 이야기가 끝나면 PD분이 밖에서 "음악 스타트!" 해서 기술감독이 음악을 틀어 줬단 말이에요. 그런데 '밤을 잊은 그대'는 황인용 씨가 직접 턴테이블을 틀더라고요.

**남희석**    와, 진짜 말로만 듣던 DJ이시네요!

**임기홍**    스튜디오 안에서, 황인용 씨가 제 얘기를 듣고는 막 웃었어요. 그때는 LP판으로 음악을 틀었는데, 황인용 씨가 "죄송합니다. 제가 웃느라고 음악을 못 맞춰 놨네요. 노래 한 곡 듣고 다시 얘기 나누겠습니다." 하면서 음악을 트시고, 음악이 나오는 내내 계속 웃으셨어요. 그렇게 출연을 하다가 담당 PD가 "너는 저녁때 하는 프로그램이 더 잘 맞을 것 같다." 하시면서 '이덕화 임예진 쇼' PD를 소개해 주었습니다.

**남희석**    와, 당대 최고 TV 프로그램인 이덕화, 임예진 쇼에 소개해주신 거예요? 그때가 정동 MBC 시절인가요?

TBC 시절이에요. 서소문에 있었던 TBC가 전국 방송이 아니었어요. TBC는 군산 서해방송, 광주 제일방송 이렇게 서해안을 타고 내려갔어요.

**남희석**    그러면 충청도에는 방송이 나오지 않았나요?

**임기홍**    네. 청주만 TBC가 나왔습니다. 한번은 대학교 2학년 때였는데, 수업 시간에 누가 문을 두드려서 수업하시던 교수님이 문을 열었더니 "임기홍 학생 교무처에서 찾는데요?" 하면서 교무처 사람이 저를 찾으러 왔어요. 가서 보니 무섭고 날카롭게 생긴 분이 아래위를 쭉 훑어보더니 "네가 임기홍이야?", "네", 그랬더니 교무과장님한테 "감사합니다."라고 인사하시고 "따라와" 그러는 거예요. 그때 감히 '누구세요? 뭐 하시는 분이세요?' 이런 걸 못 물어

보겠는 거예요. 그렇게 따라간 곳이 스튜디오였던 거 같은데 깜깜한 곳에 불이 들어오더니, "너 여기 서서 카메라 위에 'ON AIR'라고 빨간불이 들어오면 자기소개를 하고 개그 중에서 잘할 수 있는 걸 해봐." 그러시더니 좀 있다가 "준비됐냐?" 하고 음성이 들려왔고 곧이어 빨간불이 들어와서 내 소개하고 개그 몇 개를 했어요. 조금 있다가 빨간불이 꺼지고 전체에 불이 들어왔고 카메라 모니터가 끝없이 많은 방안에 수많은 카메라 모니터에 제 얼굴이 다 걸려 있는 거예요. 그 앞에 있던 분이 안경을 싹 벗더니 "야 너, 넌 왜 눈이 그렇게 살벌하게 생겼니?" 그래서 "예?" 했더니, 너처럼 눈이 살벌하게 생긴 놈은 처음 봤다면서 그냥 가라고 그러시는 거예요. 그렇게 집으로 왔고, 그다음 주에 전화가 와서 다시 갔어요. "그때 네가 한 개그들을 종이에 옮겨 적을 수 있겠냐?" 하시길래 "옮겨 써보진 않았지만 할 수 있겠죠, 왜요?" 그랬더니 내가 쓴 원고를 다른 사람에게 준다는 거예요. 제가 쓴 원고를 다른 사람에게 준다는 말이 무슨 말인지 몰라서 묻자 그게 '작가'라는 거라고 하시면서, 생각하는 것들을 적어서 다음 주에 오라고 하시는데 거기 보니까 대본들이 많이 있더라구요. 원고지에 생각을 써오라는데 원고지에 쓴 것이 대본으로 나오는지 내가 모르잖아요. 그때는 한 프로그램당 작가가 한 명인 시절인데 바쁜데 나를 가르쳐주는 사람도 없어요. 그래서 '정화 인쇄소'라고 MBC TV, 라디오 대본을 인쇄해주는 집이 있다는 이야기를 듣고 거기를 찾아갔어요. 가서 혹시 작가분들이 쓴 원본 좀 구할 수 있냐고 물었더니 대본을 3개를 주실길래 그걸 얻어다가 이게 원고지에 이렇게 쓰니까 지문은 이렇게 표현되고 대사는 이렇게 쓰니까 이런 식으로 이렇게 나오는 것을 독학을 한 거죠. 지금이야 문예창작과도 있고 작가 교육원이 있지만, 그때는 이런 곳이 전혀 없었으니까요. 그래서 원고지에 써서 갔고 그 당시 개그 프로그램 '청춘만만세'를 처음 만드신 PD가 개그맨들이 생각해 오는 것도 좋은데 '작가'라는 사람도 있어야 하니까, 저보고 생각해서 써온 원고를 개그맨들에게 주면서 그대로 연기를 하라고 하셨어요. 그 PD가 나를 '작가'로 만들어준 분 심상수 PD입니다.

**남희석**　아! MBC 심상수 PD분이요, 제가 일할 때도 유명하셨지요.

**임기홍**　심상수 PD 때부터 저는 작가가 된 거지요.

**남희석**　그럼 진짜 글로 써서 대본이 된 것은 무슨 프로그램인가요?

**임기홍**　'청춘만세'죠!

**남희석**　오래된 얘기네요. 몇 년도인 거죠?

**임기홍**　1978년도 정동 MBC 시절이죠!

**남희석**　개그맨을 처음 제대로 뽑은 것은 1979년이고, 1978년도에 첫 대본을 쓰신 거네요. '청춘만세' 직전의 코미디는 '웃으면 복이 와요' 아닌가요?

**임기홍**　그렇지요. MBC '웃으면 복이 와요'와 TBC '고전 유머극장'이 시청률이 최고였었어요.

**남희석**    그런데 이런 콩트 코미디들이 임 작가님이 작가로 데뷔하셨을 때 하신 건데 지금 유튜브가 나온 것처럼 엄청난 변화였잖아요. 그 당시 사람들이 좋아했어요?

**임기홍**    좋아했죠. 코미디프로가 몇 개 없을 때이고 뭘 해도 재밌을 때이고.

**남희석**    그러면 임 작가님은 출연은 안 하셨어요?

**임기홍**    못 했죠! 눈이 살벌해서. (웃음)

**남희석**    '청춘만세' 작가는 몇 명이었어요?

**임기홍**    그때 고영수 형은 작가 겸 출연을 하셨고, 저 있었고, 전유성 형도 작가였고 그리고 출연도 했었습니다.

**남희석**    그렇게 세 분이 몇 코너씩 하셨어요?

**임기홍**    꼭 정해져 있는 건 아니에요.

**남희석**    대본은 보통 몇 개 쓰셨어요?

**임기홍**　나는 한 두서너 개 코너를 썼었지요.

**남희석**　그러면 '청춘만세'가 진짜 '빵'하고 떠오른 게 몇 년도에요?

**임기홍**　제 자랑 같지만… 제 자랑이죠! (웃음) 1987년도에 MBC TV 신종인 PD라는 분을 만나면서 시청률을 최고로 찍은 적이 있었어요.

아! 그때는 MBC '청춘만만세' 아니었나요?

**임기홍**　'청춘만세' 였다가 '청춘만만세'로 프로그램 제목이 바뀌었어요.

**남희석**　1989년도 '청춘만만세'에서 제가 야외 청춘교실의 엑스트라 단장이었어요. 저도 방송을 처음 한 게 그 프로그램이었거든요.

**임기홍**　그 당시 MBC에 신종인 PD라는 분이 FM 라디오 프로그램을 하다가 TV로 와서 처음 만든 프로그램이 요리 프로그램이었어요. 요리사가 이종임 씨였는데 프로그램 중에 멘트가 "재룟값이 워낙 비싸요" 이걸 했어요. 이 멘트를 가지고 제가 지금은 고인이 되신 김형곤 씨한테 "따라 해 봐" 그랬더니 "워낙 비싸요"를 혀 짧은 소리로만 하는 거예요. 그래서 "야, 길게 좀 해봐", 그러니까 "워낙 비짜요", "외로와요" 해봐, "메로와요" 발음을 이렇게밖에 못 하는 거예요. 그래서 이 멘트를 가져다가 콩트 코너에서 멘트로 써서 혀짧은 소리가 크게 유행어가 됐어요, 그 코너로 개그맨 김형곤 씨, 장두석 씨가 자리를 잡았지요. 그렇게 인기 있는 개그 프로그램을 여러편 하다가 1988년도 MBC에 학교를 다니는 프로그램이 있었는데 당시 MC가 SM엔터테이먼트 대표인 이수만 씨였고 프로그램 시청률이 좋지 않으니 저한테 개선안을 내놓으라고 하더라고요. 그때 제가 이제 학교 프로그램은 그만하자고 하면서 "제가 KBS에서 '영 스튜디오'라는 학교프로그램을 기획했는데 학교프로그램이 너무 많아요. 똑같은 프로그램이 너무 많으니 이런 거 하지 말고 이걸 군대로 한번 옮겨 보면 어떨까요?"라고 했지요. "학교 소개 하는 건 부대 소개 하는 것으로 바꾸고 장기자랑 하는 것은 군대에 장병 많으니 장병들이 하면 되고, 마지막에는 비밀의 커튼이라고 뒤에 장병들 중에 가족을 몰래 숨겨놓고 장병이 자신의 가족인지 알아맞히게 하면 재미있을 거 같은데요?" 이런 제안을 하고 기획안을 써서 제출했는데, 이미 MBC 유근형 PD가 내무반에서 하는 군인 프로그램 기획안을 냈다는 거예요. 그때 이창식 국장이 임기홍 작가가 기획한 군인프로그램은 야외에서 촬영하는데 유근형 PD가 기획한 프로그램은 내무반에서 촬영하는 것이니 이 두 가지 기획안을 같이 합해서 해보자고 하는 거예요.

**남희석**　그렇게 전설의 프로그램 '우정의 무대'가 시작이 된 거군요? 정확히 몇 년도에 시작이 되었나요?

**임기홍**　1988년도 가을 개편 때 기획안을 냈는데, 그때 5공 청문회가 시작돼서 군인들이 국회로 불려오고 이럴 때였어요. 그래서 협조 요청을 육군본부에 얘기하면 국방부로 가라고 하고 국방부에 가면 육군본부로 가보라고 하고 서로 미루더라고요. 그래서 제가 뽀빠이 이상용 형을 만났지요. 처음에 내가 낸 아이디어가 '전우 무대'였는데, 이창식 국장이 전우라는 단어가 너무 세다고 "'우정의 무대'로 하면 어떨까?", 그래서 '우정의 무대'로 프로그램 제목이 바뀐 거였어요. 당시 이상용 형이 라디오 KBS 공개방송을 오래 하고 있었는데 그중에서도 '위문 열차'라는 군인 프로그램을 오래 하고 있어서 "형님, 내가 형님을 염두에 두고 구상한 프로그램이 있는데요, 이것도 군대 프로인데 이런저런 내용이거든요. 형이 맡아서 하면 정말 좋을 거 같은데, 국방부나 육군본부에서 서로 미루기만 하고 협조가 돼지 않아서요.", 그랬더니 "알았어." 하고는 이상용 형이 수방사 9사단을 찾아간 거예요. 수방사 9사단장이 이상용 형하고 친한 형 동생 사이였고 "형, 이런 군대 프로그램이 있는데 제가 맡아서 하고 싶습니다." 했더니 수방사 9사단장이 육군본부에 전화해서 "군대 프로그램이 있는데 우리 부대에서 녹화하겠다, 무슨 문제가 있으면 내가 다 책임을 진다." 하고 난 후 국방부에도 전화해서 "우리 부대에서 군대 프로그램 녹화하겠다, 내가 다 책임을 지겠다." 했어요. 그렇게 해서 첫 녹화를 1989년에 하게 된 거예요. 녹화 후 편집하고 국방부 홍보국하고 국방부 보안부대에서 와서 시사를 보셨는데 "우리도 녹화 하겠습니다." 그렇게 다음 촬영 부대가 섭외되고 촬영을 했지요. 그때는 낮에 녹화했는데, 두 번째 녹화할때 홍천 11사단에 가서 사단장하고 회의하는데, 시설 참모가 휴게시간에 담배를 피우고 있는 곳에 와서는 "작가님, 혹시 지난번에 9사단에서 녹화했을 때 녹화장 도면 좀 볼 수 있나요? 사단장님이 9사단보다 무대 세트가 안 좋으면 넌 잘릴 줄 알라고 하셨거든요." 했다는 거예요.

**남희석**　　아니 사단장님이 무슨 무대 세트를 가지고?

**임기홍**  "무대 세트는 방송국에서 다 하는 건데요", 그랬더니 너무도 기쁜 목소리로 그러냐면서 안심을 하더라고요. 그때는 그 정도로 방송국에 대해서 모두 잘 모를 때니까요.

**남희석**  으하하, 대박! 세트를 군대에서 짓는 걸로 알았었군요? (웃음)

**임기홍**  군인들은 처음 하는 거니까 모르잖아요, 그리고 두 번 육군, 한 번은 공수부대든지 해군이든지, 해병대든지 이런 식으로 녹화가 짜여 있었어요. 세 번째 녹화가 4월 첫 주였는데, 지금 세종시가 된 증촌 32사단에서 있었어요. 마침 어버이날도 가깝고 해서 '엄마'를 주제로 한 코너를 만들었는데 "엄마가 ~ 보고플 때" 이 노래가 나오는 코너를 만들었지요.

**남희석**  그때 그 코너가 빵 터졌었죠!

**임기홍**  느낌이 쫙 오는 거예요. '이거다!'

**남희석**  그때 주제곡은 만든 거예요?

**임기홍**  노래는 포항 해병 1사단에 구전가요로 내려오는 노래로, 바로 '그리운 어머니'였어요.

**남희석**  아, 진짜요?

**임기홍**　　그 해병대에서 내려오는 구전가요인데 '작은 별 가족'이 우정의 무대 악단이었거든요. 처음엔 그 구전가요 "엄마가, 그리울 땐 엄마 사진 꺼내놓고"를 기교 안 부리고 녹음을 해놓고는 PD가 바뀌고 주철환 PD와 프로그램을 할 때 녹음해 놓았던 생각이 나서 그 노래를 썼어요. 보통 때는 "낳으실 때 괴로움 다 잊으시고~" 연주를 하면 "어머니 나와주세요!" 했었는데 어버이날을 앞두고 노래를 바꿔서 틀었더니 반응이 좋았지요. 처음엔 훤한 대낮에 녹화하다가 6개월쯤 지났을 때, "밤으로 돌립시다, 대낮에 군인들 덥기도 하고 뙤약볕에서 녹화하니 너무 지치고, 녹화 때 시설보안에 걸리니까 밤에 녹화하는 걸로 합시다."라고 내가 아이디어를 냈어요. 녹화하는데 PD는 풀 샷으로 건물도 딱 잡고 싶은데 시설보안에 걸리다 보니 다 편집해야 했는데 밤에 녹화하면 보이질 않으니까 그런 걱정이 없잖아요. 이렇게 해서 밤으로 녹화를 하게 되었고, 몰입도가 좋아지니까 6개월 후부터 프로그램 시청률이 올라가고 확 뜨게 된 거지요.

**남희석**　　자 여기서 이게 어떨지 모르지만 질문, 녹화 끝나면 2부 쇼 같은 거 한다는데 그거 진짜인가요?

**임기홍**　　했지요.

**남희석**　　와, 진짜 사실이구나.

**임기홍**　　자, 딱 얘기를 해줄게요. 제가 아이디어를 냈어요. 녹화는 생방송처럼 진행되는 것이 아니잖아요, 끊어서 가고 게임도 하고 그랬었어요. 그런데 끊어서 가니까 지루하기도 했지요. 그러면 자기네 부대지만 멀리서 다른 여단에서도 오고 그러니까 녹화가 끝나면 2부 쇼를 해줘야 한다고 했어요. 밤업소에서 팝가수로 유명한 가수를 섭외해서 팝 부르고 춤추고, 오락시간을 제공해 줬지요.

**남희석** 말로만 듣던 2부쇼가 있었군요.

**임기홍** 그래야 군인들이 불만이 없지요.

**남희석** 우와 진짜였군요. 하하하

**임기홍** 꼭 '쇼'만 한 건 아니고 개그도 했어요. 그때 개그우먼 이영자 씨가 '영자와 병태' 개그 코너를 남자 병태하고 듀엣으로 했어요.

**남희석** 개그맨 이영자 씨요?

**임기홍** 예, 이영자 씨.

이영자 씨가 2부 MC도 봤죠.

**남희석** 그런 얘기 처음 들었네요.

**임기홍**　이영자 씨가 참 웃기더라고요. 제가 전유성 형님한테 우리 2부 쇼에 이영자 씨라고 가끔 오는데 재미있게 잘한다고 얘기했더니 전유성 형님이, 개그맨 김형곤 씨가 개그클럽을 했을 때 그때 이영자 씨를 섭외 해 주었지요. 거기서 전유성 형님이 조언도 많이 해주고 아이디어도 주고 이영자 씨를 방송국으로 데리고 온 거예요. 그렇게 우정의 무대를 하면서 한동안 안 했던 '청춘만세'를 다시 하게 됐어요. 우정의 무대가 전국을 다니면서 녹화하는데, 월요일날 녹화가 끝나면 바로 PD들 태우고 그다음 부대로 가서 근처에서 자고 아침에 사단장하고 회의하고 출연할 병사들 뽑아놓고 서울 올라와서 목, 금, 토, 일요일 연습시켜서 그 다음주 월요일 날 녹화했지요. 이렇게 '우정의 무대'를 3년을 하고 있을 때 PD들도 바뀌고 작가들도 바뀌어야 프로그램이 발전을 한다는 생각에 우정의 무대를 떠나게 되었어요. 우정의 무대를 떠나고 난 후에 1990년 초에 MBC 지석원 부장이 좀 보자고 해서 갔더니 봉투를 하나 주면서 여기다 사인하고 접어서 사인하라고 하더라고요. 이게 뭐냐고 물었더니 우선 사인하고 나가서 봉투를 열어보라고 해서 열어보니까 돈이 들어있었어요. 그래서 다시 들어가서 "이게 뭐예요?" 물으니 "MBC에서만 해야 하는 계약금이야~" 하시는 겁니다. 그러니까 SBS나 다른 방송사가 생길 때 KBS나 MBC에서 연기자, 작가, PD를 다 빼가니까 전속계약을 하게 된 셈이지요.

처음이시겠네요! 임 작가님께서 예능 작가로서 전속계약은요?

**임기홍**　예능 작가로서 전속계약은 처음이지요. 그렇게 전속 계약을 하고 MBC에서 프로그램을 많이 했어요. '토요일 토요일은 즐거워', '일요일 일요일 밤에' 등 특히 '일요일 일요일 밤에'는 '영자의 방'이라는 코너가 있었는데 위에서 너무 코너가 세다고 없애라 해서 갑자기 없어지고. 주철환 PD가 "나 좀 도와줘" 해서 제가 성우 더빙도 하고 코너도 했어요. "보라 저 늠름한 모습을~ 하면 된다, 일당백이다." (웃음)

남희석 씨, 그거 생각나요?

**남희석** 그럼요! 대단했었죠. 임 작가님이 원고 써서 성우 더빙까지 직접 해서 화제가 됐었죠.

다시 들어봐도 재미있네요. 그럼 이제 '불후의 명곡' 얘기 좀 해주세요. 처음에 어떻게 기획이 된 건가요?

**임기홍** '불후의 명곡'은 KBS CP가 기획했고, '쇼'화 시켜서 아이디어를 만든 사람이 권재형 PD입니다. "PD랑 작가들이 어리니까 조언 좀 부탁드리고 예전 그 당시 어떤 게 더 좋았고 더 히트 쳤고 비슷한 풍을 다 부르면 재미가 없는데 그런 것을 임 작가님께서 해주시면 감사하겠습니다." 하고 부탁을 했어요. 그런 거면 내가 거들겠다고 해서 시작한 지가 벌써 10년이 넘어가 버렸네요.

예능 작가로서는 처음으로 평양에도 다녀오셨지요?

**임기홍**    SBS 특집프로그램이었어요. 배철수 씨 동생 배철호 PD 덕에 2003년도에 휴전선을 넘어서 '정주영 체육관 개관 축하 기념 쇼'를 우리나라 가수들하고, 북한 가수들하고 섞어서 공연했어요.

처음으로 북한에 가서 한 공연이 아니었나요?

**임기홍**    그전에도 있었지만, 그때는 중국 베이징을 통해서 북한으로 가서 공연하고 했었지요. 그런데 휴전선을 넘어서 북한에 간 것은 처음이었어요. 이남기 본부장과 배철호 국장이 노력해서 평양공연을 하기로 했는데 그때는 작가가 한 명밖에 못 갔어요. 그래서 제 손으로 큐시트 만들고 직접 멘트 쓰고 아시아나 전세기로 인천공항에서 평양 순안공항으로 갔다가 끝나고 순안공항에서 인천공항으로 왔었지요.

임 작가님 하면 기억 나는 게 있는데 원고지 상단에 인쇄했던, '좋은 원고는 높은 원고료에서부터' 이게 언제 적부터였죠?

**임기홍**    그게 MBC 있을 때였는데 인쇄소에 자기 이름을 새기는 원고를 쓰던 시절이 있었어요. MBC 유수열 사장이 부장이던 시절이었는데 원고지를 인쇄소에 맡겨서 자신의 이름을 새겨서 쓰던 때였거든요. 그때 저는 건방지게 원고지 위에다가 '좋은 원고는 높은 원고료에서'를 딱 새겨서 썼었는데, 그때 그 에피소드 하나 얘기 할게요. 그때가 한 프로그램에 한 작가 시절이었어요. 괜히 배짱부리느라고 '나 안 해!' 하고는 방송국에 안 나가고, 안 한 적이 있었어요. 그런데 내가 안 나가면 프로그램이 엉망진창이 되고 재미가 없어야 하는데, 그다음 주가 되면 프로그램이 막을 내려야 되는데 더 재밌는 거예요. 시청률도 오르고, 그렇다고 '잘못했습니다. 다시 프로그램 하겠습니다.' 할 수도 없잖아요. 야, 괜히 잘난 척해서, 원고지에 '좋은 원고는 높은 원고료에서부터' 인쇄하고 이제 나 어떡하지? 이러고 있는데 프로그램 그만둔 지 3주 차 되는 날 MBC 유수열 부장이 "임기홍 선생, 나 유수열인데 나 좀 잠깐 봅시다." 그래서 MBC로 갔지요.

**남희석** 가서서 타협하신 거예요?

**임기홍** 내가 버릇 없이, '나 없으면 너희들 죽어봐라' 하고 안 한 거예요. 그런데 서세원 형에게 유수열 부장이 "임기홍 씨는 요즘 왜 안 나오는 거야?" 그러니까 "돈 문제 때문에 그런가?"이랬나 봐요. 그러니까 유수열 부장이 저를 불러서 "임기홍 선생이 혼자 다 하고 고생하는 거 다 알지. 원고료를 일단 올려줄 테니까 그만 쉬고 나와서 해 주세요." 하시더군요. 그래서 단박에 "열심히 하겠습니다." 그랬지요. 사실 제가 그때 원고료 때문에 그런 건 아니었어요. 그 일이 있고 난 후 맞춰 놨던 원고지 다 찢고, 높은 원고료, 이런 문구 빼고 열심히 원고를 썼던 기억이 나네요. 한때 잘나가니까 '내가 최고야, 나 없으면 방송 망하는 거야, 내가 대들보인 거야' 하는 생각을 했었어요. 그때 이후로는 친해지기 전까지는 반말도 안 하고 혹시 친해져도 인사는 90도로 인사하고 지금까지도 그렇게 하고 있어요. 그때 그 일이 나를 정신 차리게 해 준 거지요. 안 그랬으면 교만하고 그래서 벌써 잘못됐을 거예요.

**남희석**　임 작가님이 생각하시는 콩트 개그의 귀재를 3명만 뽑으신다면요?

**임기홍**　콩트 개그의 귀재요? 노력은 안 해도 천부적으로 타고 태어난 사람이 있어요. 서세원 씨, 서세원 씨는 대본을 안 외워요. 대본을 하도 안 외워서 제가 읽어주면서 숙지를 시켜도 다 까먹고, 그런데도 잘해요. 천부적인 거죠. 그다음에 자신만의 차별적인 독특한 개그를 하는 주병진 씨. 그리고 죽도록 노력하는 노력형, 정말로 열심히 하고 감각도 좋은 이홍렬 씨, 그리고 남희석 씨!

**남희석**　왜 저를~ 하하하

**임기홍**　남희석 씨는 천부적인 것도 있지만 노력도 있어요. 제가 '청춘만세' 할 때 신종인 부사장이 "임기홍 씨, 혹시 어제 KBS의 코미디 프로 봤어요? 눈에 띄는 사람이 있던데", "네, 남희석이에요.", "알아요?", "아뇨, 잘 모르는데요. 그 친구가 고등학교 3학년 때 자니윤쇼에 나왔을 때 봤었어요", "그래? 그럼 우리 그 친구 좀 만나자고." 그래서 제가 그때 몇몇 거쳐서 남희석 씨를 만났잖아요. KBS에 있을 때 신종인 부사장 하고 같이 만나서 "남희석 씨, 지금 얼마 받아요?" 예를 들면 30 받습니다, "그럼 60주지.", "몇 프로나 해?", "두 프로 합니다.", "그럼 네 프로 보장하지" 이러면서 오라고 했던 기억이 나네요. 그때 남희석 씨가 KBS에 전속 계약이 되어 있어서 못 간다고 했더니 전속 끝나면 오라고 했던 말도 기억이 나요.

그게 무슨 프로그램이었죠. 남희석 씨?

**남희석**　　KBS '유머 1번지'요.

그때 캐스팅을 신종인 부사장이 직접 하신 거예요?

**임기홍**　　저도 그 전날 남희석 씨 하는 프로그램을 봤고, KBS에서 건질 수 있는 개그맨이 별로 없었어요, 근데 눈에 딱 들어오더라고요.

**남희석**　　왜 최양락 씨 얘기 안 하세요?

**임기홍**　　최양락 씨는 젊었을 때 저랑 한집에서 같이 살아서가 아니라 이 사람은 삶 자체가 개그예요. 최양락 씨는 작가를 했어도 잘했을 거예요. 그리고 작가들보다 정치 개그에 뛰어난 개그맨 김형곤 씨. 지금 세상에는 없지만, '회장님 회장님' 코너 할 때 김형곤 씨가 아이디어를 짜고 했었죠. 그때 제가 그랬어요. "당신 따라갈 사람이 없다.", 김형곤 씨가 정치 개그나 스탠드 개그 쪽은 어마어마한 일인자였지요.

**남희석**　　질문 하나만 더 할게요. 오랜 생활 작가 활동하시면서, 이 사람이 있어서 참 고마웠다. 지금의 임 작가님이 있기까지 고마웠던 분이 있다면요?

**임기홍**　　저에게 두 스승이 있다면 저를 작가로 만들어준 MBC 심상수 사장님, 그리고 저를 키워준 MBC 신종인 부사장이지요. 그 두 분한테는 정말 고맙고 감사합니다.

**남희석**　　다른 질문을 하자면, 방송 작가 44년을 하시면서 제일 큰 보람은 뭔가요?

**임기홍**　　전무후무하게 제일 오래 버텼구나. '버텼구나.' 밖에 없지요. 우리 선배분들은 60세 전후로 그만두셨는데, 그런데 저는 대학교 때부터 시작해서 지금까지 하고 있으니 고마운 마음이죠.

**남희석**　　아쉬움이나 후회 같은 것이 있다면 말씀해 주셨으면 좋겠어요. 혹시라도 후배 작가들이 보고 느낄 수 있게요.

**임기홍**　　아쉬움은 늘 남지요, 무엇이든⋯. 그리고 제게 아쉬움이 정말 있다면, 제가 국문과나 문창과 다녔다면 일주일에 한 번씩 또는 일주일 내내 밤을 새우지는 않았을 거 같아요. 글을 쓸 줄 아니까요. 그런데 생뚱맞게 무역학과를 나와서 작가를 하려니, 지금 생각해도 그게 제일 아쉬워요.

**남희석**　　대학원도 무역학과를 졸업하신 건가요?

**임기홍**　　대학원도 무역학과인데 무역이 대학원에서 학력 인정이 안 돼서 학사는 무역학사인데, 석사는 경영학석사(무역정책전공)입니다.

**남희석**   혹시 지금 기획하고 싶은 프로그램이 있으시다면요? 남미도 갔다 오시고, 큰 기획도 많이 하시고, 평양도 갔다 오시고 하셨는데.

**임기홍**   아니 이제 나이를 먹어서 뭐 할 수나 있나요. 그래도 꼭 해보고 싶은 프로그램이 있다면 KBS 창사특집으로 '나훈아 쇼'를 한번 해보고 싶습니다. KBS는 헬기가 있잖아요. KBS 옥상에 헬기에서 내리고 경호원들이 안내하면 밑에 오페라 합창단이 '머나먼 남쪽 하늘~ 쫙 부르고 나훈아 씨가 헬기에서 내리면서 무대 밑에서 올라오는 게 오프닝이고, 엔딩은 노래를 합창단하고 하면서 다시 올라와서 헬기 타고 떠나는 거', 그런 '나훈아 쇼'를 한번 해보면 어떨까 하는 생각이 있습니다. (인터뷰 2019년 8월)

꽤 구체적으로 생각을 하셨네요.

**임기홍**   하하. 해놨죠! 해보고 싶어요. 근데 나훈아 씨가 안 하시니까요.

**남희석**   여기 김 작가님 책에 실리는 16명의 작가에 대한 평을 좀 해주세요. 한마디씩만 좀 해주신다면.

**임기홍**   제가 선배라고 다 잘할 수는 없잖아요. 다들 장단점이 있어요.

**남희석**    어떤 선배로 기억되고 싶으신가요?

**임기홍**    저는 그 건방을 떤 이후에 '칭찬을 받지 못해도 욕은 먹지 말자', 그
때부터 이 말이 모토가 됐습니다.

남희석 씨가 보는 임 작가님은 어떤 분인지요?

**남희석**    임 작가님은요. 방송사와 제작사, 방송사와 연예인, 제작사와
연예인 사이에 신호등이 고장 날 때가 있어요. 그럴 때마다 수신호로 풀
어주는 역할을 참 오랫동안 많이 하셨어요. 큰 기획사 SM과 KBS의 문
제라던가, YG와 SBS의 문제라던가, 이런 큰 문제가 터졌을 때 대한민국
아무도 풀 수 없는 문제들을 풀 수 있는 분이세요. 저는 그걸 눈으로 봤
고, 또 현장에도 있어 봤어요. 큰 갈등 같은 경우는 잘 안 풀려요. 그걸 풀
수 있는 사람은 우리나라에 임기홍 작가님밖에 없습니다.

어떤 능력일까요. 촉이 대단하신 분 같아요.

**남희석**    그게 관계에 관련된 건데, 정말 포지션 이걸 되게 잘하세요.
그러니까 내가 어디에서 어떻게 겸손하게 있어야 하고, 어떻게 해야 저
들이 나를 싫어하지 않고 나를 받아들이는 거에 대해 명확히 위치를 파
악하고 계세요. 예를 들어서 SM에서 공연 DVD 사업 관련된 경우, 꽤 오
랫동안 임기홍 작가님에게 주었던 이유가 임 작가님이 그 정도의 신뢰를

지키고 거리감을 적당히 두세요. 이수만 씨와 친하다고 그렇다고 해서 오버하지 않으세요. 또 남희석과 안다고 해서 남희석을 함부로 부르지도 않으세요.

임 작가님은 그 '선'이 있지요.

**남희석**　　선을 명확히 지키세요. 그러니까 저한테도 아주 오랫동안 함께 있으면서, 사실 저는 임 작가님 때문에 집을 목동으로 이사한 사람이잖아요. 이사하는 바람에 전에 살던 집이 너무 올라서 손해를 많이 봤지만요. 그것 때문에 임 작가님이 너~~~무 싫어요! (웃음) 또 하나는 후배나 약간 저희같이 막내 같은 애들한테도 우리가 장난치고 까불어도 그걸 다 받아주세요. 너무 재미있어요. 그러니까 답답한 꼰대 같지 않아요. 제가 개그를 치고, 어떤 시바이를 쳐도 다 받아주는 거예요. 그 '감각'은 정말 기가 막히다구요. 혹시라도 누구한테 신세 지면 꼭 갚으려고 하시고 그러니까 '고장 난 신호등이 있는 사거리에서 수신호를 해서 방송가를 동맥경화 걸리지 않게 해주시는 그런 역할을 해주시는 분'. 그런 분이 바로 임기홍 작가님이십니다.

임 작가님이 보시는 남희석 씨는 어떤 사람인가요?

**임기홍**　　남희석 씨는 연예인이지만 연예인 같지 않은 연예인이죠. '나 연예인이야!', 이렇게 티를 안 내고 지금도 그렇고 옛날에도 연예인 같지 않은 연예인으로 살아왔어요. 주위에 사람도 많지요. 우리 동네 다니다 보면 나보다도 더 늦게 이사 왔는데, 가게마다 사인 다 돼 있고, 친근하고, 늘 자기관리를 잘 하지요. 남희석 씨가 남들이 알아줄지 안 알아줄지는 모르는 좋은 일을 많이 했는데 자기보다 나이가 한 살씩 많지만 늦게 후배로 들어온 나이 많은 지상렬 씨, 염경환 씨, 그들만의 장점들이 있으니까 뽑아서 '클 놈'이라는 팀을 만들어 오늘날 그들을 만들어 줬고, 그 이후에 조세호 씨, 조세호 씨도 공을 많이 들였지요. 처음에 조세호 씨가 잘 안 됐었어요. 그래도 끌어주고 한 결과 요새 '대세호'가 됐잖아요. 이정재 씨하고 같이 CF도 찍는 '대세호'가 돼버렸어요. 이렇듯 후배양성을 참 잘해요, 남희석 씨는 앞으로 할 일이 많지요. 사실은 서울에서 좀 가까운 김포나 이런 곳에 어린이 코미디, 성인코미디, 가족 코미디 하는 '코미디 전용 타운'을 만들어서 관장이나 주인이 되면 참 행복할 거예요. 개그도 정말 잘하고 참 좋지만, 후배양성을 이렇게 잘하는 사람은 없죠. 가요계에 이수만 씨, 박진영 씨가 있다면 개그계에는 남희석 씨가 있지요. 그 기대를 속으로 늘 하지요. '언젠가는 그 일을 해야 하고 할 것이다.' 하고 저는 생각을 하고 있습니다.

마지막으로 예능 작가가 되려는 젊은이들한테 필요한 자질이나 학습, 미래, 이런 것들에 대해 이야기해 주십시오.

**임기홍**    제가 작가협회에서 교육을 한 적이 있습니다. 기초반으로 들어온 학생들 특강을 한번 꼭 해달라고 해서 수업을 한 번 했어요. 그때 제가 뭐라고 얘기 했냐면 "1등 할 자신이 없으면 그만두어라. 오늘 바로 교육원 담당자에게 환불해서 가라. 똑같은 입장에 똑같은 조건에 똑같이 사는데, 1등 할 자신이 없으면 그만둬라."라는 말을 했어요. 그런 마음을 가지고 하라는 뜻이지요. 아까도 얘기했지만, 나는 국문과, 문창과 이런 데를 졸업한 게 아니었고 남들은 글도 잘도 쓰는데 나는 그게 잘 안되니까 밤새 글을 쓰고 읽어보고 마음에 안 들면 찢고 다시 쓰고 이걸 얼마나 많이 오랜시간 반복했는지 몰라요. 나는 글을 잘 쓰고 싶었고, 글 잘 쓰는 작가가 되고 싶었어요. 작가로서 1등을 하고 싶었습니다. 그래서 매일 노력하고 열심히 했던 나의 경험을 학생들에게 알려주고 싶었지요.

끝으로 한국 방송작가협회 이사장으로서 앞으로의 각오 같은 게 있으시다면요?

**임기홍**    겸손하게 최선을 다하고 협회 회원분들을 위해 4년 봉사하겠다는 마음뿐입니다.

긴 시간 동안 정말 많이 웃었고 즐거웠습니다. 그리고 동네 주민 남희석 씨도 감사합니다.

#예능작가

방송사와 제작사, 방송사와 연예인, 제작사와 연예인 사이에

신호등이 고장 날 때가 있어요.

그럴때마다 수신호로 풀어주는 역할을 참 오랫동안 많이 하셨어요.

큰 기획사 SM과 KBS의 문제라거나, YG와 SBS의 문제라거나,

이런 큰 문제가 터졌을 때

대한민국 아무도 풀 수 없는 문제들을 풀 수 있는 분이세요.

저는 그걸 눈으로 봤고 현장에도 있어 봤어요.

큰 갈등같은 경우는 잘 안풀려요.

그것을 풀 수 있는 사람은 우리나라에 임기흥 작가님밖에 없답니다.


# 개그맨 남희석

# 　지금 만나러 갑니다

브로드웨이를 꿈꾸는 작가 황 선 영!

눈이 내리면 눈이 녹기를 기다리는 사람이 있고

눈을 밟아 길을 만드는 사람이 있습니다.

황선영 작가는 눈이 녹기를 기다릴 때와

눈을 밟고 길을 만들 때를 잘 아는 작가입니다.

수많은 프로그램을 성공시키기도 했고,

프로그램으로 상처를 받기도 했지만

'모든 사람이 행복해지길' 꿈꾸며

눈길과 꽃길 사이를 걷고 있는 황선영 작가.

황선영 작가가 진정 꿈꾸는 브로드웨이를 향해

뚜벅뚜벅 걷고 있는 황선영 작가의 꽃길을 항상 응원하며

지금 만나러 갑니다.

# # 황선영 작가

**대표 프로그램 : jtbc 아는 형님**

MBC     행복주식회사 '만원의 행복'
           명량 히어로
           황금어장 '라디오 스타'
KBS      개그콘서트
           폭소클럽
           청춘불패 1
JTBC     소녀시대와 위험한 소년들
           신화방송
           아는 형님

뮤지컬 '루나틱'
연극 '광수생각'
뮤지컬 '비애로'
뮤지컬 '온조'
뮤지컬 '내 아내에게 애인이 있다'
연극 '별쏘다'

1995년 KBS 공채작가 1기

**수상**

2013년 한국방송작가협회 예능작가상
2012년 MBC 연예대상 작가상

황선영 작가 반갑습니다. 보고 싶었습니다.

황선영 작가는 코미디 프로그램을 유독 좋아한 걸로 알고 있는데

왜 코미디가 하고 싶었어요?

어려서 많이 봤던 프로그램의 영향 때문인가요?

**황선영 작가**

김진태

**황선영**　　저는 사람들이 즐겁고 행복해졌으면 좋겠다는 생각을 늘 하고 있었습니다. 이것이 작가가 되려는 가장 큰 목표였고 그래서 코미디 프로그램으로 시작을 했던 것 같아요.

어려서 즐겨보던 코미디 프로그램은 어떤 프로그램인가요? '웃으면 복이 와요' 세대인가요?

**황선영**　제 나이가 그분들 코미디를 볼 나이는 아니었고, 철이 좀 들었을 때는 심형래 씨 세대인데, 아주 어렸을 때 이기동 아저씨를 보았던 기억이 나요. 그분이 제일 재밌다고 생각했던 기억은 있어요.

그때부터 생각이 굳어 있었군요. 황 작가는 성당도 열심히 다니던데 그게 종교적인 이유도 있나요? 코미디 프로그램 작가가 되고 싶었다고 한 이유가 사람들을 즐겁게 해주고 행복했으면 좋겠다는 생각을 하고 있었다고 했는데 사실 그런 생각은 잘 안 하잖아요. 일이라는 것이 본인이 즐겁게 행복하게 하고 싶다고 하잖아요?

**황선영**　종교적인 영향도 있지만, 저는 무슨 일을 할 때마다 사람들이 웃는 게 너무 좋았거든요.

평소에도 황 작가에게 그런 선한 기운이 느껴져요. 학교 다닐 땐 친구들도 잘 웃기고 그랬나요?

**황선영**　아~ 네, 그런 것도 좀 있습니다. 그런데 제 집안 식구들의 성향이 좀 그런 거 같아요.

가족들이 다 웃겨요?

**황선영**　네, 말하기 좋아하고, 서로 웃기고 싶어서 병적일 정도로 그랬어요.

그래서 그런지 황 작가는 늘 즐거워 보이고 큰 시련은 없었던 느낌이에요. 요즘엔 지상파가 다 죽었지만, 지상파가 가장 핫했을 때 시작하셨을 거 아니에요. 지상파에서 종편과 케이블을 다 거쳐 쉬지 않고 달려왔을 텐데 지치진 않았나요?

**황선영**　제가 '라디오 스타'를 그만두고 쉬다가 다시 MBC로 와서 '별바라기'라는 프로그램을 하게 되었는데, 그때 좀 예능이 안 맞나 싶을 정도로 위기가 왔어요. 저에게 '재미있는 거'와 '시청률이 나오는 것'과는 차이가 큰데, '별바라기'가 막을 내리면서 '아~ 이제 좀 예능이 안 맞나?'라는 생각이 들었을 때, 다 그만두고 유학을 가려고 생각을 했었습니다. 그때 KBS 이예지 PD가 SM으로 이적을 앞두고 저와 같은 고민을 하고 있었어요. 그러면서 우리가 지금까지와는 다른 콘텐츠를 만들어 보는 게 어떻겠냐라고 해서 '그럼 나는 몇 달은 좀 쉬어야겠다.' 하고 석 달을 쉬려고 생각하고 뉴질랜드로 갔습니다. 그런데 한 달밖에 안 쉬었는데 제가 확실히 일 중독이었는지 뉴질랜드가 너무 지루한 거예요. 어느 날 '왜 이 시간에 말도 안 통하는 여기에 있나?' 싶었는데, 마침 이예지 PD에게 연락이 왔습니다. 제가 농담 삼아서 얘기했던 기획안이 됐다고 좀 제대로 써달라고 하는데, 이렇게 부탁을 받고 나서 기획안을 쓰는데 너무 즐거운 거 있죠!

확실히 일 중독이 맞네요.

**황선영**　　그 기획이 인도에 가는 프로그램이었는데, 그래서 저는 두 달 만에 다시 한국에 오게 됐고 오자마자 인도에 가서 프로그램하고 그때부터 지금까지 이예지 PD랑 SM 관련된 웹 콘텐츠를 계속하고 있습니다.

웹 콘텐츠를 일찍 시작한 셈이네요?

**황선영**　　네~ 어떻게 보면 저는 좀 일찍 시작한 거죠.

그럼 SM 소속으로 일하고 있는 건가요?

**황선영**　　소속은 아니고, 계약하면 묶이는 거 같고 너무 일 같아서 그냥 즐거운 기분으로 일하고 있습니다. 모든 대중을 만족시키는 것이 아니라 이 콘텐츠를 원하는 사람들을 만족시키는 일이라서 더 즐겁습니다.

SM 소속사 연예인들 데리고 제작을 SM에서 하는 거죠?

**황선영**　　그렇습니다. SM 소속 아티스트들과 제작을 합니다. '슈퍼 주니어'와 함께했던 '슈퍼 TV'는 웹이 아닌 'XtvN'이라고 tvN이 만든 채널이 하나 더 있는데, 그 채널에서 방송했습니다.

웹 콘텐츠 제작 1세대 아닌가요?

**황선영**　1세대까지는 잘 모르겠지만 어쨌든 다른 사람들이 "그런 거 왜 해?"
할 때 시작한 거 같습니다.

직업이 재미있었나요?

**황선영**　네, 재미있었습니다. 그러니까 지금의 유튜버가 잘되는 게 그걸 원하
는 사람이 찾아보는 거잖아요. 그게 좋았습니다. 이것을 보고 싶어 하는 사람
에게 보고 싶어 하는 콘텐츠를 만들어 주는 게 대중을 다 만족시키는 것보다는
훨씬 재미있었습니다.

'신화'와 함께했던 프로그램은 뭐죠?

**황선영**　JTBC의 '신화방송'이었습니다.

그 프로그램은 어떻게 하게 된 건가요? '신화'와 특별한 관계라고 하던
데요?

**황선영**　제가 워낙에 '라디오 스타'를 통해서 '신화' 팬인 게 알려져서 그런
것 같은데 저랑 친했던 MBC PD들과 KBS PD들이 JTBC 개국하면서 그쪽으
로 많이 갔어요. 그래서 프로그램을 같이하다가 '신화' 멤버들과 같이 한번 해

보자, 라는 게 맞아떨어져서 하게 되었습니다.

아! '신화방송'은 저도 참 재미있었어요.

**황선영**　아, 선배님이 재미있으셨다니 기분이 좋습니다.

'신화'는 어떤 면이 좋았나요?

**황선영**　음악도 좋았고 멤버들이 재미있어서 좋았던 거 같습니다. 그런데 눈여겨본 계기가 있었어요. 예전에 '신화' 멤버 중 한 명이 제가 했던 프로그램에 출연하기로 했는데 바로 전날 예능 프로그램을 찍다가 다친 거예요. 그래서 "그러면 아픈데 어떡하나, 나오지 말아라." 그랬는데 죽어도 나오겠다는 거예요. "너무 좋은 기회이니까, 잡고 싶다고~" 그때 그런 마음가짐이 좋았던 거 같아요. 그래서 도와주고도 싶은 마음이 있었습니다.

혹시 민우 씨 아니에요?

**황선영**　말씀드릴 수 없습니다. 민우 씨 아닙니다.

왜요? 또 팬들이 뭐라고 해요?

**황선영**　네, 뭐라고 합니다.

아, 참. (웃음)

우리가 '라디오 스타' 초창기 얘기를 안 할 수가 없잖아요. 처음에 코너를 만들게 된 계기를 좀 들려주세요.

**황선영**    제가 MBC '황금 어장'에서 콩트를 하고 있었는데, 그때 SBS에 '헤이헤이헤이 2'가 생겼어요. 그런데 신동엽, 김원희 씨의 콩트보다 우리 멤버들의 콩트가 어떻게 해도 덜 재미있는 거예요.

그때 멤버가 누구였죠?

**황선영**    강호동, 정선희, 신정환, 임채무 씨였습니다.

이분들이 '라디오 스타' 원년 멤버였나요?

**황선영**    아니요. '황금 어장' 콩트 시절 멤버였습니다. 이렇게 콩트를 하다가 코너가 전면적으로 바뀌면서 '무릎팍 도사'가 생기게 되었고, 강호동 씨가 빠지면서 나머지 식구들이 남게 되었죠. 이 식구들을 내칠 수는 없어서, 새로운 코너를 만들었는데 하다가 안 되니까 멤버들이 다 나가고 마지막으로 신정환 씨만 남게 되었습니다. 그래서 윤종신 씨랑 김구라 씨를 뽑아서 그 조합으로 여러 가지를 많이 했었는데, 계속 잘 안 되니까 결국은 말로 수다 떠는 코너를 만들자는 결론을 내리고 '아주 허름한 라디오 부스 하나 가져다 놓고 그냥 수다 떨자.'고 했어요. 처음엔 콩트처럼 시작하게 되었어요. 첫 회에 정형돈 씨가 출연했는데 첫 키스에 대한 너무 식상한 질문을 했거든요. 정형돈 씨가 "이 얘기를 50번도 더 했는데 그게 궁금하냐?"고 했는데 질문을 해 놓고 듣지도 않고 우리는 놀았어요. "왜 첫날 저런 애를 불렀냐?" 그런 말 하면서 막 놀다가 녹화를 두 시간 정도 하고 끝났는데, 그때 여윤혁 국장님께서 녹화를 보시고는 "야, 일단은 재밌어, 재밌으니까 됐어!" 하셨고 이렇게 '라디오 스타'가 시작되었습니다. 그리고 매번 코너가 오래가지 못하니 이 코너만은 제발 오래 갔으면 하는 마음에서 "다음 주에 또 만나요. 제발~"로 마무리 인사를 하게 되었죠.

원고에 있던 멘트인가요?

**황선영**　원고에 처음부터 있던 멘트예요.

'라디오 스타'가 처음부터 쭉 잘 되진 않았었죠?

**황선영**　처음에는 그랬죠. 처음 멤버가 윤종신, 김구라, 신정환 씨였는데 중간에 아이돌을 한 명 넣자 해서 신동 씨가 들어오게 되었습니다. 지금의 신동 씨는 너무 잘하지만, 그 당시에는 기 센 형들한테 밀려서인지 조금 기가 죽었어요. 그래서 어떻게 할까 고민하고 있었는데 때마침 김국진 씨가 컴백해서 '무릎팍도사'에 출연하는 것을 보게 되었고, 남의 말 안 듣고 배려 없는 사람들 셋이 앉아 있는 중 배려하는 역할을 김국진 씨가 해주면 좋겠다고 생각해 섭외해서 그때부터 네 명의 체제가 갖춰지기 시작했습니다.

개개인의 장점은 무엇인가요? 신정환 씨는 순발력이 장점이겠고요.

**황선영**　신정환 씨는 순발력이 굉장히 뛰어나고 독특한데, 생각보다 가장 대본에 충실한 사람이고, 윤종신 씨는 보여주는 모습이랑 똑같은데 굉장히 디테일한 시선을 가지고 있습니다. 그런데 발이 땅에 붙어 있는 스타일이에요. 그래도 차분하게 접근하는 것들이 너무 좋았습니다. 김구라 씨는 제작진 마인드라서 좋았습니다. '제작진들이 이런 흐름을 가길 원하는구나!' 하는 것을 아니까 본인이 악역도 해주고 그때만 해도 그런 걸 속으로 생각만 하고 있지, 아무도 묻지 않았는데 그것을 과감하게 물을 수 있고, 또 그게 어울렸던 사람이고요. 김국진 씨는 따뜻한 시선으로 힘들어하는 게스트들을 품어줄 수 있는 사람이었습니다.

'아는 형님'도 '라디오 스타'도 그룹 토크잖아요. 캐스팅할 때 캐릭터 조합을 어떻게 하나요?

**황선영**　'라디오 스타'는 말 잘하는 사람 두 명이 온 거였고, '아는 형님'은 젊은 사람들이 좋아할 만한 캐릭터, 남자들이 좋아할 만한 캐릭터로 뽑았는데, 녹화하면서 캐릭터들로 만들어진 것 같아요.

MBC '라디오 스타'를 최고로 끌어올려 놨잖아요. 그러고 나서 JTBC

'아는 형님'으로 가게 돼서 그만두게 된 건가요?

**황선영**　강호동 씨가 '탈세' 사건으로 오해를 받고 프로그램에서 하차하게 되면서 '무릎팍 도사'가 없어지고 '라디오 스타'가 곁방 신세에서 주인이 되어 오랫동안 사랑을 받았습니다. 그러다가 사건이 해결되고 '무릎팍 도사 2'로 강호동 씨가 컴백했는데 생각보다 예전처럼 잘 안 됐어요. 프로그램이 잘 안 되니까 CP가 다른 데로 가게 되면서 갑자기 철퇴가 '라디오 스타'까지 오게 되었고 전혀 이런 프로그램을 한 번도 안 해본 PD가 자기 작가를 데리고 들어오면서 저희가 하루아침에 다 그만두게 되었어요.

작가로선 갑자기 허무했겠네요?

**황선영**　제가 '라디오 스타' 300회를 앞두고 진짜 '라디오 스타' 안성기, 박중훈 씨와 멋지게 '라디오 스타 300회 특집'을 찍고 이제 오래 했으니 다른 프로그램으로 가야겠다. 하는 나름의 계획이 있었는데, 제 계획과는 상관없이 갑자기 교체가 돼 버려서 많이 서운했었습니다.

워낙 사랑받던 프로그램이라서 그 당시 신문 기사에도 이런 내용이 나고 그랬지요?

**황선영**　그때 제 후임으로 들어왔던 작가가 '무한도전'을 했었던 작가여서 "'무도' 작가가 오고 '황금어장' 작가가 간다." 이런 기사가 났습니다.

'아는 형님'은 처음부터 기획이 어떻게 시작이 됐나요?

**황선영**  MBC 여운혁 국장님과 '황금어장'을 같이 했었고, JTBC로 와서도 꾸준히 연락하면서 지냈는데, 어느 날 전화가 와서 "우리, 보는 순간만큼은 사람들이 그냥 웃어서 아무 생각 못 하게 웃겨 주는 프로그램 하나 하자." 하는 게 시작이었습니다.

시작은 재미있는데 바로 콘셉트가 나온 건 아니군요.

**황선영**  바로 나오진 않았습니다. 그리고 나서 "우리, 강호동 씨랑 하자." 그렇게 됐고요.

그럼 섭외는 미리 되었던 건가요?

**황선영**  아니요, 섭외가 돼 있던 건 아닌데 강호동 씨와 여운혁 국장님의 인연도 있었고, 그리고 강호동 씨가 종편을 한 번도 안 했던 시기여서 시도할 만했어요.

강호동 씨가 첫 종편 MC로 했던 건가요?

**황선영**  네. 그 당시에 서로 그런 얘기는 하지 않았는데, 강호동 씨를 다시 재미있는 캐릭터로 만들었으면 좋겠다는 생각이 있었던 거 같아요. 그때 강호동 씨도 마음을 많이 내려놓고 있었고요. '재미있는 거 하자.' 이런 상황에서 설득할 자신이 있었습니다.

'아는 형님'을 하게 된 이유는 뭔가요? 처음 기획 당시의 과정을 좀 이야기해 주세요. 타이틀부터가 좀 독특하잖아요?

**황선영** 애초 기획안은 '어른들의 놀이터'였는데, '우리는 잘 모르지만, 우리가 할 수 있는 한도 내에서 궁금증을 풀어주자.' 그래서 '아는 형님'이 되었습니다.

'뭐든지 다 알고 있는 형님'이라는 건가요?

**황선영** 그것보다 '누구누구도 알고 있는 형님'이고, '뭐든 알려주기도 할게.'의 중의적인 표현으로 '아는 형님'이 된 거예요.

초창기 멤버는 누구였지요?

**황선영** 초창기 멤버가 이상민, 김영철, 황치열, 김세왕 씨입니다. 김세왕 씨는 이미지가 선하고 좋았는데, 예능이랑 맞지 않아서 빠지게 됐고, 황치열 씨는 그 당시 중국에서 갑자기 확 뜨는 바람에 빠지게 됐어요. '아는 형님'도 궁금증을 풀어주는 콘셉트에서 학교 콘셉트로 바꾸면서 그때부터 자리를 잡기 시작했습니다.

그 프로그램에서 캐릭터는 어떤가요? 캐릭터의 조합을 회의할 때 어느 정도 설정을 하고 가잖아요.

**황선영**　강호동 씨는 '프로그램 감'이 있어요. '아는 길은 새로운 인물과 가고, 모르는 길은 익숙한 사람들과 가자.' 강호동 씨는 익숙한 자기 인물이 필요했었습니다. 그래서 이수근, 김영철 씨가 들어오게 되었어요.

'강식당'을 봐도 강호동 씨와 이수근 씨가 자연스럽고 잘 맞는 거 같아요.

**황선영**　그 둘은 굳이 말하지 않아도 손짓, 몸짓, 눈짓만 봐도 서로 어떤 상태인지 잘 알아요. 호흡이 너무 잘 맞는 거죠.

'아는 형님'은 대본이 어디서부터 어디까지인지, 일반 시청자분들은 잘 모를 텐데 어떤가요?

**황선영**　저희는 대본이 굉장히 두꺼워요. 한 50장 가까이 됩니다. 그런데 대본대로 그 흐름을 알고 있는 사람은 딱 한 사람, 강호동 씨밖에 없어요. 우리가 지도를 그려 놓으면 사람들이 거기서 놀게끔 만들어 주는데 강호동 씨가 즉석에서 조율하는 거죠. 처음부터 대본 자체는 촘촘하게 만들었어요.

'아는 형님'이 대본 플레이에 충실한 편인가요?

**황선영**    대본이 안 보이는 것처럼 연출하려고 굉장히 노력하고 있는데 큰 흐름에서 대본은 벗어나진 않아요.

녹화 전에 대본 리딩도 하나요?

**황선영**    리딩은 각자 붙어서 하긴 하는데 질문하고 대답하고 하는 형식이기 때문에 대본 리딩이 큰 효과는 없습니다.

녹화 시간과 방송 분량은 얼마나 되나요?

**황선영**    방송은 95분에서 100분 사이가 나가고 1교시, 2교시가 있어요. 공식적으로 편성된 시간은 120분입니다.

지금까지 했던 프로그램 중에 어떤 게 기억에 남는 프로그램인가요?

**황선영**    제가 생각보다, 프로그램 하나를 하면 굉장히 오래 합니다.

제일 오랫동안 했던 프로그램은 어떤 프로그램인가요?

**황선영**    '라디오 스타'죠! 애정도 많았고, 아쉬움도 많았던 프로그램이에요.

'라디오 스타'는 몇 년 정도 했죠?

**황선영**    7년 정도 했습니다. 긴 시간이죠.

7년이요? 아~ 그렇다면 굉장히 정이 많이 들었겠네요.

**황선영**    네, 정말 정이 많이 들었던 프로그램입니다.

연극이나 뮤지컬을 하셨던데 어떤 작품이 있었나요?

**황선영**    뮤지컬은 '루나틱', '내 아내에게 애인이 있다.', '오늘을 기억해', '서른 즈음에', '스카이워크' 연극은 '별 쏘다' 등 10 작품 정도 한 것 같습니다.

예능 작가와 다른 점은 무엇인가요?

**황선영**    공연은 사람이 하는 것이고 보는 사람이 바뀌니까 같은 것이라도 매번 반응이 다른데 사람에 따라서 하나도 안 웃긴데도 굉장히 즐겁게 웃는 관객이 있습니다. 그런 것이 방송과는 다른 것 같아요.

잘된 작품은 어떤 것이 있나요?

**황선영**    제일 잘된 작품은 '루나틱' 입니다.

공연 계약은 어떻게 하나요?

**황선영**   초반에 시작할 때는 원고료만 받고 나중에 연장 공연을 하면서 돈을 더 받게 되는 계약을 하게 되는데 워낙 공연 쪽이 힘들다는 것을 아니까 나중에 돈을 요구할 수가 없는 분위기예요.

공연도 앞으로 계속할 거죠?

**황선영**   네, 저의 최종 목적지는 공연이 될 거 같습니다.

앞으로 예능 작가는 얼마나 더 할 수 있을까요?

**황선영**   저도 지금 고민이에요. 제가 '라디오 스타'를 그만두면서부터 '변수'라는 것은 언제나 일어날 수 있는 건데, 그만두는 어떤 시점을 잡는 것이 건 방져 보일 수 있겠다, 라는 생각이 들었어요. 제가 몇 살까지 한다고 했을 때 저를 아무도 찾지 않으면 할 수 없는 거잖아요. 그래서 제가 하는 게 사람들에게 계속 좋은 반응이 있으면 계속할 거 같고 그게 아니다 싶은 시기가 오면 자연스럽게 그만두게 될 거 같습니다.

지난 세월이 재미있었나요? 20대 졸업 후부터 방송 생활을 해온 그 세월이 재미있었나요?

**황선영**　지루하게 살지는 않았던 거 같아요.

다시 시작한다고 해도 작가 일을 할 건가요?

**황선영**　저는 작가 일을 좋아하고 다시 태어나도 작가가 될 거 같습니다.

지현숙 작가는 다시 시작한다면 공채 시험을 봐서 PD가 되고 싶다는 아주 현실적인 이야기를 하던데요? 월급 받고 싶다고요.

**황선영**　저는 소속이 되는 게 싫어서 PD는 싫습니다.

야구를 굉장히 좋아하잖아요. 어느 팀을 좋아하나요?

**황선영**　삼성 라이온즈입니다.

야구로 치자면 작가는 포지션이 뭐라고 생각하나요? 투수인가요?

**황선영**　포수 아닐까요?

포수요? 그렇다면 황선영의 작가 인생은 몇 회쯤인 거 같은가요?

**황선영**　어 6, 7회? 그 정도인 거 같아요. 8, 9회는 조금 더 설계했으면 좋겠는데, 아름다운 9회를 만들기 위해서 설계를 잘했으면 좋겠습니다. 지금은 일이 계속 들어오고 있고, 그 일 중에 재미있고 할 만하다 싶은 일 들을 하고 있는데 8, 9회에는 제가 뭔가를 펼쳐놓고 싶어요. 방송 작가로서의 마지막 작품이지 않을까 하는 데 그냥 쓸려가서 마지막이 되고 싶지는 않고 '목표를 세워 놓은 마지막'이었으면 좋겠습니다.

코미디가 많이 죽었잖아요. 코미디로 시작을 했으니 마지막을 코미디로 좀 해봐야지. 이런 생각은 안 해봤습니까?

**황선영**　그런 생각은 안 해본 거 같습니다. 제가 버라이어티를 오래 하면서, 짜이지 않고 나오는 돌발의 맛을 알아버려서요.

가공되지 않은 웃음이라 이거죠. 그러네요. 다시 콩트를 더 할 순 없겠네요.

**황선영**　그럴 거 같습니다. 그런데 아직도 콩트 했을 때 개그맨들을 예능에서 보면 그때 생각이 나기는 합니다.

지금도 홈런의 꿈이 있는 거죠?

**황선영**　그렇습니다. 그게 있는 거 같습니다.

'두고 보자.' 이런 거?

**황선영**  아니요. 제가 두고 봐서 될 게 아니어서요. 프로그램을 보고 싶게 만들어야 했는데 제가 보여주고 싶은 것만 너무 컸던 거죠. 잘 마무리하고 싶습니다.

잘 마무리 한다는 게 뭔가요?

**황선영**  선배님 말씀 듣고 조금씩 생각해 봐야 할 거 같습니다.

지금이 6, 7회이고, 바로 다음이 8, 9회일 텐데 아직 밑그림은 안 그려졌지만 뭔가 준비는 해야 할 거 같다는 거죠?

**황선영**  네. 그런데 제가 차도 그렇고 집도 그렇고 욕심이 없어요. 그런 것들은 조금씩 정리를 하는 것 같습니다. 더 돌아다니지 않고 정착할 수 있는 공간, 그 공간이 저는 전원주택으로 생각하고 있거든요. 그 전원주택에서 무언가를 하고 싶어요.

그곳이 서울인가요?

**황선영**  서울이나 그 근교의 어디면 좋을 거 같습니다. 제가 지금은 방송이 좋아서 하고 있고, 방송에서 버는 경제적인 것들이 어느 정도 확립이 되면 공연이나 뮤지컬 연출도 하고 싶은 생각이 있습니다. 그게 최종 목적지인데 거기까지 가기 전에 방송을 잘 마무리 짓고 싶은데 '아는 형님'이 마지막일 거 같지는 않습니다.

그렇죠, 뮤지컬은 그럼 어느 장르인가요?

**황선영**　뮤지컬은 어느 장르다 할 거 없이 다 열어 놓은 상태입니다. 막연한 꿈이지만 브로드웨이를 가고 싶습니다.

그 꿈꾸는 전원주택에서는 계속 혼자 사나요?

**황선영**　아니요. 좋은 사람이 있으면 같이 살아도 되죠. 거기에 사람들이 언제든 놀러 와도 되고, 무서울 거 같아서 누구랑 같이 살면 좋을 거 같긴 합니다.

황선영 작가의 선한 마음과 이기고 싶은 열정과 앞으로의 꿈을 열렬히 응원하겠습니다. 브로드웨이에 꼭 작품을 올리길 기원하고요. 오랜 시간 동안 감사합니다.

#예능작가

"저는 사람들이 행복해졌으면 좋겠어요.

이게 작가가 되려는 가장 큰 목표였고,

그래서 제가 제일 즐거웠고

그래서 코미디 프로그램으로 시작을 했던 것 같아요

# 황선영 작가 〈jtbc 아는 형님〉

# 지금 만나러 갑니다

작가 백 성 운!

초콜릿 상자가 있고 상자 안에 여러 맛의 초콜릿이 들어 있다면,

여러 개의 맛 중에 백성운 작가는 참 달콤한 맛이 나는 작가다.

격투기 선수 같은 씩씩한 작가에게 달콤하다는 표현이 이상할 수도 있지만

은근하게 달콤한 맛이 아니라 백 작가는 강렬하게 달콤하고

강렬하게 쌉싸름한 색과 맛이 뚜렷한 작가이다.

'맛있는 녀석들'의 참 맛있는 작가

제주도에 사는 재주도 많은 작가, 백성운 작가를

지금 만나러 갑니다.

# # 백성윤 작가

**대표 프로그램 : Comedy TV 맛있는 녀석들**

KBS　　　개그콘서트
　　　　　폭소클럽
　　　　　웃음충전소
　　　　　희희낙락
　　　　　삼청동 외할머니
tvN　　　 코미디빅리그
M.NET　 UV신드롬
XTVN　　남원상사
　　　　　오늘도 스웩
Comedy<sup>TV</sup> 기막힌 외출
　　　　　맛있는 녀석들

'옹달샘 누가 먹었나' 극본 연출
코믹컬 '드림걸즈' 시즌 1~4 극본
국립극장 오페라 '박쥐' 윤색
2000년 KBS 3기 공채 코미디 작가

**수상**
2009년 KBS 연예대상 방송작가상

꽹장히 섬세해 보이고

어떻게 보면 꽹장히 무뚝뚝해 보이는 백성운 작가님,

원래 고향이 어디죠?

# 백성운 작가

김진태

**백성운**　제가 보기보다 섬세한 편입니다. 외모를 보고 판단하시면 안됩니다.(웃음) 고향은 부산이고요.

섬세한 백 작가님. 부산에서 곧바로 방송국으로 입성한 건가요? 어떻게 예능 작가를 시작하게 되었나요?

**백성운**　부산에서 대학교 다닐 때 희곡 쓰는 동아리에서 희곡을 쓰다가 군 제대하고 난 후 '연극을 하려면 서울을 와야겠구나.' 생각하고 다니던 학교를 자퇴하고 서울예대 극작과를 들어가게 되었습니다. 그렇게 공부를 하다가 연극 시장이 마음에 들지 않아서 2000년에 KBS에 구성작가 공채시험에 지원했고 합격을 해서 그때부터 작가 생활을 시작하게 되었습니다.

그러면 연극 작품은 올린 것이 있나요?

**백성운**　아니요. 대학 1학년에서 2학년으로 막 넘어갈 때 KBS 공채시험에 합격해서 들어왔기 때문에 그러지 못했습니다. 제가 공채 3기이고 마지막 공채작가입니다.

KBS에 공채로 입사 후 프로그램은 어떤 것을 했는지 궁금하네요.

**백성운**　'시사 터치 코미디 파일'이라는 것으로 시작을 했어요.

그때 김경남 작가가 있었나요?

**백성운**　네. 김경남 작가님이 계셨습니다. 그때 메인 작가는 김응석 작가님이셨고, 심봉기 작가님도 계셨습니다.

아~ 좋은 작가분들이 많이 계셨었네요. 어떤 차이가 있었습니까? 희곡과 방송 코미디는 메커니즘도 다를 텐데요.

**백성운**    처음 몇 년 동안 적응을 못 했습니다. 원래는 연극도 코미디 쪽을 해서 여기 오면 제가 잘할 거 같다고 생각하고 있었는데 와서 보니까 정말 뛰어난 천재들이 많았습니다.

그 팀에 그렇게 천재들 없었을 텐데~ 하하하, 농담입니다.

**백성운**    희극이나 연극은 작가들이 글로 쓰는 것이지 말로 하는 패턴이 아니잖아요. 여기오니까 회의를 모두 말로 하는데 어떻게 따라갈 수가 없었습니다. 숙제만 페이퍼로 내고 일하는 내내 거의 벙어리처럼 지냈습니다.

아~ 그럴 수 있습니다. 아이디어 회의할 때는 무슨 말이든 막 하잖아요. 쓸데없는 말이라도 '저기서 저런 말을 왜 하지?' 이런 말들도 막 해야 뭔가 아이디어가 나오니까요.

**백성운**    네, 맞습니다. 그럴 때마다 전부 다 천재 같다고 느꼈습니다. 회의 때마다 회의자료를 많이 찾아가서는 한마디도 못 하고 그랬어요.

적응을 못 해서 무척 힘든 시절이었겠네요.

**백성운**　그때 저는 일주일에 이틀 정도 집에 들어가고 방송국에서 거의 살았습니다. 기자들이 자는 방에서 자고 그랬는데 그 누구도 막내 작가의 복지에 대해서는 신경을 안 쓰시더라고요.

그땐 그런 게 있었죠. 그래도 극복하게 된 계기가 있었나요?

**백성운**　그러면서 SBS로 가서 시트콤을 했는데, 시트콤 할 때는 그나마 글로 시놉시스를 써가서 좀 나았습니다.

글로 표현을 할 수 있었으니까 말보다는 편했겠네요.

**백성운**　네. 그래도 그때 말을 너무 안 하니까 조연출이 저한테 책을 한 권 주는 거예요. 제목이 《자폐아를 치료하는 책》이었습니다,

말을 원래도 많이 안 하는 편이었나요? 아니면 회의 때 적응을 못 해서 그런 건가요?

**백성운**　회의 때 적응을 못 한 거죠. 방송국에만 가면 종일 벙어리처럼 말을 안 했는데 그 갈등이 심했고 너무 힘들었습니다.

술도 한잔하고 고민도 좀 들어주는 같이해주는 선배가 없었나요?

**백성운**　남자 선배가 없기도 했고 저도 너무 얼어서 선배들에게 그렇게 하자는 말도 못 했습니다. 그 고민을 토로할 사람이 없어서 너무 외로웠는데 그러다 몸이 좀 풀리게 된 것이 KBS 김웅래 PD님이 '한반도 인민재판'이라는 프로그램을 하셨는데 제가 그 프로그램에서 코미디 대본을 쓰게 되었어요. 그리고 프로그램이 비공개에서 공개코미디로 바뀌게 되면서, 대학로의 소극장에서 하게 됐죠. 그때부터 시트콤이 재미있는 연극의 형식이라는 생각이 들어서 편하게 작가 일을 하기 시작했습니다.

그럼 이게 몇 년 차 정도였을 때인가요?

**백성운**　3년 차 정도 되었을 때입니다.

그럼 작가상을 받은 프로그램은 무엇이죠?

**백성운**　2009년에 '개그콘서트'로 코미디 작가상을 받았습니다.

코미디 작가상을 받은 때는 몇 년 차 되었을 때인가요?

**백성운**　10년 차 되던 해였습니다.

백 작가에게는 '개그콘서트'가 제일 기억에 남는 프로그램이겠네요?

**백성운**　'개그콘서트'를 오래 했지만, 애정이 많기보다는 애증이 많았고, 상을 받았지만 별로 기쁘지는 않았습니다.

아니 왜요? 큰 상을 받았는데.

**백성운**　사실 그냥 그 상을 주어야 하는 시기였고, 프로그램이 잘 나가고 있어서 분위기상 제가 받은 거였거든요. 그래서인지 상을 받기 위해서 얼마나 노력을 했고, 뿌듯하고 이런 느낌보다는 그냥 '개콘'이 잘되고 있으니까 주는 상이었기에 부모님 보여드리기에는 좋았지만 그렇게 기쁘고 그러지는 않았어요.

'맛있는 녀석들'도 지금이니까 이렇게 잘하지, 이 프로그램을 앞에 당겨서 했거나 그랬으면 적응을 잘 못 했겠네요?

**백성운**　제가 5~6년 차쯤 됐을 때 코미디 TV에서 '기막힌 외출'이라는 프로그램을 했었습니다. 그 프로그램이 지금의 '1박 2일'과 같은 콘셉트의 프로그램이었어요. 아이템들이 워낙 코미디적인 요소가 많았고 출연자들이 친하게 지내던 개그맨들이다 보니까 크게 불편함이 없이 빨리 적응을 할 수 있었어요.

'기막힌 외출'이란 프로그램이 계속 이어져서 오래 했었나요?

**백성운**　그 프로그램이 시즌 7까지 갔습니다. 저는 시즌 5를 하고 그만두게 되었고요.

이 프로그램 끝내고 '맛있는 녀석들'을 시작한 것인가요?

**백성운**　'맛있는 녀석들'은 제가 처음부터 했던 프로그램이 아니고, 중간에 들어오게 됐습니다.

그러면 적응이 다 끝난 상태였겠네요?

**백성운**　네, '맛있는 녀석들'은 제가 공채 작가로 입사한 지 8년 차 정도 됐을 때 시작했습니다.

적응 참 오래 걸렸네요. 지금 얼마나 하는 건가요?

**백성운**　2000년에 공채 작가로 시작을 했고, 지금이 2020년이니까 횟수로 21년 정도 됐습니다.

'맛있는 녀석들'은요?

**백성운**　'맛있는 녀석들'은 6년 정도 방송을 하고 있는데 제가 4년째 하는 프로그램입니다.

그럼 우리 '맛있는 녀석들' 이야기를 좀 해볼까요? 우선 백 작가는 프로그램이 맘에 드나요?

**백성운**　네, 저는 엄청 마음에 듭니다.

그렇다면 특히 어떤 면이 마음에 드나요?

**백성운**　우선, 제가 먹는 것을 엄청나게 좋아하고요. 그다음엔 팀워크가 잘 맞습니다.

팀원이 누구누구인지 캐릭터별로 소개 좀 부탁드립니다. 그리고 출연자들의 장점을 얘기해 주시겠어요?

**백성운**　출연자들의 '케미'로 보면 일단은 재미 요소는 유민상 씨와 문세윤 씨가 담보해 줍니다. 맛에 대한 지식과 정보는 김준현 씨가 담당해주고 시청자의 눈높이에서 평가해 주는 것은 김민경 씨가 담당을 해줘요. 음식 먹방 최고의 조합이죠.

여기서 누가 제일 선배인가요?

**백성운**　선배로는 문세윤 씨가 가장 선배인데 나이로는 유민상 씨가 제일 선배입니다.

이 프로그램이 매주 촬영을 하는 건가요? 촬영 스케줄은 어떻게 되나요?

**백성운**  저희가 목요일에 촬영하는데 작가들이 답사하러 가는 것은 촬영 전 주나 전전주에 갑니다.

그렇다면, 사전답사를 하러 갈 때 어떻게 하고 가나요? 그냥 가는 건지, 미리 연락하고 가게 되는 건지요?

**백성운**  거의 연락을 하고 갑니다. 예를 들어 족발집 촬영을 한다면 족발집으로 유명한 곳을 몇 집 중에서 서너 군데를 고르고, 그 집들 연락해서 "가서 우리가 맛을 좀 보겠다."라고 먼저 이야기를 합니다.

몰래 가서 먹어보고 이러는 것은 없네요?

**백성운**  네. 그렇게 할 수 없어요. 일단 섭외가 안 됩니다. 그런데 이게 사람마다 달라요. 어떤 집은 전화로 하면 아예 전화부터 거절하는 집들이 있거든요. 그런 경우에는 아예 가서 먹어보고 바로 현장에서 섭외할 수도 있습니다.

제작비 안에 식비가 꽤 많이 들어가겠어요?

**백성운**  네, 식비가 제일 많이 듭니다. 답사 때도 작가들이랑 PD들이 다 같이 가는데 저희 인원이 한 10명 정도 되거든요. 그러면 족발집을 촬영한다고 했을 때 최종 선택한 서너 집에 가면 비슷하게 다 먹어봐야 하기에, 경비가 꽤 많이 듭니다. 촬영 때 촬영비도 만만치 않고요. 만약에 한우집을 가면 보통 식비만 백만 원이 넘어 버립니다.

아, 특별한 선정 기준이 있는 게 아니라 섭외해서 이렇게 가는 거군요. 특별히 평가단이 따로 있거나 그런 것은 아니고요.

**백성운**　저희가 평가를 하는 거죠.

'수요미식회'처럼 따로 밖에 평가단이 있지 않고요?

**백성운**　네, 저희는 따로 사람이 있거나 평가단이 있지는 않습니다.

뭐가 다른가요? '수요미식회'와 '맛있는 녀석들'의 차이점을 이야기해 주시겠어요?

**백성운**　족발이라고 하면 '수요미식회'는 족발의 역사와 어떻게 만들어지고 어떻게 해야 맛있고, 이런 것들을 이야기하잖아요. 저희는 족발이 맛있는 집이다, 그러면 가서 맛있게 먹는 게 포인트입니다. 그 집의 어떤 족발에 대한 역사나 이런 것을 이야기하지는 않습니다.

'맛있는 녀석들'이라는 프로그램이 '식신로드'보다도 더 오래 하는 프로그램 같은데 먹방 프로그램 중에서는 제일 성공하지 않았나요?

**백성운**  그렇죠. 가장 오래된 먹방 프로그램이 맞습니다.

그렇다면 오래도록 시청자들에게 사랑받는 비결은 프로그램의 메인 작가로서, 무엇이라고 생각하시나요? 제가 보기에 다른 건 몰라도 일단 네 명의 출연자가 맛있게 먹는 거 같은데.

**백성운**  그게 제일 큽니다. 그다음은 그들만이 할 수 있는 애드리브와 콩트를 한다던가 하는 것인데 그런데 시청률로만 따져 본다면 맛있게 잘 먹는 것이 포인트라고 할 수 있습니다.

그중에서도 가장 잘 먹는 출연자는 누구입니까?

**백성운**  김준현 씨가 가장 잘 먹습니다. 인터넷에 그런 글이 있습니다. "김준현 씨가 끝까지 숟가락을 놓지 않으면 맛집이다."

아, 그렇군요. 그런데 혹시 식당에 가면 네 사람이 다 맛있지 않을 수도 있잖아요, 호불호가 있지 않나요?

**백성운**  그렇죠, 그런데 그것을 숨기지 않고 방송에서 드러내놓고 이야기합니다. 만약에 홍어집이다 그러면 문세윤 씨 같은 경우는 극히 혐오하거든요,

유민상 씨도 "와, 이거 뭐야?" 이런 식이고, 김준현 씨가 제일 미식가니까 김준현 씨는 좋아하는데 그러면 억지로 "야, 먹어" 이렇게 하기도 합니다. 그런데 김준현 씨를 빼놓고는 갈수록 이들이 초딩 입맛이라고 합니다. 김준현 씨는 어릴 때부터 완전 미식가였다고 하더라고요.

김준현 씨는 아버님도 KBS PD 출신이신데 아버님도 미식가입니다.

**백성운**　어릴 때부터 아버지 따라서 많이 다녔다고 했습니다. 문세윤 씨는 한식파로, 피자 몇 점 못 먹는 사람인데 반면에 유민상 씨는 동두천 쪽에 살아서인지 피자나 햄버거 이런 것을 엄청나게 좋아합니다. 성향이 다 다르고 그것이 다른 프로그램에서는 '맛있다, 맛없다' 이지만, 저희 '맛있는 녀석들' 에서는 '나는 싫어!' 이렇게 이야기할 수 있어서 그것이 자연스러운 거 같습니다.

공통으로 네 명이 '와, 이 집이다.'라고 좋다고 했던 집이 있나요?

**백성운**　많이 있었습니다. 예를 들면 지난번 촬영 갔을 때 '돌솥 밥집' 을 갔는데 출연자들이 모두 너무 맛있다고 해서 밥을 엄청나게 먹었습니다.

백성운 작가가 개인적으로 맛있었던 집이 있나요?

**백성운**　전국에 아주 많았습니다. 대구의 냉면집도 있고, 양평의 해장국집도 있고. 그런데 방송에 나온 집들을 얘기하시는 거죠?

그렇지요. 안 나온 집들도 있나요? 그러면 맛있는데 왜 안 나왔을까요?

**백성운** 그런 집들이 꽤 있습니다. 촬영을 거부한 집들은 워낙 맛집으로 소문이 나 있어서 굳이 방송에 나오지 않아도 되거든요.

거부한 집들의 리스트도 있을까요?

**백성운** 거부한 집들은 이미 전화로 거부한 집들이라 따로 만나고 하지는 않았습니다.

그러면 '맛있는 녀석들'의 작가 백성운이 먹어서 진짜 맛있었던 '맛집 베스트 10'은 어디인가요? 4년 동안 프로그램을 한 작가가 직접 느낀 맛이라면 조금 더 신빙성이 있지 않을까요?

**백성운** 제가 프로그램을 하면서 '맛있다, 정말 맛있다.'라고 생각하는 맛집은, 춘천에 '원조 숯불 닭갈비', 옥천 찐한 식당의 '생선 국수' 그리고 인천 백령면옥의 '물냉면', 남해 우리 식당 '멸치 쌈밥', 태안 원조 뚝배기 식당 '게국지'입니다. 다음은 출연자들이 생각하는 맛집인데요. 잠수교 2호점의 '냉동 삼겹살', 고성 수양식당의 '회 백반 정식', 그리고 삼각산 머루집은 '비빔국수', 홍성 내당한우의 '한우'와 임학순 전통 웰빙 '파김치 장어 전골'입니다.

'맛있는 녀석들'에 출연했던 여러 식당, 음식점 중에 가장 기억에 남는 곳이 있나요?

**백성운**  네, 있습니다. 수원에 있는 동태탕 맛집인데 워낙 유명해서 제작진이 가서 촬영을 좀 하겠다고 부탁했더니 우리는 방송 이런 거 안 한다고 하시면서 그냥 먹고 가라고 말씀하셨어요. 제작진이 모두 가서 동태탕을 먹었는데 정말 너무 맛있는 거예요! 그곳은 동태탕 외에 다른 메뉴도 없고, 술도 안 파는데도 사람들이 줄을 서서 몇십 분씩 기다리는 이미 소문난 맛집이었습니다. 그래서 제가 "사장님, 우리가 촬영 때 포장해 가는 것은 괜찮죠?" 했더니 그건 된다는 거예요. 그래서 "그럼 우리는 포장해 가지고 가서, 여관을 잡고 여관에서 찍겠다."고 말씀을 드렸더니, 그런 얘기를 듣고는 여관에서 어떻게 촬영을 하느냐고 하시면서 그러면 저 구석에 테이블 하나 놓고 촬영하라고 하셔서 그렇게 구석진 곳에서 테이블 하나를 놓고 촬영을 했던 기억이 납니다. 지금 생각해도 너무 맛있었는데 상호는 기억이 안 나지만 '맛있는 녀석들, 수원 동태탕' 하면 나올 겁니다. 진짜 맛있었어요.

맛이 뭐가 다르던가요? 동태탕이면 다 맛이 비슷하지 않나요?

**백성운**  맛이 완전히 달랐습니다. 동태가 생태 같았어요. 먹으면서 '이거 혹시 생태 아니야? 뭐지?' 이럴 정도로 제작진 모두 감탄하면서 먹었어요. 사장님이 음식 솜씨가 너무 좋으셔서 동태의 내장으로 다른 요리를 해주셨는데 그것도 맛있었고, 반찬도 너무 맛있었습니다.

그곳이 원래 유명한 맛집이었나요?

**백성운**　워낙 유명한 맛집이지만 방송에 나오지 않은 맛집이었습니다. 방송이 아예 안 되는 곳이었어요.

'맛있는 녀석들'에 출연하면서 사람들이 훨씬 더 많아졌겠네요?

**백성운**　그랬겠죠. 그런데 아는 사람들은 다 아는 그런 맛집이었고, '간판은 안 찍는다, 상호는 안 나오게 한다.' 이런 요구 조건들이 있었습니다. 이곳에서 저는 인터뷰하면서도 '와, 어떻게 이렇게 맛있을 수가 있을까?' 이런 생각을 했었습니다.

맛집들을 다니면서 음식에 뭘 넣고, 뭘 넣고 하는 것을 물어보게 되죠?

**백성운**　캐묻고 그러진 않고, 저희가 사전에 간단하게 물어보기는 합니다. 유명한 맛집에서는 무엇을 넣는가도 중요하거든요. 싹 다 물어보는데 그걸 가능한 선에서 사장님들이 대답해 주십니다.

백성운 작가는 집이 제주도죠? 제주도 이야기를 좀 해보죠. 제주도에서 펜션을 한다고 들었는데, 언제 시작하셨나요?

**백성운**　펜션이라기보다 '아내의 텃밭'이라고 '한 달 살기'를 하는 집입니다.

그럼 '한 달 살기'를 하는 집이고 펜션은 아니다, 그런 말인가요?

**백성운**   네, 펜션은 아닙니다. 임대사업 허가를 받았거든요. 그래서 한 달 살기부터 그 이상을 길게 하는 것도 법적으로 가능하기 때문에 그렇게 운영을 하고 있습니다. 펜션은 하루도 오고 이틀도 올 수 있잖아요.

한 달 위주로 예약을 받나요?

**백성운**   네, 그렇습니다.

이게 콘셉트군요. '아내의 텃밭'이라고 했나요?

**백성운**   네. '아내의 텃밭'이라고 인스타그램에도 계정이 있습니다.

그럼 이걸 언제부터 시작하게 되었나요? 예전에 백성운 작가는 태국에서 '한 달 살기'를 했다고 들었는데, 태국을 다녀온 후에 시작하게 된 건가요?

**백성운**   2013년에 제주도로 이사를 하게 되었는데 집에 방이 하나 남게 돼서 시작하게 되었습니다.

왜, 제주도로 가게 됐나요?

**백성운**　　처음에는 서울에 살았었는데 주택에 살다 보니 주차난 때문에 너무 힘들어서 파주로 이사를 했습니다. 서울에서 주택에 살던 그 돈으로 파주에 아파트로 가서 살았는데 주차하기도 좋고 다 좋은데, 너무 추운 거예요. 그래서 '따뜻한 제주도로 가자.' 해서 가게 되었습니다.

아, 깊은 생각이나 고민 없이 주차난, 추운 거, 이런 거 때문에 제주도로 간 거군요.

**백성운**　　네. 그때 마침 아내가 파주에서 텃밭을 하면서 재미를 붙여서, 넓은 텃밭도 필요하고 따뜻한 곳이 필요해서 제주도로 가게 되었습니다.

그런 부분이 아내와 금방 합의가 되었나요? 아이가 있으면 보통 교육 문제나 여러 가지로 이주하기가 쉽지 않았을 텐데요.

**백성운**　　많은 분이 그런 이야기를 하셨는데, '교육 대신에 저희 부부는 자연환경이나 이런 것들을 주는 것도 나쁘지 않다.' 라고 생각했습니다. 저희 부부는 서울에 산다고 해도 8학군처럼 교육을 잘 알고 엄청나게 시킬 자신도 없었어요. 재력도 안 되고, 능력도 안 돼서 경쟁할 자신이 없었습니다. 그럴 거면 그냥 좋은 곳으로 가서 편안하게 살자고 했습니다.

이런 제안을 백성운 작가가 먼저 했나요, 아니면 아내가 먼저 했나요?

**백성운**　연애할 때부터 언젠가는 제주도에 가서 살면 좋겠다. 라는 생각을 했었습니다. 아내가 제주도를 워낙 좋아했었거든요. 45세쯤 되면 갈 수 있지 않겠냐는 생각을 서로 했었는데 그 나이보다 훨씬 일찍 가게 되긴 한 거죠.

제주도에 가서 답사를 여러 번 하고 그런 후에 결정했나요? 아니면 어느 날 딱 꽂혀서 그냥 가게 되었나요?

**백성운**　결혼을 하면서 제주도로 이사하기 한 2~3년 동안 취미가 제주도 집을 보는 것이었습니다. 인터넷으로 제주도 집을 보면 보는 것만으로도 너무 힐링이 되는 거예요. 어느 날 매물이 괜찮은 집이 있어서 '여기 한번 물어나 볼까?' 하는 마음으로 주인이랑 통화하는데 이사 날짜도 안 맞고 이래저래 해서 안 됐어요. 우선 이사하고 내가 왔다 갔다 하면 되지 않을까 싶어서 그때부터 본격적으로 알아보기 시작했습니다. 주말마다 내려가서 둘러보고, 부동산에 가서 알아보고, 차 타고 아이와 아내를 데리고 제주도 일주를 했습니다. 매주 다니면서 골목에 들어갔다가 나오고 저기 좋을 거 같다 하면 거기 들어갔다 오고 했습니다.

어떤 프로그램을 하고 있을 때였나요? 시간적인 여유가 있었나 봅니다.

**백성운**　'개그콘서트'를 하고 있었을 땐데요, 주말에 갔다가 1박만 하고 올라오니까 방송에 큰 지장이 없었습니다.

2013년도에 제주도로 이사 하게 된 거군요. 지금 사는 집이 바로 그때 그 집인가요?

**백성운**   네, 그 집입니다.

사진으로 보니까 구조가 좀 바뀐 것 같던데요.

**백성운**   네. 몇 년 전에 증축했습니다. 이층을 만들어서 그 이층을 '한 달 살 기'로 운영하고 있습니다.

그러니까 가족만 살던 집에서요?

**백성운**   네. 가족만 살던 집에서 방 하나를 '에어비앤비'로 하다가 증축을 하 면서 '한 달 살기'로 운영하고 있습니다.

지금 '한 달 살기'로 온 사람들이 있나요?

**백성운**   네, 지금 있습니다. 그리고 여름에 특히 예약이 많습니다.

아, 그곳에서 '한 달 살기'를 하기 위해서는 예약을 해야 하나요?

**백성운**   네, 예약제로 운영합니다.

바닷가 근처인가요?

**백성운**　바닷가 가까이에 있습니다.

어떤 사람들이 와서 '한 달 살기'를 하나요?

**백성운**　잘 사는 사람들이요. 돈 있는 사람들이 와서 '한 달 살기'를 합니다.

그러게요. 한 달을 다른 곳에 가서 살려면 돈이 많아야 하고, 시간 여유도 있어야 할 텐데요.

**백성운**　요즘엔 주로 아기 엄마들이 오는데, '한 달 살기'를 하면서 주말에 부모님이나 지인들을 초대해서 오기도 합니다.

사실 후배 중에 백성운 작가처럼 제주도에 이사를 간 사람들이 있었어요. 그런데 아이들이 커서 입학할 때쯤이면 제주도에 뿌리를 못 내리고 다들 서울로 다시 컴백하더라고요.

**백성운**　그런 사람들 많습니다. 부부가 의견이 맞아야 하는데 살다 보면 외로워하는 경우가 참 많습니다. 답답해하는 경우도 많고요. 특히 여자분들이 쇼핑센터나 백화점이 없어서 살면서 갇혀 있다는 생각이 들기도 한답니다.

그렇죠, 현실이니까요. 그런데 주변에 사람들은 있나요?

**백성운**　시내 안쪽에 있긴 한데, 우리 집 주변에 가정집은 없습니다.

제주에서 적응하는 게 어떤가요? 좀 배타적이기도 할 텐데요.

**백성운**　저도 많이 힘들었어요. 자기들끼리 이미 친분이 있기도 하고 마을 문화에 들어가지 못하는 것을 제주도민을 상대로 사업하시는 분들은 굉장히 힘들어하시는데, 저는 제주도민들을 상대로 사업을 하는 것이 아니라서 크게 상관은 없었습니다.

그렇겠네요. 오히려 제주도에 오게 해서 돈을 쓰게 하니까, 지금 생각해도 '제주도로 간 것은 좋은 판단이었다.' 이런 생각인가요?

**백성운**　저희 부부는 매일 만족해하고 있습니다.

가장 좋은 것은 어떤 것인가요? 예를 들면 '아침에 일어나면 새가 울어요' 라던지 말입니다.

**백성운**　그렇죠. 계절별로 할 수 있는 것들이 많죠. 기본적으로 텃밭이 있기 때문에, 아내가 텃밭 농사를 지으니까요.

어떤 것을 지어 먹나요?

**백성운**　　모든 것들을 키우는데 심지어 밀도 타작을 해서 얼마 전에 밀로 수제비를 만들어 먹었습니다. 여름에는 집 앞바다에서 스노클링하고, 봄이 되면 미역 줍고 고사리 뜯으러 다니고. 겨울에도 봄동이랑 이런 것들을 키웁니다.

제주, 서울을 오고 간다고 했는데 그럼 백성운 작가의 스케줄은 어떻게 되나요?

**백성운**　　월요일 아침에 서울에 올라오고, 금요일에는 제주도로 갑니다. 서울에서는 성수동의 작은 원룸에서 생활하고 주말에는 가족과 함께 보냅니다.

아내나 아이가 외로울 수도 있겠네요?

**백성운**　　주위에서 그런 이야기들을 많이 하셔서 저도 걱정 많았는데 오히려 아내는 성향이 제주도와 잘 맞나 봅니다. 방해받는 것을 싫어하고 혼자 농사짓는 거 좋아하고. 뭐 평일에 남편 밥해줄 일도 없고 좋죠.

백 작가는 제주도에서 죽을 때까지 평생 살 건가요?

**백성운**　　그렇죠. 지금 생각으로는 조금 더 나이가 들어서 중 산간 지대 쪽으로 올라가서 다시 집을 지어서 살 생각이 있습니다.

왜요? 바닷가 근처라 좋을 거 같은데?

**백성운** 바닷가는 너무 좋은데 많이 습해요. 보통 옛날부터 못사는 사람들이 바닷가에 살고 잘사는 사람들은 모두 중 산간으로 올라간다는 말이 있잖아요.

많은 사람들에게 '제주도 한번 살아봐라.' 이렇게 추천하고 싶은가요?

**백성운** 성향이 맞으면 추천하고 싶습니다. 성향이 맞으면 좋고 아니면 힘들죠. 저한테는 다행히 성향에 맞으니까 늘 마음에 들지만, 불편함도 큽니다. 사람들이 주택에 대한 로망을 가지고 있는데 저희도 단독주택이지만, 현실은 아주 다릅니다. 시골이면 일단 벌레가 너무 많고, 단독주택은 해야 할 일이 엄청 많습니다. 그중에서도 집수리를 많이 해야 하는데 아파트에 살다가 내려와서 아무것도 모르니까 저도 많이 고생했습니다.

아파트에 살다가 이사를 왔는데 그런 걸 어떻게 배웠어요?

**백성운** 지금도 배워가는 중입니다. 누굴 부를 때도 마땅히 없고 돈도 많이 들고요. 그러니 배워가면서 스스로 고치고 살아야 하는 거죠. 제가 예전에 몽골 한 달 살기 여행을 다녀온 적이 있는데 거기는 길이 거치니까 차로 다닐 때 타이어에 펑크가 나고 고장도 잘 나는데, 그러면 여자 가이드가 차 아래로 들어가서 다 고치더라고요. 너무 신기해서 물어보니까 자기들은 다 이렇게 고친다고 했습니다. 우리는 이런 상황이면 A/S를 부르는데 그곳은 A/S를 부를 수 없는 거죠.

백성운 작가는 가족과 함께 동남아 한 달 살기도 해 본 적이 있지요? 여행경비도 만만치 않게 들었겠네요?

**백성운**    아니요, 경비가 얼마 들지 않았습니다. 저희가 허술한 곳에서 자고 그래서요.

그럼 그곳에서 사는 한 달 경비가 오히려 한국에서 한 달 사는 경비보다 적게 들었나요?

**백성운**    아끼고 살면 거의 비슷합니다.

아이 때문에 잠자리도 신경 써야 했을 거 같은데요.

**백성운**    저희가 3개월 정도 나가 있는 동안은 제주집을 한 달 살기 계약을 하고 왔습니다. 그래서 그 경비로 여행경비를 충당할 수 있었어요.

예능 작가들이 시간을 이렇게 길게 내서 가족들과 여행하는 게 쉽지 않은데 예능 작가 중에 가장 노후를 확실하게 보장받은 삶 같은데요?

**백성운**    아휴, 아닙니다. 항상 미래에 대한 불안이나 걱정은 있죠.

이런 것들이 가족 간의 유대 관계가 깊지 않으면 이룰 수 없는 것 같아요. '가족과 함께라면 뭐라도 하겠다.' 이런 마음이겠어요. 아내는 같은 고향 부산 사람인가요?

**백성운**　네, 맞습니다. 저는 어디 가면 제 아내 이야기를 정말 많이 합니다.

원래 아내는 어떤 일을 하던 사람이었나요?

**백성운**　아, 프로덕션 조연출이었습니다. 조연출 하다가 KBS에서 뉴스 영상 편집을 1년 넘게 했었습니다. 그런데 저랑 만난 것은 '셸 위 댄스' 동호회에서 만났습니다. 춤추다 만난 거죠.

춤바람이 난 거네요? 어떻게 만나게 된 거예요?

**백성운**　춤 동호회에 가고 싶어서 동호회에 가입했어요. 마침 그곳에 아내가 있었어요. 서로 모르고 만나서 "무슨 일 하세요?" 이렇게 해서 알게 된 거죠.

오, 그러면 지금도 가끔 춤을 추고 하나요?

**백성운**　다 잊어버리긴 했지만, 지금도 둘이 그때 생각하면서 춤을 춥니다. 그런데 원래 리드를 남자가 잘해야 하는데 저보다 아내가 춤을 더 잘 춥니다.

보기 드물고, 특이하고 부러운 부부입니다. 프로그램 이야기보다 자꾸 개인적인 생활 질문을 하게 되네요.

**백성운**　저는 선배님이나 김동용 선배님 등, 남자 선배님들이 있다는 것을 알게 된 게 얼마 안 돼요. 그게 제가 한 8년 차쯤 됐을 때, 최대웅 선배님이랑 프로그램하면서 처음 남자 선배님이 계신다는 것을 알게 되었습니다. 최대웅 선배님이 어떤 대화를 주고받을 수 있는 첫 선배님이셨습니다. 그때 '남자 선배님들도 계시는구나!' 하면서 처음으로 마음에 안정이 온 거 같았어요. 그렇게 한두 분씩 만나 뵙게 되었고 '아~ 남자 선배님들이 이렇게 곳곳에 계셔왔구나!' 하면서 그때 처음 알았습니다. 그래서 마음으로 '이제 내가 혼자가 아니구나!'라는 것을 느꼈습니다. 그전까지는 남자 작가로서 너무 외로웠습니다.

그 당시는 내가 한창 일할 때가 아니었어요. 내가 한창 일할 때는 박원우 작가, 최대웅 작가가 마지막이었어요. 그래서 내가 백성운 작가를 모르고 있었지요. 챙길 수도 없었고요. 그런데 내가 백성운 작가랑 한번 연결될 뻔한 적이 있었어요. 사실은 '맛있는 녀석들'이 시청률이 주춤했을 때가 있었어요. 작가 교체설이 있기도 했고요.

**백성운**　아~ 네, 어떻게 아셨어요? 그때 제가 들어왔습니다.

그때 들어와서 얼마 안 있다가 한번 또 그런 고비가 있었어요.

**백성운**    네, 맞아요.

당시 Comedy TV CP였던 김 모 PD에게 전화가 왔어요. "형, 프로그램 요즘 뭐 안 하시죠? 우리 프로그램에 작가가 필요한데 좀 해주실 수 있으세요?" 그러면서 부탁 좀 드린다고 하더라고요. 그래서 무슨 프로그램이냐고 물었더니 '맛있는 녀석들'이라고 하는데 지금 작가가 누구냐고 했더니만 백성운 작가라고 하더라고요. 그 친구 내가 아끼는 후배니까 기다려보면 잘 할 거라고 그런 말을 한 적이 있었어요.

**백성운**    아, 기억납니다. 그럼 선배님이 저 살려주신 거네요.(웃음)

(웃음) 백성운 작가는 다시 처음 일할 때로 돌아간다면 그때도 '작가'라는 직업을 선택할 것 같아요?

**백성운**    다른 작가님들은 뭐라고 하시던가요?

절대 안 한다는 대답이 많았지요.

**백성운**    저도 절대 안 합니다. 너무 힘들어요.

긴 시간 감사해요. 백성운 작가와 가족 모두가 행복하기를 바랍니다. 프로그램 얘기도 재미있었지만, 제주도 이야기 참 부러웠습니다.

커피는 유민상 씨와 문세윤 씨가 납보를 해주고요,

마치 라면 지식피 정보는 김준현 씨가 답낭을 해주고

시청자의 눈높이에서 음식을 평가해 주는 것은

김민경 씨가 납낭을 해줘요. 딱방 최고의 조합이죠.

배경은 라가 〈Comedy TV 맛있는 녀석들〉

# 지금 만나러 갑니다

'서비스 리턴'의 고수 지현숙 작가

아이디어 회의 때나 평상시 때나 상대방이 무슨 말을 하든

지현숙 작가가 대답을 주춤거리는 것을 보지 못했다.

상대방이 어떤 토크를 넘기든 능숙하게 받아쳐 내는

서비스 리턴의 달인이 지현숙 작가이다.

이것은 숙련된 테크닉이라기보다는 천부적인 재능에 가깝다.

이 능력은 아마도 세상 모든 것에

열려 있는 오픈 마인드 때문이 아닌가 생각된다.

언제나, 어디서나 명쾌하고 호쾌한 지현숙 작가를

지금 만나러 갑니다.

#예능작가

# # 지현숙 작가

**대표 프로그램 : KBS 1박 2일**

KBS    퍼즐 특급 열차
자유 선언 오늘은 토요일 '서바이벌 미팅'
유재석의 잠을 잊은 그대에게
강호동의 초전박살
서세원 쇼
슈퍼 TV 일요일은 즐거워
해피투게더 시즌 2 프렌즈
스타 골든벨
천하무적 야구단
언니들의 슬램덩크 시즌 1
해피선데이 1박 2일 시즌 3

MBN    친한 예능


**수상**

2016 KBS 연예대상 방송작가상

작가님 반갑습니다.

언제나 당차고 활기찬 모습인데 스무 살 지현숙은 어땠나요?

# 지현숙 작가

김진태

**지현숙**　쉽게 변하지 않는 성격이라 그때나 지금이나 똑같은 것 같아요. 스무 살때나 지금이나 미모까지 똑같습니다.(웃음)

스무 살 때도 작가가 되겠다고 생각했었나요?

**지현숙**　20살 때면 제가 대학교 2학년 때인데 저는 '작가'가 되고 싶다기보다 방송 일을 하고 싶었습니다. 방송 프로그램을 만드는 일을 하고 싶었고, 특히 예능 프로그램 만드는 일을 하고 싶었어요.

작가든, PD든 상관없이 그냥 예능 프로그램을 만들고 싶었다는 얘기인가요?

**지현숙**　사실 그 당시에는 '작가'라는 직업을 정확히 몰랐고 좋아하는 프로그램을 보면서 막연하게 저런 프로그램을 만들고 싶다고 생각했었습니다. 대학생 때 국어국문학을 전공했지만, 문학소녀 이런 건 전혀 아니었고 문학 작품은 별로 좋아하지도 않았거든요.

그래서 어떻게 작가를 하게 되었고, 작가가 되고 첫 프로그램은 무엇이었나요?

**지현숙**　작가가 돼서 처음 맡은 프로그램이 KBS '퍼즐 특급 열차'였어요. 정재환 씨가 MC였다가 박미선 씨로 바뀌었는데, 마침 제가 많이 좋아하고 즐겨보던 프로그램이었습니다.

그 당시 메인 작가는 누구였나요?

**지현숙**　박현향 작가님이 메인 작가셨습니다.

아! 박현향 작가는 퀴즈 프로그램을 많이 하던 작가였는데, 그럼 선배를 잘 만났네요. 그때는 KBS가 1국, 2국 그랬었죠?

**지현숙**　예능이 2국이었고 6층이었습니다. 그때 선배님이 하셨던 '체험 삶의 현장'이라는 프로그램이 인기가 많았죠. 'TV는 사랑을 싣고', 'TV 데이트' 그리고 '슈퍼 선데이'도 인기가 많았습니다. 시청률이 제일 잘 나오던 프로그램들이었어요.

그때가 KBS의 좋은 시절이었어요. 지현숙 작가는 지금도 그때 20살 때처럼 재미는 똑같이 있나요? 그때와 비교하면 무엇을 잃고 무엇을 얻었을까요?

**지현숙**　제가 26년차 인데 프로그램을 하다 보면 재미가 있을 때가 있고 없을 때가 있잖아요. 다행히도 저는 '아~ 재미없어, 뭐 다른 직업 없을까?' 이런 생각을 해본 적이 한 번도 없었습니다. 제 의지와 상관없이 별로 하고 싶지 않은 프로그램을 할 때도 있었지만, 그럴 땐 보람을 찾으려고 노력했고, 그것이 힘들거나 재미없다는 생각이 들었던 적은 없었어요.

지금까지 26년 동안 해 온 많은 프로그램 중에서 가장 기억에 남고 스스로 좋아하는 프로그램이 있나요?

**지현숙**　제일 처음 했던 '퍼즐 특급 열차'는 개인적으로 좋아했던 프로그램이었고 '자유 선언 오늘은 토요일'은 처음 하게 된 버라이어티라 가장 기억에 남습니다. '플라잉 체어'는 연예인이 풀장에 날아가서 빠지는 물대포 쏘는 프로그램인데 개인적으로 힘든 시기를 거치고 나서 했던 프로그램이어서 지금도 기억이 남아 있습니다.

그게 메인 타이틀이 뭐였죠?

**지현숙**　'슈퍼 TV 일요일은 즐거워'의 한 코너였어요. MC 대격돌에 제1 대결, 2 대결 등 코너 속의 코너였습니다.

'플라잉 체어'는 시청률이 굉장히 많이 나왔죠?

**지현숙**　가학적이라고 감시 대상이 되었지만, 시청률은 많이 나왔었어요. 그러다가 방송에서 가학적인 것을 없앤다고 해서 프로그램이 폐지되었습니다.

당시 MC들이 사건 사고도 잦았던 프로그램이었지요?

**지현숙**　유재석, 신정환, 강병규, 이혁재 씨 등 유재석 씨 빼고는 다 사건 사고가 있었죠. 최고 여배우들이 출연했었고 유재석 씨도 인기 많을 때였습니다. 그리고 신여진 작가와 함께했던 '해피투게더 프렌즈'도 시청률이 아주 잘 나왔는데 시청률이 잘 나온다는 것은 사람들에게 인정을 받은 것으로 생각해서

인지 기억에 오래 남는 거 같습니다.

'결국 시청률 순이다.' 이 말이군요. 최근에는 어떤 프로그램을 했나요?

**지현숙**　시청률이 안 나오지만 혼자 만족하는 경우는 없는 거 같아요. 그리고 가장 최근에 했던 프로그램은 '1박 2일' 시즌 3였습니다.

'1박 2일'은 얼마나 했어요?

**지현숙**　'1박 2일' 시즌 3은 2013년 12월 시작됐거든요. 그때부터 시작해서 제가 1년 반하고 잠깐 '언니들의 슬램덩크'를 하고 다시 2017년 봄에 들어가서, 3년 반 정도를 했습니다.

'1박 2일'은 개인적으로 어떤 프로그램인가요?

**지현숙**　'1박 2일'은 워낙 잘 알려진 국민 예능이었고, 시즌 1은 야생 버라이어티 프로그램이었습니다. 그 당시 연예인들이 1박 2일 동안 그렇게 힘들게 하는 프로그램이 없었잖아요. 강호동, 이승기 씨 등이 출연했었고 시청자들의 사랑을 많이 받았었어요. 그리고 시즌 2는 라인업이 굉장히 좋았죠. 배우들도 많이 나오기도 하고 그렇지만, 시즌 2가 시즌 1에 비하면 상대적으로 시청률이 잘 안 나왔어요.

## 시즌 2 멤버는 누구였지요?

**지현숙**　배우들이 많았어요. 김승우 씨로 시작해서 김승우 씨가 빠지고 유해진 씨가 들어오고 성시경, 주원, 김종민, 이수근 씨 등이 있었고, 차태현 씨도 있었죠.

## MC몽 씨가 나온 건 시즌 1인가요?

**지현숙**　네, 그게 시즌 1입니다. 시즌 1은 5년 정도 했는데 시즌 2는 아마 1년을 못했을 거예요. 시청률이 기대보다 낮아서 시즌 3을 빨리 시작하게 되었습니다. 시즌 3은 기본적으로는 기존과 같이 야생 버라이어티인데 야외 취침, 실내 취침 모든 것에 복불복이라는 게 있어서 누군가는 편한 데서 자고 누군가는 추운 데서 자고, 또 누군가는 밥을 먹고 누군가는 밥을 못 먹는, 뭔가에 의해서 늘 편한 사람과 힘든 사람이 나누어져 있는 콘셉트였습니다. 그리고 시즌 1은 시골을 찾아다녔고, 시즌 2는 관광지 위주로 다녔는데 시즌 3에서는 좀 더 자연스럽고 리얼하게 보여주는 방법이 뭘까? 그 차별점이 뭘까를 고민하다가, 회차마다 콘셉트에 맞는 여행과 여행지를 찾아다니는 것으로 방향을 잡았습니다. 예를 들어서 '서울 시간 여행'이라는 것이 있었는데 그때가 구정 때쯤이었을 거예요. '1박 2일' 촬영을 하러 가면 귀성객들 때문에 교통이 꽉 막힐 거 같아서 그냥 서울에서 찍자고 했죠. 그렇게 서울 여행을 한다면 무슨 여행을 할수 있을까를 고민하다가 '서울 시간 여행'이라는 것을 생각하게 되었습니다. 서울에서 가장 오래된 곳들을 찾아다니면서 최초의 빵집, 사대문 집안에서 가장 오래된 곳, 4대가 같이 사는 집, 등을 각각 흩어져 단서를 하나씩 찾아서 모아 보면 4대 대가족이 사는 주소가 만들어지게 했거든요. 그 집에 모여서 밥을 얻어먹고 또 각자 어디로 가서 사진을 찍으라고 하는 미션을 주었어요. 사실은 알고 보면 김종민, 차태현, 김주혁 씨의 아버님들께서 사진을 찍었던 아버님들의 추억이 있었던 장소였습니다. 그런데 그들은 그걸 모른 채 서울 여행이니까 가서 사진을 찍은 거예요.

아! 그때 생각이 나는 거 같아요.

**지현숙**     김종민 씨는 아버지가 일찍 돌아가셔서 아버님의 사진을 어렵게 구했고, 김주혁 씨의 아버님이신 김무생 씨는 돌아가신 지 얼마 안 되었었고, 그 당시에 차태현 씨 아버지만 살아 계셨는데, 그렇게 아버님들 사진을 구해서 사진 속 그 장소로 갈 수 있게 미션을 주었어요. '알아서 사진을 찍어라.' 했고 자기들은 뭘 해야 할지 모르겠는데 찍으라고 하니까 사진을 찍어서 왔죠. 그렇게 계속 사진을 찍는 미션을 해서 아버지의 추억이 있는 장소에 자연스럽게 아들들을 있게 만들었어요. 그래서 같은 공간에 몇십 년 전후가 지나서 같이 있는 것처럼 만들어서 그날 밤에 그것을 틀어 주었습니다. 그리고 '금연 여행'이라고 우리나라에서 담배를 안 파는 '금연 섬' 중에 '증도'라는 곳이 있거든요. 그 당시 우리 멤버들이 차태현 씨 빼고는 전부 다 담배를 피웠어요. 그래서 그곳 '증도'로 금연 여행을 갔었습니다.

증도는 어디인가요?

**지현숙**　남쪽 무안 아래, 연륙교가 있어서 배를 타지 않고 차로 가는 섬이었는데, 그 섬으로 금연 여행을 가서 출연자들에게 담배를 피우지 못하게 했습니다. 그리고 금단 현상을 참는 미션을 주었는데, 평소에 착하고 얌전하던 지금은 고인이 된 김주혁 씨가 몰래 담배를 피운다는 제보가 있어서 추궁했더니 갑자기 정색하고 너무한 거 아니냐며 화를 냈어요. 그로 인해 김주혁 씨는 '니코틴 패스'라는 별명을 얻게 되었습니다.

그러니까 '사이코패스'를 딴 '니코틴 패스'로군요.

**지현숙**　'니코틴 패스'요. 김주혁 씨가 정색하다가 갑자기 돌변해서 "얘가 피라고 했습니다." 그러면서 김종민 씨를 물고 늘어지는 거예요. 그곳에서 김주혁 씨의 다중 인격을 봤습니다. 그래서 저희가 '니코틴 패스'라는 별명을 만들어서 그렇게 불렀습니다.

설정이 아니고 진짜로 그런 일이 있었다는 거죠?

**지현숙**　진짜 리얼이었습니다. 김주혁 씨가 굉장히 사람이 착해요. 그런데 몰래 화장실에 가서 담배를 피우고 오는걸, 미리 설치해 둔 CCTV로 보게 됐어요. 그게 걸려서 "제보가 있었다." 그랬더니 "나는 그냥 화장실만 다녀왔다." 자꾸 이러는 거예요. 여러 사람 추궁을 하고 증인 대질을 했어요. 너무한 거 아니냐면서 예능에서 이렇게까지 하냐고 화를 내시더라고요. 그래서 저희도 너무 심했나 하고 움찔하고 있었는데 갑자기 김종민 씨를 가리키면서 "얘가 나한테 몰래 피고 오라고 시켰습니다." 갑자기 이러는 거예요. 그래서 다들 "뭐야? 니코틴 패스야!" 이렇게 얘기를 했습니다. 그리고 김준호, 김종민 씨도 어디에서 몰래 피우고 나왔었는데 이런 금단 현상을 보는 것이 굉장히 재밌었습니다.

당시 출연자들의 성향이나 비하인드 같은 건 뭐 없나요?

**지현숙**　사실 시즌 3은 촬영 전날 새벽 12시에 출연자가 픽스됐어요. 최종 출연자가 결정되기 전까지 여러 배우를 접촉하다가 김주혁 씨랑 뭔가 뜻이 맞아서 캐스팅했는데 막상 촬영해 보니 너무 착하고 좋은 사람이었습니다. 그런데 당시 굉장히 인기 있는 드라마였던 '허준'에 출연했는데도 사람들이 김주혁 씨가 누군지 전혀 못 알아보는 거예요. 그때 굉장히 충격을 받고 어쩔 줄 몰라 했던 기억이 납니다. 그래도 큰형다운 따뜻함도 있고, 짓궂은 게임을 요구해도 당연히 해야 하는 것처럼 받아들이는 고마운 사람이었습니다. 그다음 둘째가 김준호 씨였죠. 사실 김준호 씨는 임시로 들어왔습니다. 김준호 씨는 코미디도 했지만 '남자의 자격'에서 예능도 했었는데 두 번째 녹화 때까지는 적응을 못 하는 거예요. 자기는 원래 캐스팅이 아니라는 생각 때문인지 주눅이 들어있기도 했어요. 웃길 거라는 기대치가 있었는데 콩트 하던 버릇이 안 고쳐지니까 어색하고 썰렁하고 그랬습니다. 그러다가 어느 순간 김종민 씨랑 코드가 맞아서 둘이서 치고받고 하는 게 프로그램에서 터졌어요. 그렇게 환경이 편해지니까 그때부터 작정하고 토크를 해요. 자연스러운 상황에서인지 너무 웃기고 재미있었습니다. 셋째 김종민 씨는 '1박 2일'의 상징적인 인물이잖아요. 시즌 1

때도 적당히 막내급으로 눈치를 좀 봐왔고, 시즌 2 때도 배우들 등쌀에 늘 궂은 일은 했었는데, 시즌 3에서는 사람들이 편하니까, 김종민 씨도 마음껏 자신의 그 바보스러움과 잔머리 이런 것을 다 펼치는 거예요. 그래서 김종민 씨가 제일 빛을 본 시즌이 바로 시즌 3 였고, 시즌 3으로 2016년 KBS 연예 대상에서 대상을 받게 되었습니다.

그다음으로 차태현 씨인데 차태현 씨는 국민 호감의 이미지가 있잖아요. 기본적으로도 너무 따뜻하고, 바르고 착한데 의외로 보스 기질도 있어요. 또 멤버들을 챙기고 스텝들을 챙기고, 주위 사람들을 잘 챙겼습니다. 한번은 차태현 씨가 시즌 3 시청률이 20%가 막 넘었을 때 금 카드를 만들어서 스태프들에게 선물했던 일이 있었는데, 그때 마침 잠깐 다른 프로그램을 하고 있었는데도 금 카드가 저한테 배달이 왔습니다. 차태현 씨는 이렇게 자기 사람들을 잘 챙기는 스타일이에요. 현장에서 고생하는 사람들도 챙기고, 그 사람들 이름을 다 적어서 핸드폰에 메모해놓고 되도록 그 사람의 이름을 부르는 사람이에요. 현장에 있었던 일을 메모해서 기억했다가 자기가 챙겨야 할 일들을 다 챙기는 그런 따뜻한 사람이 차태현 씨입니다. 마지막으로 데프콘 씨는 예능 유망주 였어요. 예능적인 갈등을 만들고 결국은 자기가 당하는 캐릭터였죠. 말은 했는데 결국 코너에 몰리는 건 본인인 거죠. '되'로 주고 '말'로 받는 스타일이었습니다. 덩치는 크고 위협적이지만 결국은 거기서 골탕을 먹고 놀림을 당하고 있는 거예요. 그런 캐릭터가 시청자들에게 좋은 인상을 주었습니다. 그리고 사람을 만나거나 그럴 때 멤버들이 은근히 낯을 가리는데 그럴 때 제일 자연스럽고 적극적으로 나서는 역할을 했습니다. 시즌 3 는 멤버들의 합이 다른 시즌보다 굉장히 좋았습니다.

들어보니 그러네요, 모든 멤버들의 장단점들이 있군요.

**지현숙**　맏형인 김주혁 씨가 착했고, 꽤 오래 했던 김종민 씨나 차태연 씨가 무던하니까 2주에 한 번씩 '1박 2일' 촬영 오는 것을 멤버들이 즐거워했습니다. '힘들다. 빨리 끝내요. 그만 찍자. 더 해야 해?' 이런 이야기를 누구도 하지 않았어요. 그래서 저도, 스태프들도, 제작진도 현장에서 1박 2일 동안 오래시간 촬영하는데도 힘들지 않았던 거 같습니다.

돌아가신 김주혁 씨가 사고 난 게 언제인가요?

**지현숙**　김주혁 씨 사고는 2017년 10월 31일입니다. 2015년 말쯤에 프로그램을 그만두었고, 김주혁 씨는 '1박 2일'로 시청자들에게 친근감이 생겨서 그 뒤로 영화에 주, 조연급으로 캐스팅이 많이 됐었습니다. 2년 정도 맹렬하게 영화 활동을 했어요. 2017년 10월 31일 교통사고가 났죠. 그 당시 KBS가 파업하고 있어서 정규 촬영을 안 하고 있었는데 갑자기 사고 소식을 듣게 되었습니다.

안타까운 사고였지요. 자! 이제 일정을 소개해 줘야 하는데 '1박 2일'의 작가는 6박 7일을 어떻게 쓰는지 자세하게 설명을 좀 해주세요.

**지현숙**　스케줄을 말씀드리자면, '1박 2일'은 2주에 한 번씩 촬영하므로 2주 단위로 스케줄이 굴러갑니다. 월요일은 다음 촬영을 어떻게 할지 콘셉트 회의

를 하는데, 메인 작가와 메인 PD가 모여서 앞으로 할 것들에 대해서 러프하게
이야기를 합니다. 화요일에는 PD들과 작가들이 다 같이 모여서 다음 주에 촬
영할 콘셉트를 정하고, 구체적인 아이디어 회의를 하고나서 지역 선정까지 합
니다. 그리고 수요일에는 PD들은 편집하고 작가들은 콘셉트에 맞춰서 구체적
으로 그곳에서 갈 만한 곳이 어디 있는지, 더 찾아봐야 하는 지역이 어딘지, 맛
있는 음식이 무엇인지 이런 것들을 다 서치합니다. 목요일이 되면 작가들끼리
사전 답사를 하러 가는데, 콘셉트에 맞는 곳을 체크하기도 하고, 미처 체크하
지 못했는데 풍경 적으로 예쁜 곳을 찾아봅니다. 베이스캠프 후보지를 많게는
다섯 군데 정도 찾아서 돌아오게 되는데 돌아오자마자 그 주 방송분에 대한 시
사를 하게 되죠. 금요일에는 구체적으로 구성을 짭니다. 보통은 저녁 복불복은
게임을 하고, 점심 복불복은 미션을 주는데 그 지역이 보이고 콘셉트가 보이는
것을 중심으로 다음 날 기상 미션은 무엇을 할지를 고민하면서 구성안을 완성
합니다. 그리고 일요일은 방송 모니터를 같이하고 못다 한 회의를 마저 하기도
하고, 그다음 주 월요일이 되면 최종 답사를 한 번 더 가게 됩니다.
PD와 작가들이 다 같이 가서 우리가 짜 놓은 게임이나 미션을 그 흐름에 맞게
동선을 짜고 돌아와서 화요일에 최종 아이템을 정하고 수요일에 대본을 쓰고,
또 그 주에 방송이 나가야 하니까 PD들은 편집하고, 목요일에 최종 대본 회의
를 합니다. 그리고 저녁에 시사하고, 금요일, 토요일은 촬영하고, 일요일 하루
는 쉬고, 이런 식으로 2주 단위로 돌아갔었습니다.

공식적으로 쉬는 날은 2주에 한 번인 거네요?

**지현숙**    그랬었죠.

출장을 매번 가잖아요. 어디 가면 꼭 '1박 2일 다녀간 식당'이라고 걸려 있는데, 그중에 기억나는 집이 있나요?

**지현숙**    제일 먼저 기억에 남는 집이 무안에 '낙지호롱'을 파는 집입니다. 저희가 '게미 투어'라고 '게미'가 '씹을수록 고소한 맛'이라는 전라도 방언인데 전라도 지역의 맛집들을 찾아다니면서 여행을 한 적이 있었어요. 그중에 한 군데가 무안의 낙지집이었고, 그 집에서 낙지호롱을 먹었었는데 너무 맛있었어요. 낙지호롱이 낙지를 말아서 참기름을 둘러서 먹는 건데 별것도 아닌 그게 너무 맛있었던 기억이 납니다. 그리고 '국수 투어'를 한 적도 있었는데, 온면 팀, 냉면 팀, 두 팀으로 나눠서 여행을 다녔었어요. 저는 온면 팀 팔로우를 했고 강원도 쪽으로 다녔는데 '콧등치기'라고 정선 아리랑 시장 안에 있는 국수집이었는데 멤버들이 알아서 찾아간 그곳이 유명한 맛집이었습니다. 또 보통 닭갈비는 바삭 볶은 닭갈비였는데 태백의 '물 닭갈비'는 국물이 있는 닭갈비였어요. 마지막으로 목포에 유명한 '홍어애탕', '홍어 삼합집'도 기억이 납니다.

지현숙 작가는 홍어애탕을 먹나요? 맛있어요?

**지현숙**    저는 전라도 출신이잖아요. 홍어는 삼합으로 먹어도 맛있고, 탕으로 먹어도 맛있는데 굉장히 비싼 음식이라 자주 먹지 못했습니다.

'1박 2일' 작가로 여기저기 전국을 많이 다니셨을 텐데 '1박 2일' 지현숙 작가가 뽑은 전국 맛집 베스트 10은 어디인가요?

**지현숙**　무순위로 생각나는 대로 말씀드려볼게요.


\# 1박 2일 맛집 베스트 7


### 전라남도 무안 <구로횟집> – 남도의 맛이라는 뜻의 '게미 투어' 편

– 낙지호롱과 낙지물회 추천
– 참기름으로만 맛을 낸 낙지호롱과 주인의 비법 소스가 들어간 물회


### 전라남도 보성 <잉꼬식당> – 2번 국도 '세끼 여행' 편

– 키조개 삼합(키조개 차돌박이 낙지를 구워서 쌈을 싸 먹을 수도 있고 육수를 부어서 찜처럼 먹을 수도 있다.)


### 강원도 정선 <회동집>

– 강원도 국수 로드 여행 때 멤버들이 직접 찾아간 집
– 정선 아리랑 시장에 위치
– 된장 베이스의 콧등치기 국수와 모둠전이 유명하다.
– 모둠전에 나오는 팥이 들어간 수수부꾸미가 별미

## 전라남도 전주 <진미집>

- 콩물에 메밀면과 콩가루가 같이 나오는 콩국수
- 현지 출신 데프콘 추천으로 감
- 양도 많고 당연히 맛있고 음식도 엄청 빨리 나옴.

## 전라남도 목포 <장터식당>

- 게살 비빔밥, 양념게장 살만 발라서 나오면 밥에 비벼 먹는다.
- 양념이 빨간 데도 짜지 않은 게 신기함.

## 충청남도 공주 <엔학고레>

- 삼겹살과 들깨 칼국수
- 특별히 맛집이라기보다 경치 맛집
- 앞에 펼쳐진 저수지와 특히 가을에 단풍 경치가 예술

## 인천시 강화도 <충남 서산집>

- 역사 여행을 가려고 답사만 2번 가고 여러 가지 사정상 촬영이 불발됐던 곳
- 시원하고 적당히 짜고 적당히 단 꽃게탕(마지막에 라면 사리를 넣어서 꼭 꽃게 라면을 먹어야 함.)

아~ 저도 꼭 한 번씩 가보고 싶네요. 지현숙 작가는 앞으로 예능 작가로 얼마나 더 일하고 싶나요? 신여진 작가는 앞으로 5년을 더 한다고 했는

데 지현숙 작가는 몇 년을 더 일하고 싶은지 궁금합니다.

**지현숙**　저는 저를 진심으로 필요로 하는 곳이 있으면 또 저를 필요로 할 때까지는 일하고 싶습니다.

그러니까 정해놓은 것은 없고, 뭔가 할 수 있을 때까지 건강이 허락하는 한 계속 일을 하겠다는 거죠?

**지현숙**　맞습니다. 그렇지만 뭔가 이 직업의 장점을 이용한 사업이나, 다른 쪽 일을 해봐야 하지 않나 이런 생각도 합니다. 후배를 양성한다거나, 기획을 전문으로 하는 경쟁력을 갖춘다거나 하는 생각을 하고 있습니다.

모든 가능성을 생각하고 있네요.

**지현숙**　그렇죠, 저는 이 직업이 '천직'이라고 생각합니다.

그럼 그게 제작사일 수도 있나요?

**지현숙**　그렇죠. 모바일이나 웹 예능 상관없이 특화된 콘텐츠를 개발해서 좀 더 심플한 장비로 그런 것들에 대한 아이디어를 생각해서 제작사 같은 것을 해 볼 수도 있습니다.

제가 보기에는 충분히 할 수 있을 거 같은데요. 다시 나중에 20대가 된다면 예능 작가를 하실 건가요?

**지현숙**　20대로 돌아간다면 그때는 열심히 공부해서 PD로 시작하고 싶습니다. 작가보다 열심히 공부해서 방송사에 PD로 '공채 입사'를 하고 싶어요.

아주 현실적인 생각이네요. 긴 시간 감사합니다. 지현숙 작가는 오래오래 후배들을 위해서라도 예능 작가로 활발한 활동을 기대 하겠습니다.

#예능작가

'아~ 재미없어. 뭐 다른 직업 없을까?'

이런 생각을 해본 적이 한 번도 없어요.

재미있는 프로그램을 할 때도 있지만

일 자체가 싫었던 적은 없었어요.

# 지현숙 작가 〈KBS 1박 2일〉

# 지금 만나러 갑니다

초여름 햇살이 찬란한 망리단길

망원시장 근처의 사무실 '디턴'에서 만난 박원우 작가는

이제 흰머리도 제법 보이는 중년이지만

여전히 소년의 감성과 소녀의 감성을 한 몸에 지니고 있다.

예전 그대로의 모습이다.

세계 30개국 이상에 포맷을 수출한

MBC '복면가왕'의 원작자이자

예능 작가가 안 되었다면 '가왕'을 꿈꾸었을지도 모를

박원우 작가


그의 인생의 복면 속엔 또 어떤 꿈이 가려져 있을지

지금 만나러 갑니다.

# # 박원우 작가

**대표 프로그램 : MBC 복면가왕**

| | |
|---|---|
| MBC | 길거리 특강 |
| | 74434 위대한 유산 |
| | 복면가왕 |
| KBS | 스펀지 |
| | 배틀트립 |
| | 투페이스 |
| KBS joy | 나는 차였어 |
| tvN | 탑기어 |
| | 300 |
| MBN | 로또 싱어 |

미 NBCU 공동 포맷 개발
태국 ZENSE PRODUCTION 공공 포맷 개발


**수상**

2016년 대한민국 콘텐츠 대상 문화체육부 장관상
2015년 한국방송작가협회 예능작가상
2015년 MBC 방송연예대상 작가상

박원우 작가님 반갑습니다.

오랜 후배지만 인터뷰 자리니까 존칭을 쓰도록 하겠습니다.

조금 어색하긴 하네요.

자, 본인 소개를 해 주세요.

# 박원우 작가

김진태

**박원우**  크리에이티브 메이트 '디턴' 대표 박원우 작가입니다. 존칭 쓰니까 어색하네요. (웃음) 사무실까지 찾아와 주셔서 감사합니다.

타이틀이 무척 길어요. 무슨 뜻인가요? '크리에이티브 메이트'란 창의적인 집단 같은데~ 그럼 '디턴'은 무슨 뜻인가요?

**박원우**    '디턴'이라는 회사 이름은 IP(지식재산권) 권리를 턴(가져오겠다), '디턴'이 그 일을 하겠다는 제 소신으로 이름을 '디턴'이라고 정했습니다.

'디턴'이라는 회사를 만든 가장 큰 이유는 'IP'(intellectual property 발명·상표·디자인 등의 산업재산권과 문학·음악·미술 작품 등에 관한 저작권의 총칭)때문이라고 했죠?

**박원우**    네. 맞습니다. 언제까지 우리가 '갑과 을의 관계로 살아야 하나.' 하는 생각이 들었습니다.

그렇다면 여기서 누가 갑이고 누가 을인가요?

**박원우**    방송사가 갑이고 우리는 항상 을이죠.

갑이 콘텐츠를 만드는 사람이 되어야 한다는 말인가요?

**박원우**    그렇죠! 콘텐츠를 가진 사람이 갑이어야 하는 거죠. 방송사에서 저희 작가들에게 '콘텐츠 가지고 우리 방송국에서 제작합시다.' 라고 해야 해요. 드라마 작가들은 현재 그러한 시스템이 되어있지만, 예능 작가들은 그러한 시스템이 되어 있지 않습니다.

이 모든 시작이 결국 예능 작가의 저작권 때문이군요?

**박원우**　네. 작사가나 작곡가들은 자신들이 만든 작사나 작곡이 자신들의 이름으로 남아 있는데 예능 작가들은 그렇지 않습니다. 선배님께서도 '우정의 무대', '청춘 신고합니다' 같은 많은 예능 프로그램을 하셨잖아요. 그런데 그 프로그램들이 선배님 이름이 아닌 방송사(KBS, MBC)의 이름으로 남아 있습니다. 저는 이러한 현실이 싫었습니다.

현재 예능 작가에게는 저작권이라는 것이 전혀 없나요? 저작권료라고 해서 지급되고 있는 것은 무엇인가요?

**박원우**　99.9%로 없다고 보시는 게 맞습니다. 예능 작가들에게 판권료는 없습니다. 저작권료라고 해서 지급되고 있긴 하지만 이것은 재방송과 해외 판매가 되었을 때 받는 것입니다. 작가가 직접 자신이 만든 콘텐츠를 사고팔 수 없으니까요. 제가 만든 프로그램을 특정 방송사에 방영하고 싶지 않다거나, 방영을 원한다거나 해도 그것을 주장할 수가 없습니다. 그것은 제가 만든 프로그램의 권리가 모두 방송사에 있기 때문이죠.

드라마 작가들도 예능 작가들과 같은 권리를 가지고 있나요?

**박원우**　아닙니다. 드라마는 예능 작가들과는 다르게 권리를 주장하고 그것에 대한 계약 사항에 사인을 직접 합니다. 그리고 방송사가 타 방송사에서 방영하고 싶으면 드라마 작가에게 동의를 구해야 합니다.

그러면 '복면가왕' 프로그램을 기획한 박원우 작가에게 질문하겠습니다. '복면가왕'이 국내와 해외에서 큰 인기를 얻었고 해외 판권도 팔렸는데 그것을 기획한 박원우 작가에게는 원고료 외에 다른 수익이 있었나요?

**박원우**　없습니다.

해외에 판매가 되었다고 들었는데 원고료 외에 판매 수익에 대한 어떠한 배분도 없었나요? 정확히 복면가왕이 몇 개국에나 판매되었나요?

**박원우**　제가 알기로는 현재 30여 개국에 판매되었고, 계속 관심을 보이는 나라들이 있다고 들었습니다.

그렇다면 프로그램에 대한 판권을 모두 MBC가 가지고 있다는 말인가요?

**박원우**　30여 개국에 대한 권리는 모두 MBC가 가지고 있는 게 맞습니다.

그렇다면 MBC에서는 어마어마한 수익 창출을 하고 있겠군요?

**박원우**　저는 그것에 대해서도 모릅니다. 어떻게 사업을 하고 있고 얼마나 수익이 발생하였는지 저는 알 수가 없습니다.

'복면가왕'이 계기가 돼서 판권에 대한 문제가 현실로 다가오게 된 것인가요?

**박원우**　그렇다고 볼 수 있습니다. 그전까지만 해도 판권 문제에 대해서 크게 생각해 보지는 않았는데 '복면가왕'은 분명 제가 기획하고 만든 프로그램이지만 지금도 프로그램에 대한 원고료 외에 어떠한 권리나 수익을 요구하거나 알수도 없으니까요. 그러나 방송사는 제가 만든 방송 포맷을 가지고 세계 여러 나라에 판매하는 사업을 하고 있다는 것이 현실적으로 불공평하다는 생각이 들었습니다.

그렇다면 '복면가왕' 외에 우리나라의 예능 프로그램이 해외에 판매된 사례가 있었나요? 있었다면 어떤 프로그램들인가요?

**박원우**　의외로 많습니다. 그중에서도 Mnet '너의 목소리가 보여'와 tvN '꽃보다 할배' 등의 프로그램이 판매되었습니다.

저작권에 관한 문제점들이 있어서 칸에 가게 된 건가요? 왜 칸에 갔었는지 구체적으로 얘기해 주시죠?

**박원우**　미국 제작사, 그리고 영국 제작사와 미팅을 하기 위해 갔습니다. 그들은 이미 '복면가왕'이 미국에서 큰 인기를 얻고 있는 것을 알았고 세계 여러 나라에 판권이 팔린 것도 알고 있었습니다. 처음엔 MBC 방송사와 접촉하려고도 했었는데, '복면가왕'이 한국의 박원우 작가가 기획한 프로그램이라는 것을 알고, 저에게 만나자고 연락을 했습니다. 기회가 돼서 미팅하게 되었고 제가 준비해 간 기획안 중에 원하는 콘셉트의 기획안을 보여주었습니다. 미국은 '복면가왕'의 인기로 오디션 프로그램의 기획안에 관심을 보였어요. 전 세계를 대상으로 하는 오디션 프로그램 기획안을 준비해 갔기에 성공적인 미팅을 하고 함께 프로그램하기로 하여 준비 중입니다. 영국 제작사는 미국에서 방영하고 있는 '복면가왕'의 인기 탓에 미국판 '복면가왕' 프로그램에 관한 질문이 많았습니다. 새로운 프로그램을 함께하자고 제안한 제작사만 다섯 곳이었죠. 제가 준비해 간 기획안 두 개를 미국팀 두 곳과 하기로 하고 계약을 위해 미팅 날짜를 조율하고 있습니다.

혼자서 간 칸의 성과가 꽤 있었네요?

**박원우**　그렇죠. 큰 성과가 있었습니다.

그렇다면 이제 미국과 계약을 하게 될 텐데 박원우 작가가 원하는 조건은 어떤 것인가요?

**박원우**　특별한 조건이 있는 건 아닙니다. 미국 측에서 보내온 계약서의 내용을 보면 1. 프로그램에 대한 정확한 권리가 있고 수익에 배분이 있으며 2. 프로그램이 방영될 때마다 사용료가 입금되고 3. 해외 및 기타 지역에 판매되었을 경우 판매금액과 포맷 판매금액의 수익이 정확하게 계산되어 지급됩니다. 우리나라는 재방송이 나가도 수익이 발생해서 얼마가 입금되는지, 어떻게 진행이 되는지조차 정확히 알 수 없는데 미국의 경우와 해외의 경우에는 판매금액 수치와 내용이 계약서에 정확하게 기재되어 있습니다.

이번에 미국팀과 계약을 하게 되고 두 개의 기획이 프로그램으로 런칭되면 그것에 대한 수익도 많겠네요?

**박원우**　그렇진 않습니다. 한국에서 받는 수입과 거의 비슷할 거 같습니다.

그렇지만 박원우 작가가 이번에 미국과 계약하는 조건은 IP와 포맷에 대하여 권리를 갖게 되고 거기에 대한 수익금도 계속 받게 되는 것이니, 훨씬 더 많은 수입이 생기게 되는 거 아닙니까?

**박원우**　그러고 보니 한국에서의 수입과는 다르겠네요. 외국은 프로그램의 저작권에 대한 권리와 판매 수익금을 원작자가 받기 때문에 그것으로 계속 수입이 생겨요. 우리나라는 아직도 그런 권리도 수익금 분배도 없어서 작가들의 수입이 그렇게 많지 않습니다. 오히려 방송사에 수입이 많이 발생하게 되죠.

그럼 이제 복면가왕 탄생에 대하여 이야기해 볼까요? 어떻게 기획을 하게 되었나요?

**박원우**　제가 문제가 많았던 '슈퍼스타K'를 했었습니다. 프로그램을 하면서 개인적으로 답답한 일들이 많았어요. 노래를 잘하는 아이들이 있지만, 상업적으로 상품성이 있어야 하기에 노래보다도 우선시 되는 것이 비주얼이었습니다. 당시 실력자인 아이들이 불합격되는 것을 보는 것이 너무 힘들었는데 그러던 어느 날, 그날도 경희대 새천년 홀에서 프로그램 리허설을 마치고 잠시 머리도 식힐 겸 주차된 차에서 눈을 감고 있다가 이런 생각이 들었습니다. '차라리 이럴 거면 얼굴에 가면 같은 거라도 씌워서 진행하지, 아이들 얼굴을 다 공개해서 외모를 보게 하고 그럴까.' 하면서 혼자 많은 생각을 했습니다. 실제로 어떤 일이 있었냐면 '슈퍼스타K'에서 스포일러가 나가면 안 된다고 해서 1주일 동안 오디션 탈락자들을 오피스텔에 살게 한 적이 있었습니다. 통신장비도 압수하고 가족들에게만 잘 있다는 소식을 전하게 하면서 말이죠.

실제로 이러한 방법을 사용해서 스포일러가 방지되던가요? 가족들이나 친구들이 '슈퍼스타K' 출연한다는 것을 알고 있을 텐데, 1주일 동안 소식이 없으면 궁금하고 또 연락이 안 되면 혹시나 잘 못 됐나 싶어서 신고를 할 수도 있는 문제 같은데요?

**박원우**　프로그램이 TOP 10이 선발되기 전까지는 녹화이기 때문에 오디션 출연자 매니저들의 연락처를 가족들에게 모두 알려준 상태여서 크게 문제가 되지는 않습니다. 또 생방송이 방영되기 전까지 한 2달 정도 모두 합숙을 하게 된다는 것을 이미 가족들에게 공지한 상태였거든요.

**합숙 기간에 격리하는 것이군요.**

**박원우**  그렇습니다. 탈락한 참가자들이 생방송이 방영되기 전에 합숙소에서 나가게 되면 가족들이나 친구들도 탈락한 사실을 알게 되고 계속 이것이 소문이 나게 되는 게 방송사는 싫었던 겁니다. 이런 내용이 프로그램을 진행하면서 쌓여 오니까 스트레스를 너무 받게 되었습니다.

**그렇다면 사건 사고가 잦았던 '슈퍼스타K'가 어떻게 보면 '복면가왕'을 기획하는데 원천이 된 프로그램이 되었네요?**

**박원우**  어쩌다 보니 그렇다고 볼 수 있겠네요.

**'복면가왕'을 기획하면서 '되겠다. 아! 이건 대박 나겠다.' 이런 생각을 했나요?**

**박원우**  스스로 히트 예감은 했지만 각 방송사에서는 '이런 프로그램은 시청자들이 좋아하지 않는다. 무슨 복면을 쓰고 노래를 해. 가리고 한다는 자체가 유치하고 싫다.' 라며 기획안을 제대로 보려고 하지도 않았습니다.

**왜 그랬을까요? 당시 오디션 프로그램이 많아서 시청자들이 지쳐 있을**

때라 기획이 신선하다고 생각할 수 있는데 말이죠.

**박원우**    가면을 쓴 자체가 이해가 안 되고, 너무 유치하다고 생각했습니다. 방송사를 다니며 PD들에게 기획안을 보여주고 설명을 하기도 하고, 이런 기획이 있다고 해도 귀 기울여 듣지도 않았습니다. 그러다가 KBS에 5개 정도 준비한 기획안을 들고 모 PD를 만나서 보여주면서 얘기하는데 그중에 '복면가왕'을 딱 집더니 '이거 좋다. 해보자.'라고 하더라고요.

그런데 왜 KBS에서는 프로그램이 런칭되지 않았죠?

**박원우**    그러고 나서 며칠 후에 제가 모 PD에게 기획안이 어떻게 됐냐 라고 문자를 보냈는데 답이 없었어요. KBS 예능국 국장이 제 기획안을 보더니 "가수가 가면을 쓰고 노래를 하겠어? 그게 말이 된다고 생각해?" 했다는 거예요. 그래서 기획안은 프로그램으로 런칭되지 못했습니다.

'복면가왕'이 KBS에서 했을 수도 있었겠네요. 만약에 '복면가왕'이 KBS에서 방영이 됐어도 지금의 MBC에서처럼 인기 있는 프로그램이 됐을까요?

**박원우**    당시 모 PD가 이런 말을 했었습니다. "전국노래자랑 밴드도 잘합니다. 노래방 기계 놓고 하면 안 돼요?" 하시더라고요. 그래서 제가 "노래방 기계는 안됩니다. 라이브로 하셔야 하고 하우스 밴드 있어야 합니다."라고 했습니다.

그럼 KBS에서 방영했다면 지금과 같은 인기 프로그램은 되지 않았을 거란 말이죠?

**박원우**　아, 비슷하긴 했을 테지만 세트나 조명, 음향 등 세련미는 분명 MBC가 훨씬 더 좋았을 것입니다.

그래서 '복면가왕' 프로그램 기획안이 KBS 모 PD한테서 MBC PD에게 간 건가요?

**박원우**　기획안을 보내놓고 2주 정도 지난 후에 문자를 보내서 어떻게 됐냐고 물었더니, KBS PD는 위에서 못하게 한다고 했고, 제가 답장을 "저 그럼 다른 방송사에 낼게요." 했습니다. 그러고 나서 고민하고 있었는데 그다음 날 붐 씨에게 전화가 왔어요. 당시 붐 씨가 불미스러운 사건으로 한동안 방송을 쉬고 있었는데 "형, 나 이제 방송 복귀하려고 하는데 혹시 프로그램 기획한 거 있어?" 하면서 "MBC 민철규 PD가 프로그램 기획안을 찾고 있어."라고 했어요. 붐 씨에게 전화를 받고 제가 서류 봉투에 기획안 세 개 넣어서 별 기대도 없이 주었습니다. 다음날 프로그램을 하겠다며 붐 씨를 통해서 답신을 보내왔어요. 나중에 들어보니 MBC에서도 회의 당시 10명 중 2명만 'OK' 하고 나머지 8명은 '무슨, 이런 프로그램이 있냐.'며 하기 싫다고 했답니다. 그러다가 결국 설 특집 파일럿 프로그램으로 방영이 되었습니다.

**당시 시청률이 어느 정도였나요?**

**박원우**　그 당시 시청률 16%가 나왔습니다. 설 특집 프로그램으로 시청률이 1등이었죠. 그렇게 첫 방송을 시작해서 올해 7년이 됐습니다.

**현재 시청률이 어느 정도 나오나요?**

**박원우**　지금은 시청률 10.5%입니다.

**파일럿 프로그램 하면서 출연자 섭외는 잘 됐나요?**

**박원우**　당시 케이윌, 홍진영, EXID 솔지 씨를 섭외했는데 잘 안 돼서 힘들었던 기억이 납니다.

**'복면가왕'을 하면서 섭외 에피소드가 있을까요?**

**박원우**　'She`s Gone'을 부른 가수 밀젠코(Miljenko Matijevic)가 왔었는데, 노래는 아는데 그 사람이 누군지 제작진도 다 몰랐었습니다. 밀젠코가 임재범 씨 '고해'와 이승철 씨 노래를 했는데, 완벽하게 노래를 하려고 본인이 직접 LA에서 한국 교포분까지 섭외해서 연습했었어요. 그래서 기억에 남습니다.

**어떻게 밀젠코를 섭외하게 되었나요?**

**박원우**　예능 작가 중에 저와 친분이 있는 작가가 'She`s Gone'을 노래했던 밀젠코 어떠냐고 했고, 좋은 거 같아서 담당 PD에게 섭외하자고 의논했는데 결정을 안 해주더라고요. 노래는 아는데 가수에 관해서는 관심은 없다면서 모두 반대했고, 2주 동안 설득해서 오케이 받았습니다.

녹화 시간이 꽤 길다고 들었는데 '복면가왕' 녹화 과정을 얘기해 주세요.

**박원우**　우선 출연자 세팅을 먼저 합니다. '복면가왕'이 방송되기까지 2주 정도 기간을 두고 녹화가 진행되기 때문에 녹화 섭외는 몇 달 전부터 시작하고, 그사이에 노래에 자신 없는 출연자들은 보컬 트레이닝 받게 하고, 받는 곡 중에 선곡해주고, 가면도 아이디어 회의해서 미리 만들어 놓고 매칭시켜 놓습니다.

녹화 시간이 10시간이라고 들었는데요, 녹화를 이렇게 오랜 시간 해야 하는 이유가 있습니까?

**박원우**　프로그램이 토너먼트라 절대 시간이 있기 때문입니다. 아무리 못 해도 회당 15곡, 16곡 부르게 되고, 실제로는 가수 한 명당 연습실에서 24곡을 연습하게 되기 때문에 연습하는 시간만도 아침 10시에 시작하면 밤 10시에 끝이 나거든요. 실제 녹화는 가수 한 명당 30분에서 1시간만 잡아도 시간이 오래 걸리게 됩니다.

녹화를 2회분을 하기 때문이기도 하죠? 왜 그렇게 많은 시간이 걸리는데 2회분을 같이 녹화하나요?

**박원우**　네. 2회분 녹화를 같이하는 이유는 제작비 때문이고 그다음은 출연 가수들 스케줄이 잘 맞지 않아서입니다.

MC는 김성주 씨죠?

**박원우**　네. 김성주 씨에 김구라, 김현철, 유영석, 윤상, 신봉선, 카이, 이윤석 씨는 패널이고 다른 분들은 게스트입니다.

출연자 선정 기준은 따로 있나요? 마스크를 벗었을 때 시청자들이 깜짝 놀라야 프로그램이 시청률도 나오고 흥미진진해지는 건 아닌가요?

**박원우**　물론 그런 것이 제일 크죠. 그런데 시청자들은 노래만 들었을 때도 이미 어떤 가수인지, 연예인인지도 알고 있으면서 출연자들이 그걸 속이기 위해 궁금증이나 호기심을 유발하려고 노력하는 모습도 재미있다고 하세요.

섭외는 어떻게 하나요? 혹시 먼저 가수가 전화해서 출연하겠다고 하는 경우도 있나요?

**박원우**　영화 '데드풀'의 배우인 라이언 레이놀즈(Ryan Reynolds) 홍보사에서 출연하고 싶다고 먼저 전화가 왔었습니다. 날짜를 잡고 통보하자 바로 한국에 왔는데, 라이언 레이놀즈는 시간이 없어서 비행기 타고 와서 노래하고 인터뷰하고는 바로 본국으로 돌아갔어요. 요즘은 가수들이 복귀하고 싶을 때나 컴백하고 싶을 때 저희 프로그램에 출연하고 싶다고 먼저 연락을 해 오기도 합니다.

그렇군요. '복면가왕'은 모두 몇 명의 작가들이 프로그램을 만드나요? 작가마다 따로 역할이 있지요?

**박원우**　저를 포함해서 모두 10명의 작가가 함께 프로그램을 만들고 있는데, 1회 녹화 시 출연자 8명이 녹화를 하므로 출연자 한 사람당 두 명의 담당 작가가 있습니다. 그 외 나머지 작가들은 담당 작가를 서포트해 줍니다.

프로그램 녹화 시 제일 중요한 것이 보안 아닌가요? 보안을 어떻게 유지하나요?

**박원우**　서로 조심하는 게 보안의 최우선인데, 현장에서는 화장실 갈 때도 보디가드가 따라다닙니다. 가면이 도착했다는 연락이 오면 출연자와 함께 내려가서 가면을 씌워서 방까지 안내해주고 복면을 쓰고 접촉이 불가능하게 동선을 만들어 놨습니다.

녹화를 하고 난 후 편집되는 경우는 없나요? 실망스러운 수준이어서 도

저히 방송에 내보내지 못한 경우가 있습니까?

**박원우**　　그런 경우는 단 한 번도 없었어요. 출연자들은 이미 사전에 검증이 되어 있고 또 노래를 못해도 되기 때문에 실망이 없습니다.

노래를 못 해도 된다는 말이네요?

**박원우**　　네. 노래를 못 해도 본인의 목소리를 맞추냐 못 맞추냐에 대한 문제이기 때문에 굳이 노래를 잘해야만 하는 이유는 없습니다.

그렇군요. 가요 콘테스트가 아니니까 굳이 노래를 잘 하지 않아도 출연할 수 있겠군요. '복면가왕'의 출연자 섭외 시 포인트가 되겠네요. 박원우 작가는 특히 가요 프로그램을 많이 기획한 거로 알고 있는데 혹시 무슨 이유가 있나요?

**박원우**　　별다른 이유가 있어서는 아닌데, 제가 음악을 좋아하기도 하고 서울예대 '예음회' 출신이기도 합니다. 또 밴드 활동도 했었고 가수의 꿈이 계속 남아있었던 것 같습니다. 실제로 '강변가요제'에 출전했다가 예선에서 탈락도 했었는데 그때부터 가수에 대한 로망이 있었어요. 예능 작가를 하게 되면서 음악 프로그램으로 만들게 되었습니다.

박원우 작가는 기획할 때 어떤 걸 가장 중요하게 생각하나요?

**박원우**　'이 세상에 없는 거'입니다.

'이 세상에 없는 거'가 기획의 우선이라는 말인가요? '뭐가 재미있냐'가 아니라 '뭐가 없냐' 이런 생각으로 접근한다, 기획은 이렇게 접근해야 한다는 거죠? 기획은 그래야 한다는 것이 박원우 작가가 기획할 때 가장 중요하다고 생각하는 것이군요.

**박원우**　네, 맞습니다. 제가 제일 싫어하는 게 똑같은 것입니다.

좋은 말이네요. '뭐가 재미있냐'가 아니라 '뭐가 없냐'로 접근한다는 것!

**박원우**　네. 세상에 없는 것이라면 그게 없는 이유가 있을 것이고 그것은 여러 가지가 있을 수 있습니다.

박원우 작가의 앞으로 목표는 무엇입니까? 구체적인 목표를 말씀해 주세요.

**박원우**　지금 하는 미국 쪽 프로그램들을 더 다지고 더 잘하는 겁니다. 그것이 결과적으로 미국에서, 제 이름이 박힌 프로그램이 방영되는 것이 제 구체적인 목표입니다.

미국에서 프로그램에 소개될 땐 어떻게 소개되나요?

**박원우**　총괄 프로듀서(Executive Producer)입니다.

현재 미국 NBC 유니버설에서 진행되고 있는 프로그램이 있지요?

**박원우**　네. 두 개 정도 논의 중이고요. 제목은 '버터플라이'와 '마이 랭킹'입니다.

개인적으로 즐겨 보는 프로그램이 있습니까?

**박원우**　'맛있는 녀석들'입니다. 후배인 백성운 작가가 하는 프로그램인데 즐겨 봅니다.

왜 즐겨 보나요? 특별한 이유가 있나요? 다른 먹방 프로그램도 많은데 말입니다.

**박원우**　특별한 이유가 있는 건 아니고, 제가 먹는 것에 관심이 많고 출연자들이 그냥 맛있게 먹는 모습이 참 좋았습니다.

단순한 구성인데 참 편안하다고 느꼈나 봅니다.

**박원우**　맞습니다. 그 프로그램이 다른 먹방 프로그램과 다른 이유가 바로 그런 '편안함'인 거 같습니다. 출연자들도 먹으면서 별로 심각하게 생각하지 않고, 저도 프로그램을 편안하게 보다가도 '저거 먹어보고 싶다, 궁금하다' 라는 생각이 들게 하거든요.

구성이 복잡하면 직업적인 것 때문에 직업으로 따라가는데 포맷이 단순해서 몰입된다고 보면 되겠군요. 개인적으로 좋아하는 예능인은 누구입니까?

**박원우**　'붐'입니다. 붐 씨와 제일 친합니다.

예능 작가란? 무엇이라고 생각하시나요?

**박원우**　'예능 작가는 멀티다.', 멀티여야 하는 거 같습니다. 장르도 유행을 만드는 직업 중의 하나인 거 같고요. 또 한 가지, '예능 작가는 편의점 같다.'

그렇네요. 이것저것 다 있고 24시간 문이 열려있는 편의점, '예능 작가는 편의점 같다.' 지금까지 한 말 중에 제일 좋습니다. 다시 태어나도 예능 작가를 하실 건가요?

**박원우**　아니요. 다시 태어나면 예능 작가는 안 하고 싶습니다. 일 안 하고 싶어요. '나는 자연인이다' 처럼 살고 싶어요.

수고하셨습니다. 꼭 자연인처럼도 살아보길요.

'이 세상에서 무엇이 재미있지?'

이것보다는

'이 세상에 무엇이 없지?'

이게 프로그램 기획의 시작'이에요.

#박원우 작가 〈MBC 복면가왕〉

# 지금 만나러 갑니다

뱃사람들은 바닷길을 외울 때

앞이 아니라 지나온 뒤의 풍경을 기억한다고 해요.

사나운 예능의 바다에서 아이디어의 파도와 싸우며 때로는 순풍의 태양도

즐기며 지나온 뒤의 풍경도 아름답게 기억할 수 있는 관록의 예능 작가.

시청률의 최전선인 주말 프라임 타임을 종횡무진 누비었지만 언제나 항구에서

여전히 출항을 준비하고 있는 예능 작가의 황금 손 유성찬 작가.


다시 태어나면 슈퍼맨이나 슈퍼스타로 태어나고 싶다는,

하지만 이미 예능계의 슈퍼맨이며 슈퍼스타인 것을 망토 속에

꼭꼭 숨기고 사는 진정한 슈퍼맨, 유성찬 작가를

지금 만나러 갑니다.

# # 유성찬 작가

**대표 프로그램 : jtbc 히든 싱어**

KBS    영 스튜디오
유머 1 번지
쇼 비디오쟈키
젊음의 행진
슈퍼TV 일요일은 즐거워

SBS    좋은 친구들
기분 좋은 날
기쁜 우리 토요일
웃으며 삽시다
코미디 전망대

JTBC    히든 싱어


**수상**

1987년 KBS 연예대상 방송작가상

유성찬 선배님 반갑습니다.

시간 내주셔서 감사합니다.

선배님께서는 처음 프로그램 시작을 어떻게 하셨는지요?

# 유성찬 작가

김진태

**유성찬**　　고등학교 때부터 노래를 부르고 방송 출연을 하는 활동을 했었어요. 지금 한국 방송작가협회 이사장으로 계신 임기홍 형을 그때 처음 알게 되었고, 대학 가서 취미 생활로 개그맨들의 개그 원고를 써 주거나 그 당시 유명했던 개그맨들의 개그 코너들을 써주는 아르바이트로 시작을 했지요.

그게 몇 년도쯤일까요?

**유성찬**    1984년도 대학 시절이었어요. 김 작가도 잘 알겠지만, 우리 때는 돈이 없는 그런 시대라 대학을 다니다가도 휴학하고 다시 돈 벌면 복학하고 그런 생활을 많이 했잖아요. 저 역시도 그런 생활을 하다가 임기홍 형을 만났고 형이 "너 개그 원고 써보지 않을래?" 해서 1985년 정식으로 개그 원고를 쓰기 시작했어요.

대학 때 방송작가 데뷔를 하신 거네요. 방송사는 어디였나요?

**유성찬**    KBS의 '영 스튜디오'라고 매주 한 학교를 정해서 토크도 하고 노래도 하고 또 학교 소개도 하는 프로그램이었는데, 그때 스튜디오에서 학생들이 10분짜리 코미디 콩트 하는 것이 있었어요. 그걸 맡아서 하면서 방송작가 생활을 했습니다. 그런데 일이 굉장히 힘들었어요, 매주 원고를 써야 했고 또 학생들을 가르쳐야 했으니까요.

학생들을 가르친다는 것은 연기 지도를 말씀하시는 거죠?

**유성찬**    원고를 써서 학교에 가서 학생들에게 콩트 가르치고, 연기 가르치는 일이었어요. 그 당시에 젊은 PD들이 '유머 1번지'라는 프로그램으로 가면서 저에게 같이 해보자고 했고, 그때부터 '유머 1번지', '쇼 비디오자키' 그리고 '젊음의 행진' 등 여러 프로그램을 하게 됐어요. '유머 1번지'나 '쇼 비디오

자키' 등은 직접 대본을 써야 했고 특히 '젊음의 행진' 같은 경우는 개그맨들이 개그를 하는 코너가 있어서 가수들과 콩트도 했어요.

그러니까 '영 스튜디오'로 시작하신 건가요?

**유성찬**　　그렇지요. 정식으로는 1985년도에 학생 프로그램인 KBS '영 스튜디오'로 시작을 했지요.

1986년 '유머 1번지' 그 이후에는 계속 KBS에서 작가 활동을 하셨던 건가요?

**유성찬**　　KBS가 프로그램도 많았고, 코미디를 쓸 수 있는 작가들도 많이 없었습니다. '방송작가'라는 직업이 서로 알음알음으로 소개해서 원고를 쓰던 시기였으니까요. 저는 다른 방송국보다 KBS에서 작품활동을 많이 했어요. 지금도 가지고 있는 버릇 중 하나가 새벽 4~5시에 잠을 자는 건데 그 버릇이 KBS에서 일하던 때 생긴 거 같아요. '유머 1번지', '쇼 비디오자키', '젊음의 행진', '가족 오락관' 이런 프로그램들은 전부 다 원고를 써야 했는데, 밤새도록 원고를 써야하니까 잘 시간이 없고 그런 작업을 오랫동안 하다보니까 어쩔 수 없이 올빼미가 된 거 같아요. 더군다나 나는 정식으로 과정을 밟지 않아서 단어 하나, 문장 하나 만드는 데 시간도 오래 걸렸어요. 공개 코미디 프로그램에서 개그맨들 원고 써줄 때는 말의 어순, 어미, 문장력 이런 것들이 필요가 없었는데, 비공개 코미디프로그램인 '유머 1번지'에 들어오면서부터 스트레스를 많이 받았어요. 심지어 공부를 해서 '서울예대 문창과를 다시 갈까.' 이런 생각도 했거든요.

당시 '유머 1번지' 작가에는 어떤 분들이 계셨나요?

**유성찬** 저, 최성호, 장덕균 이렇게 셋이서 두 코너씩 했었어요.

그때 최성호 작가님이 '동작 그만' 하셨을 때죠?

**유성찬** 그렇죠, 저는 그때 '고독한 사냥꾼'이라고 최양락 씨와 함께했었는데, 최양락 씨하고 개그 코드가 잘 맞았어요.

개그맨 중에서는 최양락 씨가 천재성이 있다고 하던데요?

**유성찬** 나는 그 친구가 천재라기보다는 자기 색깔, 캐릭터가 아주 명확한 사람이라고 생각해요. 최양락 씨 하면 이미지가 연상되는 개그맨이잖아요. 우리 시절에 개그는 거의 둘이서 했었는데 그때 남녀관계를 잘 묘사해서 맞아떨어진 것이 '고독한 사냥꾼'이었습니다. 그때는 아이디어 회의가 없이 우리끼리 회의하고 쓰고 그러던 시절이었는데 어느 날 최양락 씨가 "유성찬 작가하고는 회의를 안 했는데도 회의한 거 같은 대본이 나온다."라는 말을 한 적이 있었어요. 왜 그러냐고 물었더니 "색깔이 비슷하니까" 그러더라고요. 당시 KBS에서 코미디 프로그램을 중심에 두고, '젊음의 행진', '쇼 특급' 같은 쇼 프로그램을 사이드로 진행했었요. 배철호 PD가 후배 작가들에게 코미디를 하려면 쇼를 할 줄 알아야 한다는 말을 입버릇처럼 했었던 기억이 납니다. 그런데 나는 참 다행스러웠던 것이 코미디를 하든 버라이어티를 하든 늘 중심 선상에 '음악'을 놓았어요. 지금도 생각해 보면 '유머 1번지' 하면서 재미있었던 게 코미디 회의할 때 음악 감독이 참석했었는데, 코너마다 어떤 음악을 틀지 함께 고민했던 기억이 납니다. '유머 1번지'가 시청자들에게 사랑을 받았던 이유 중 하나가 스토리텔링에 강했고 또 하나는 코너마다 다른 '음악'이 있어서였던 것 같아요.

'유머 1번지'는 비공개 코미디였잖아요? 그런데 음악을 현장에서 틀었나요?

**유성찬**    아니요. 나중에 입히죠. 그렇지만 음악을 굉장히 중요하게 생각했어요. 음악 감독이 와서 몇 가지 노래 들어보고 결정을 했으니까요. 그래서인지 '유머 1번지'는 코미디 프로그램임에도 불구하고 중간에 울기도 하고 멜로드라마적인 성격이 강했었지요.

시기적으로 1980년대 말쯤이었겠네요?

**유성찬**    1990년대 초, 그러니까 SBS가 개국하기 전까지죠.

MBC 코미디 프로에는 직접 출연을 하시기도 하셨죠?

**유성찬**　'청춘만세' 원고 쓸 때는 개그맨들에게 개인적으로 원고를 써주고 했어요. 그 후에 '청춘만만세'가 시작되면서 제가 군대 제대하고 놀고 있으니까 MBC 심상수 PD형이 "너 와서 개그맨이나 해봐라." 해서 저하고 정재환 씨하고 개그프로그램에 출연했던 적이 있었어요.

프로그램을 하면서 임기홍 작가님과 함께하기도 하셨었죠?

**유성찬**　그렇죠. 임기홍 형이 '영 스튜디오' 메인 작가였는데 저는 세컨드 작가로 들어간 거죠. 그 시절엔 한 프로그램에 작가가 3명을 넘지 않았어요. 임기홍 형은 MBC에서 개그 원고를 써줄 때나 가끔 출연할 때도 선배로 잘 알고 있었어요. 임기홍 형 덕분에 방송에 입문하게 된 거고요.

아, 그런 인연이 있었군요. 그럼 1990년대 이후에는 SBS에서 프로그램을 하셨나요?

**유성찬**　SBS가 1991년도에 개국을 했어요. 같이 일했던 PD형들이 SBS로 다 넘어가니까 저도 가는 게 낫겠다 싶어서 SBS로 가게 된 거지요. 초장기 SBS가 개국하면서 개국 작가로 프로그램을 4~5개 했던 거 같아요.

SBS가 개국하면서 제일 처음에 만든 프로그램이 어떤 것이었나요?

**유성찬**　'웃으며 삽시다', '코미디 전망대'등 버라이어티는 다 한 거 같아요. 또 '지구촌 퀴즈'부터 시작해서 '알뜰 살림 장만 퀴즈', '빙글빙글 퀴즈', 이런 퀴즈 프로그램도 했고요. 이건 제 이야기인데 1992년, 93년 이렇게 세월이 넘어가면서 저 스스로 글발이 떨어지는 것을 느꼈어요. '야, 내가 이제 후배들을 못 이기겠구나.'라는 생각이 들었습니다. 개인적으로 콩트가 아니고는 원고에서 밀리는 거 같은 그런 느낌이었어요. 그래서 제가 도망가듯이 뭐 만들 거 없나 하면서 외부 프로그램들을 찾아보기 시작했고, 그렇게 해서 돌파구가 됐던 프로그램이 '기쁜 우리 토요일'입니다.

그 프로그램이 버라이어티의 시작이었나요?

**유성찬**    시작이었지요. 그 프로그램이 갖는 의미가 큰 것이 최초로 투톱으로 두 명이 진행하는 버라이어티 코미디 프로그램을 만들었다는 거예요. 신동엽 씨와 이영자 씨 둘이 프로그램을 맡았는데 투톱으로 프로그램을 맡긴 것이 그 시절에는 굉장히 파격적이었지요. 어쨌든 이들 둘하고 그 후임까지 해서 8년 가까이 '기쁜 우리 토요일'은 했으니까요. 전체로 따지면 한 10년은 한 것 같네요. KBS 시절부터 같이 작업한 이상훈 PD와 같이 SBS로 넘어와서 '지구촌 퀴즈'부터 '열려라! 웃음 천국', '틴틴파이브' 등 코미디가 중심축이 되었던 프로그램도 같이했고, '기쁜 우리 토요일' 프로그램도 했어요. 지나고 보면 너무나 무리하게도 많은 코너를 했어요. 그런데도 제 개인적으로 그 프로그램이 제 작가 인생에 탈출구였던 거 같아요.

듣기만 해도 작업 분량이 참 많았겠는데요. 콩트 코미디에서 버라이어티 코미디로 넘어오는 중심 역할을 하셨네요.

**유성찬**　'웃으며 삽시다', '코미디 전망대' 이런 프로그램들은 복잡한 부분들이 있어 뭔가 힘들고 그러다가 제 나름대로 최초로 투톱으로 진행하는 창조물을 만든 거라 아주 의미 있는 프로그램이었어요. 특히 '영자 버스' 같은 코너는 코미디 버라이어티 프로그램으로 버라이어티의 시대를 열었거든요, 그런 측면에서 나름대로 인생의 전환점이 되었던 프로그램이었던 거 같아요. 그때 MBC에서는 '큰집 사람들'이라고 해서 인형 옷 입고 뒤뚱뒤뚱하는 프로그램이 꽤 인기가 있었어요. 근데 우리가 4주 만에 그 프로그램 시청률을 꺾었으니까요.

MBC '큰집 사람들'도 꽤 인기가 많았는데 시청률 경쟁을 하기에 힘은 드셨겠죠?

**유성찬**　그렇지요. '큰집 사람들'이 빵 터진 다음에 우리가 후발 주자로 들어갔으니까요. 지금도 '큰집 사람들' 시청률을 꺾어서 '와!' 했었던 기억이 나네요. 그렇게 프로그램을 하다가 '기막힌 대결'이라고 개그맨들 두 팀이 말도 안 되는 게임을 하는 프로그램도 했고 재미도 봤습니다. 저는 작가로서 인생을 망친 것이 1987년도에 KBS에서 '코미디 작가상'을 받게 된 거예요. 그때 당시 KBS 선배 코미디 작가들이 있었음에도 신진 PD들이 들어와서 코미디 판을 개그맨 쪽으로 바꾸고 젊은 작가들이 중심축으로 활동을 하니까 젊은 작가에게 상을 줘야지 했는데 그게 저였던 거예요. 그렇게 덜컥 상을 받게 되니까 저

스스로 스트레스를 받았습니다. 제가 '과대포장'이 되어버린 거예요. 선배들이 있는 곳에서 후배로서 성장하면 편할 텐데 저는 데뷔하고 3년 만에 메인 작가가 되었고 제 위에 선배가 없으니까 실수를 하면 가르쳐 줄 사람이 없는 거죠. 그런 딜레마 속에서 평생을 살았어요. 그래서 도망가면서 프로그램을 했다는 표현 자체도 그런 스트레스 때문이었던 거 같습니다.

'과대포장'이란 말은 겸손 같아요. 혼자 집필하시던 때에 시작하셔서 SBS로 가셨을 때는 작가가 여럿인 시스템이었잖아요?

**유성찬**   그 시스템이 1990년대 그러니까 1994년 정도 되면서부터 자리를 잡았어요. 그 시절 나는 프로그램은 많고 이것을 같이 끌고 갈 작가가 없으니까 신인 작가를 키우면서 작업했고 그렇게 작가가 여럿이 함께 프로그램하는 시스템이 생겼지요.

장점이 훨씬 많았나요?

**유성찬**   제 개인적으로 생각하고 뭔가를 만드는 것에 내 포지션을 두는 것은 좋았어요 그러나 좀 전에 말한 '열려라! 웃음천국' 같은 코미디 프로그램에 연관이 되어버리면 여러 작가가 쓴 것을 계속 그들과 대화하면서 고치고 하니까 작업량은 많았던 거 같아요. 그러다가 버라이어티 시대로 넘어가니, 정말 편한 작업이었지요. 버라이어티를 SBS에서 만들고, 진행하면서 '야, 이렇게 일을 안 해도 먹고 사네. 이렇게 편하네.' 한편으로는 그런 생각이 들더라고요.

버라이어티 프로그램도 무척 힘든 프로그램인데 선배님이 원고 스트레스를 계속 받다가 원고 부담이 없으니까 그런 생각을 하신 거군요.

**유성찬** 그렇지요! 그게 엄청 났거든요.

원고에 대한 스트레스가 굉장히 많으셨나 봐요. 임 작가님께서도 콩트 대본에 대한 부담감이나 스트레스가 무척 심했다고 그런 말씀을 하셨었거든요

**유성찬** 심했죠. 그러다가 1990년대 말에 신동엽, 김원희 씨와 함께 '헤이헤이헤이'라는 프로그램을 했었는데 매주 코너들의 콩트 내용이 바뀌니까 일주일에 4~5번씩 모여서 회의하고 짜고 하느라 정말 고통스러웠지요. 아무리 생각해도 코미디는 어렵고 버라이어티는 코미디 대본 썼을 때보다는 편한 건 사실이었던 거 같아요.

그렇다면 코미디 대본을 썼을 때는 성취감은 더 있으셨겠네요?

**유성찬** 코미디는 내 프로그램 같고 성취감은 있지요. '기분 좋은 밤', '결혼할까요' 같은 코너는 나중에 40~50분짜리 코너였지만, 시청률이 40%가 넘었으니까요.

그러셨겠네요. 상대적으로 작가가 몇 없을 때 콩트를 쓰던 사람의 중압

감 때문에 버라이어티가 편하게 느껴졌을 수 있겠어요.

**유성찬**　임기홍 형보다 나는 시대를 정말 잘 만난 사람이었고, 기홍이 형은 더 고생하시고 우리는 기홍이 형이 있어서 편한 부분이 많았지요. 그리고 코미디를 배워서 굉장히 자부심이 있었고 그로 인해서 편하게 작가 생활을 할 수 있었던 거 같아요. 저를 작가에 입문하도록 끌어준 형이기도 하고요.

작가의 단점이랄까? 그런 건 무엇인가요?

**유성찬**　나는 늘 코미디 작가의 정년은 30대 후반이라고 생각을 했었어요. 그래서 방송작가를 시작하고 물건을 사거나 할 때 '할부'라는 것을 지금까지 단 한 번도 해본 적이 없어요.

할부를 안 한다는 건 무슨 의미인가요?

**유성찬**　작가 인생은 언제 끝날지 모르고 이것이 평생직장이 아닐 수도 있기 때문에 할부로 물건을 산다거나, 할부로 차를 산다거나 하는 것을 단 한 번도 한 적이 없어요. 늘 끊길 수 있다고 생각을 했었으니까요.

아, 프리랜서의 불안감 같은 거군요. 그런데 많이 버시기도 하셨잖아요?

**유성찬**　처음 시작할 때 '영 스튜디오' 원고료를 4만 원 정도 받았는데,

4~5만 원 받아서 1주일 내내 뛰어다니고 원고 쓰고 하다가 '유머 1번지' 작가
가 되서 통장을 보니까 30만 원을 입금해 준 거예요. '야, 이게 꿈인가 생시인
가?' 했습니다.

'유머 1번지'는 80년대 말이었나요?

**유성찬**　80년대 중, 후반이었지요. 너무 놀라서 AD형한테 맞냐고 물어봤더
니 맞는다는 거예요. '영 스튜디오'에서 메인 작가가 되었을 때 제일 많이 받
았을 때가 9만 원이었는데 말입니다.

왜 그렇게 차이가 크게 나죠?

**유성찬**　나중에 작가협회에 가입한 후에 알아보니까 예능 작가는 구성작가
와 코미디 작가로 구분되는데 코미디 작가는 극본료가 높고, 구성작가는 좀 낮
다고 하더라고요. 언젠가 '젊음의 행진'을 했었을 때 한 주를 뮤지컬 특집을
한다고 해서 60분 대본을 썼었는데, '젊음의 행진'이 구성 프로그램이라 원고
료가 적어서 AD형한테 "형, 이거 뮤지컬 특집이지만 콩트 대본인데 콩트로 좀
해주면 안 되느냐"고 했더니 나중에 그 형이 "성찬아, 내가 이거 콩트로 받아
냈다." 하고 웃으시더라고요. 나름대로는 그 시대에 코미디 극본료로 돈을 받
으면 굉장히 그 자부심이 커서 뿌듯했어요.
나중에 SBS로 넘어와서 이걸 기본적으로 코미디 극본료로 처리를 해줘서 팀
을 꾸릴 수가 있었어요. 구성 작가료, 쇼 작가료로 하면 팀을 꾸릴 수가 없었지

요. 김 작가도 그 혜택을 받았던 거 같은데~

네, 선배님보다 한참 후배지만 저도 혜택을 받은 세대죠. 그러면 90년대는 거의 SBS에 계셨겠네요?

**유성찬**　90년대 중, 후반까지는 SBS에서 계약금과 전속료를 받았으니까 다른 방송사를 갈 수 없었지요.

언제 그게 풀리셨나요?

**유성찬**　90년대 후반에 한 번 풀려서 KBS로 가서 '슈퍼 TV 일요일은 즐거워'를 하면서 '캠퍼스 영상 가요', '출발 드림팀'을 만들었고, 전속이 풀려서 한 2년 정도 KBS에서 프로그램들을 할 때 다 잘 됐어요.

그때가 예능의 버라이어티 시대이기도 했었지요?

**유성찬**　그렇지요. 거의 10년 만에 KBS에 넘어가서 토요일 프로그램을 하고, '슈퍼 TV 일요일은 즐거워'를 임백천 씨와 강호동 씨 그렇게 둘 데리고 프로그램을 하는데 MBC '일요일 일요일 밤에'는 신동엽 씨에 화려했잖아요. 그런데도 우리가 시청률을 잡아버렸어요. 다시 SBS로 넘어가서 '기쁜 우리 토요일'을 했지요.

그때 SBS로 다시 갔는데 그 프로그램이 그대로 있었나요?

**유성찬**  그대로 있었어요. 제가 만들고 7~8년 정도 하다가 PD가 바뀌면서 손 떼고 다른 데 갔다가 또 하게 된 거죠. '기쁜 우리 토요일'은 정말 오래 했던 프로그램이기도 하지만 프로그램 안에서 코너를 몇 개를 했나 하고 세어 보니까 100개를 넘게 한 거 같아요.

대단하시네요! 100개가 넘는 코너 중에 제일 기억에 남는 코너는 무엇인가요?

**유성찬**  다 기억에 남지만 비교 코미디 '체험 공포 특급'은 개그맨들과 예능에서 최초로 8~9분짜리 드라마 타이즈로 공포물이었어요. '스타 이런 모습 처음이야'는 몰래카메라였고 특히 이 코너들은 가장 기억에 남지요.

직접 기획하고 만들어서 했던 프로그램들이 대부분이었네요?

**유성찬**  나는 받아서 한 프로그램이 거의 없고, 다 만들어서 했던 거 같아요. 왜냐하면 늘 메인이었으니까요. '좋은 친구들'을 받아서 하긴 했는데 PD가 바뀌면서 내용을 다 바꾸자 해서 '기막힌 대결'을 만들어서 했고, '웃찾사'도 받아서 하긴 했는데 그것도 PD들 바뀌고 코너를 다시 바꿔서 했고, 그렇게 프로그램을 했는데 언젠가 부턴 개그맨들이 짠 거 보고 재밌다, 재미없다, 바꿔라 하는 게 체질에 안 맞아서 2년 정도 따뜻하게 하고 일요일 프로그램으로 옮겼지요.

**원고를 쓴다기보다는 숙제 검사하는 것 같은 생각이 들고 그러셨나 보네요?**

**유성찬**　'내가 여기서 뭐하고 있는 거지?' 그런 생각이 들었으니까요. 그래도 나는 정말 복 받았던 게 내가 하고 싶은 것은 다 했어요. 어떨 때는 예능뿐만 아니라 드라마 타이즈 하고 싶다는 생각이 들어서 90년대 중반 SBS에서 '전설 야사'라고 귀신 잡는 어사 이야기 그걸 외주 받아서 드라마도 찍었었고, 또 여기저기서 잘 안됐을 때, OCN에서 기획 작가 좀 해달라고해서 '이 사람을 고발합니다.'라는 버라이어티도 했고, 드라마 한번 해볼까 싶어서 예능 드라마 제작비 가지고 OCN에서 드라마를 했었는데 역대 드라마 시청률을 다 깨는 힛트를 쳤었어요.

**선배님은 예능 작가가 언제까지가 정년인 거 같으세요?**

**유성찬**　이제 정년이 됐지요. 우리는 부르는 사람이 있어야 되는데 어느 순간부터 제가 창작, 기획 쪽으로 많이 옮겼던 거 같아요. 리얼리티나 버라이어티가 중심이 되고 난 후부터 실제로 김 작가나 저 같은 작가들은 현장을 뛰어다니면서 할 수가 있나, 그렇잖아요. 각자의 포지션이란 게 있으니까, '히든싱어'를 예를 들면 '히든싱어'를 만들었는데 프로그램이 만들어진 다음에 실제로 진행하면서는 메인 작가라는 사람이 그렇게 필요한가요?

그렇죠, 메인 작가들은 프로그램을 만들 때까지가 제일 절실하게 필요할 때인 거 같습니다.

**유성찬**　　그렇지요. 그리고 PD들도 젊어지고 하니까 우리가 선배들에게서 봤던 것들을 그대로 겪는 것이 아닌가 싶어요. 그게 제일 자연스러운 현상인 거 같아요. 젊은 PD들이 와서 우리 선배들하고 일하기는 좀 갑갑한데, 그러니 자기들과 맞는 작가들과 프로그램을 하려고 하는 것처럼요. 한 가지 좋았던 건 코미디부터 시작해서 버라이어티, 리얼리티 등 온갖 것들을 다 겪었던 사람이 니까, 코미디가 중심에 있어서 스토리 라인 짜는 우리가 유리하지 않은가 싶은 거죠. 그걸 받아주는 사람이 있었으니까요.

'히든싱어'도 해외에 판권이 팔리지 않았나요?

**유성찬**　　'히든싱어'는 중국, 미국, 유럽에 많이 팔렸지요. 태국에도 팔리고, 그런데 저작권이라는 부분을 우리들이 좀 잘못했던 거 같아요. 드라마 작가는 방송사를 움직이는 힘이 있어서 작가들이 입지나 저작권을 방송사에 이야기하고 권리를 받고 했는데, 우리 예능은 그러지 못했잖아요. 나부터 또 예능 작가 선배들이 좀 더 큰 목소리를 내고 했더라면 저작권이나 이런 혜택을 후배들이 받았을 텐데 하는 미안한 마음이 듭니다, 그래도 요즘 후배들이 목소리를 내주고 있어서 한편으로는 고맙지요.

'히든싱어'의 저작권에 대해서는 전혀 못 받으신 거죠?

**유성찬**    작가료 외에는 받은 게 없지요. 그게 지금까지는 현실이니까요.

저작권에 관한 것이나 판권료 등 그 수익에 대한 분배가 앞으로는 개선이 되겠지요?

**유성찬**    '히든싱어' 작가라는 이유로 컨설팅 다니고, 그 외에는 없어요. 그러나 나중에 우리 후배들은 포맷에 대한 권리는 받아야지요. 따지고 보면 김작가도 프로그램 많이 했지만 '저작권' 받은 프로그램이 있어요? 없잖아요. 우리는 재방료 외에는 없었고, 포맷 수출이나 그런 얘기도 우리 때는 다른 세상 이야기였죠. 하지만 앞으로는 많이 바뀌기 시작할 거예요.

작가 하시면서 중간에 다른 직업을 생각해 보신 적은 없나요?

**유성찬**    저는 그릇이 안 돼서요. 한때 후배들이 '작가 회사' 같이 하자고도 했지만, 작가 회사를 하면 그 회사의 작가들을 다 책임을 져야 하는데 책임 의식이나 중압감 때문에 저는 성격상 잘 안 맞더라고요. 그런 비즈니스 마인드도 없는, 소심한 성격이어서요.

제가 볼 땐 너무 겸손하신 성격 같으신데요. 앞으로는 어떤 계획을 세우고 계시는지요?

**유성찬**    2015년, 2016년에 중국에 프로그램 컨설팅을 하러 다니면서 '이 인생도 재미있는 인생이다, 이쪽으로 발을 넓혀야겠다.'라는 고민을 했었는데 중국이 지금 여러 형태로 막히고 나이도 들면서 같이 현장에서 일하던 PD들도 빠지고 '아, 이제는 콘텐츠를 만들어서 해외에 팔아서 외국하고 일해야겠다.' 하는 생각이 들었어요. 요즘은 계속 해외 쪽에서 일할 파트너들, 해외에서 할 프로그램들 개발에 중심을 두고 일을 하고 있지요. 홍콩의 '뷰' 채널 이곳과 프로그램 제작 들어가려고 협의하고 있습니다.

**정말 회사를 따로 하시거나 하는 생각은 없으시고요?**

**유성찬**  저는 그릇이 안 된다니까요. 코미디 작가는 제가 쓴 만큼 코미디라는 대본이 남고 그만큼 돈을 받는데, 버라이어티 이런 프로그램으로 넘어가면서부터 왠지 원고도 안 쓰고 돈을 받는 거 같아서 '이제 그만해야 하나 아니면, 어디 적을 하나 만들까.' 하는 생각은 했지만, 제가 보수를 받으려면 일을 정확히 해줘야 하는 부분이라서요. 쉽지 않더라고요. 한편으로는 예능 작가, 코미디 작가로 출발하면서부터 늘 일이 중심이었고, 밤에 술을 마시면 원고를 쓸 수 없어서 술자리도 피하게 되고 그러다 보니 친구나 비즈니스 관계들이 다 끊기고 그것이 몸에 익었어요. 요즘은 평일에 골프도 치면서 놀아보니까 너무 재미있어요. '야, 젊었을 때도 일주일에 하루, 이틀 정도는 골프도 치고 놀고 이것저것 둘러보면서 살아볼걸' 하는 후회가 들기도 합니다.

**'일'에만 집중하고 살아오셨네요.**

**유성찬**　　내 인생에서 코미디 작가, 개그 작가, 버라이어티 작가, 이렇게 일에만 집중하고 살아온 작가 인생이 보람되고 좋기도 하지만 한편으로 우리는 시청률 평가, 웃음 평가, 내부 평가 등 늘 평가를 받아야 하는 직업을 가진 사람이다 보니 '웃음'에 대한 강박증, 강박 관념이 있었던 것 같아요. 그런 것들이 없었으면 후배들하고도 작업하면서 좀 더 편하게 했을 텐데 하는 아쉬움이 있습니다. 쓰는 게 마음에 안 들면 후배들을 막 혼내기도 하고 그랬거든요.

다시 태어나서 직업을 가지신다고 해도 '방송작가'라는 직업을 선택하셨을까요?

**유성찬**　　그건 잘 모르겠는데. 다시 태어나고 싶지는 않아서요.

직업을 선택하신다면요?

**유성찬**　　그것도 잘 모르겠네요. 그런 생각을 안 해봤는데 미국에서 골퍼로 태어나 볼까? '마라도나'나 '호나우두' 같은 피를 타고 태어나거나 '슈퍼맨'이 되어볼까? 하는 생각은 해 봤어요. 저는 평범하게 다시 태어나고 싶은 생각은 없고, 평범한 삶보다는 슈퍼스타로 태어나고 싶어요.

작가로서도 굉장한 역할도 하시고 크게 주목도 받으셨잖아요? 그런데도 다시 작가 생활을 하신다는 것을 생각해 보지 않으셨나요?

**유성찬**　저는 시대를 잘 만난 것 같아요. 우리 예능 쪽 버라이어티의 역사가 사실 임기홍 형으로 시작해서 80년대 초반부터 보면 40년이잖아요. 그런데 그나마 저는 시스템이 갖춰지기 전에 출발했다는 것이 저의 약점을 감춰주었고, 만약에 지금 신입 작가가 돼서 프로그램을 만든다고 하면 지금 활동하는 작가들을 못 이길 것 같아요. 그 친구들은 학력부터 정서적이나 이런 것들이 다 갖춰졌잖아요.

지나치게 겸손하신 거 같으신데요.

**유성찬**　겸손한 게 아니에요. 제가 시작할 때는 코미디와 쇼밖에 장르가 없었잖아요. 얼마나 유리했어요! 그런데 지금 신입 작가가 돼서 '예능, 드라마 한번 해보고 싶어요.' 하면 이미 선배들이 다 했고, 새로운 장르를 만들기에는 지금 콘셉트나 구조적으로 단단한 예능 프로그램들이 자리를 잡고 있잖아요. 지금이 더 안 좋은 환경인 거 같다는 생각이 들어요. 우리는 해보고 싶은 거 다 했잖아요.

요즘에 마지막으로 만드신 프로그램은 무엇인가요? '히든싱어'인가요?

**유성찬**　'히든싱어', '로얄 빌라' 그리고 '대단한 시집', '마녀사냥' 등을 했었고, 그리고 중국 프로그램도 몇 개 했고요.

궁금한데요, 요즘도 할부 안 하세요?

**유성찬**  할부 안 하죠. 제 인생에 할부라는 건 없어요. 보험 이런 것도 난 들어본 적이 없고, 언제 끝날지 모르고, 시청률 안 나오면 프로그램이 폐지되고 하니까요. 김 작가나 저나 우리 시대에는 할부 안 하는 작가들 많을걸요. 저는 몇몇 작가들에게는 들었어요.

*최고의 대우를 받는 선배님이 그러셨으면 그 밑에는 더 했겠죠?*

**유성찬**  원래 코미디, 개그의 출발점이 생존 경쟁이잖아요. 웃기지 못하면 도태되는 것이 당연한 거고, 재미있는 것이 있으면 올라가고, 우리는 그 시절에 출발했으니까요. 제가 재미있게 못 쓰면 당연히 떨어지는 것이고, 남들보다 좋은 아이디어가 없으면 나가야 해요. 그러니까 투자하고 일일이 뭘 붙고 하면 안 되겠다고 생각했어요. 제가 30대 중, 후반이 되면서부터는 1년을 일을 더 하게 된다는 것을 굉장히 행복하다고 생각했었어요. '올해도 또 버텼네' 이렇게 생각하면서요.

*김기륜 선배 같은 경우는 예능 작가 인생에 압구정동에 아파트 한 채를 남겼다고 하시던데, 유성찬 선배님은 무엇을 남기셨나요?*

**유성찬**  저는 벌어서 돈을 잘 썼어요. 할부 인생이 없다는 것의 반대는 제가 쓰고 소비할 수 있는 것들은 다 하고 살았다는 거예요. 잘난 척은 아니지만 저는 초, 중반 때부터 외제 차를 몰았고, 해외도 꼭 출장뿐만이 아니고 여러나라를 다니다 보니 모아둔 돈은 없어요. '너무 쓰고 살았네!' 하는 생각과 '앞으로 어떻게 살지? 대책을 좀 세워야겠구나!' 하는 생각은 이제는 하고 살지요.

그래서 계획을 세우셨나요?

**유성찬**　국민연금 받는 거 있으니까 그거 받고, 안 먹고 안 쓰고 그래야지요. 지금까지 아직 '무계획'이에요. 우리는 우물 안의 개구리처럼 살았잖아요. 웃음이 좋아서, 방송이 좋아서, 그래서 다른 분야를 바라볼 수 있는 능력을 갖춘 사람들이 초장기에는 우리 바닥에서는 못 버텼으니까요. 가끔 다른 분야로 간 작가들을 보면 땅 때문에 고민하고, 강남이다 어디 건물이 있어요. 저보다 물질적으로 훨씬 더 많이 가졌지만, 제가 좋아하고 바보처럼 이것만 보고 이러고 사는 것이 후회는 없고, 정말 다양하게 코미디, 버라이어티, 쇼, 드라마 이런 부분들을 경험하고 지냈다는 것에 만족하고 흐뭇해요.

맞습니다. 그때가 또 작가로서 보람도 있고, 대우를 받았던 시절이었죠.
앞으로 진짜 아무런 계획이 없으신 건 아니시죠?

**유성찬**　뭔가 재미있는 것을 만들어야 한다는 그 생각밖에 없어요. 우리는 파는 사람이지 사는 사람이 아니잖아요. 단지 그냥 뭔가 재미있는 것을 또 생각해야 하는데, 그것이 저의 계획인 거 같아요. 저는 어렵고 힘들 때마다 좋은 사람들이 나타나서 저를 계속 이끌어 주었고, 물론 그러려면 제가 뭔가를 가지고 있어야 하는데 참 다행스럽게 그럴 때마다 뭔가가 있어서 연명했고요. 요즘 아쉬운 건 제가 케이블 시대가 열리고부터 습관적으로 대한민국에서 방송되는 예능 프로그램들은 전부 다 봤거든요. 그래서 지난주에는 어떤 프로그램들을 했고, 새로 어떤 프로그램들이 생기고 모니터 부분에 대해서는 1등이라고 자부할 만큼 열심히 다 봤는데 요즘은 예전만큼은 못 보는게 많이 아쉽습니다.

왜 그러신 거 같아요? 요즘 프로그램들이 재미가 없어서인가요?

**유성찬**　　그러니까 프로그램에서 작가의 아이디어나 개성, 이걸 꼭 봐야 하는 이유가 있었는데, 요즘은 장르 자체가 다 같잖아요. 그러면서 예능에서 흥미가 떨어졌다고 할 수 있지요. 리얼리티에서 벗어나서 스튜디오 토크나 새로운 장르에서의 프로그램들이 하나씩 나오기는 하는데 시청률도 많이 안 나오니까 좀 안타까운 마음이에요. 우리 옛날에는 젊은 층들이 우리가 만든 프로그램들을 보고 열광을 해줬는데 요즘 젊은 친구들은 유튜브, 스마트폰에 열광을 하니 이 친구들을 다시 방송으로 끌어내야 하는데 방송 매체가 점점 늙어지는 것에 대한 안타까움, 어떻게 극복을 해야 하는지에 대한 고민은 있지요.

그렇다면 콘텐츠 자체가 TV 방송이 아닌 유튜브 쪽으로 작가들이 가는 건 어떨까요?

**유성찬**　　그건 어느 정도 자본력이 충족되어야지 가는 거 아닌가요? 그러니까 어느 정도 비즈니스 능력, 투자 능력이 있는 작가들이나 집단들이 거기를 점령해야 하는데. 저도 그쪽도 이렇게 저렇게 해보고 싶은 것은 몇 개 있는데, 내가 그들보다 후발 주자고, 어떻게 하면 효율적이다, 하는 부분이 너무 뒤

처져 있으니까 아이디어만 가지고 덤비기에 좀 애매한 거예요. 방송 관련된 것은 아이디어만 가지고도 설계를 하면 예산상으로도 어느 정도 커버가 돼서 앞설 수 있는데, 모바일, 유튜브 쪽은 그들이 저보다 너무 앞서서 더 전문가들이라 쉽게 가는 거 같고요.

어쨌든 TV가 안 보인다는 말씀이신 거죠?

**유성찬**　노령화됐다는 말이 제일 안타깝지요. '모바일, 유튜브 이런 게 없었던, TV밖에 없었던 우리 시절이 정말 편했구나. 정말 행복하게 일을 했구나' 하는 생각이 듭니다. 반대로 이야기하면 요즘 후배 작가들이 아주 힘들게 싸우고 있다는 생각이 들고, 저걸 다시 끌고 와야 하는데, 뭔가 고민해서 뭔가 재미있는 것을 만들어야 하는데, 돈도 벌어야 하는데 이런 생각을 하면 우리 후배들이 안쓰럽기도 합니다.

긴 시간 동안 감사합니다. 선배님 말씀 듣다 보니까 우리나라 방송 예능의 흐름을 한눈에 다 볼 수 있는 것 같아요. 앞으로 진짜 계획은 무엇인가요?

**유성찬**　요즘 '콘셉트 쇼'를 외국 친구들과 하고 있어요.

국내에서, 아니면 해외에서요?

**유성찬**　　꼭 해외용으로만 기획한 건 아니고, 국내든 해외든 다 생각하고 있어요. 요즘엔 독특한 음악 쇼가 없는데, 유튜브를 보면 혼자 녹음하고 혼자 다 하는 시대잖아요. 내가 혼자 기타 치고, 드럼 치고 노래에 코러스까지 다 해요. 그래서 '멀티 싱어'라는 제목으로 그거 하나 하고, 또 '아시아 프로젝트'라고 해서 '듀엣 리얼리티 음악 쇼'인데 국제적으로 듀엣 만들어서 노래 만들고 작업해서 발표하고 그런 음악 프로그램 하나 이야기하고 있고, 계속 끊임없이 하고 있지요.

저도 생각이 나태해져 있는데 선배님 뵙고 자극이 되네요. 긴 시간 감사합니다.

#예능작가

# 　지금 만나러 갑니다

20대부터 50대까지 예능 프로그램을

함께했던 김경남, 심봉기, 최항서 예능 작가 3인방!

한창 바빴던 전성기 시절에는 서로 시간 맞추기가 쉽지 않아서

각자 프로그램 회의를 마치고 새벽 3시에 홍대에서 보자고

약속을 하기도 했었습니다.

치열하게 살던 시절이었고 뜨겁고 단단했던 시절이었습니다.

우리들을 스쳐 갔던 1990년부터 2020년

예능 프로그램들을 편안하고 느긋하게 풀어보려 합니다.

지금 만나러 갑니다.

# \# 김경남 작가

**대표 프로그램 : KBS 시사터치 코미디 파일**

KBS 시사터치 코미디 파일
경제 비타민
평창동계올림픽 특집쇼
임시정부 100주년 특집쇼 '100년의 봄'
3.1운동 100주년 기획 윤동주 콘서트 '별 헤는 밤'
故 김대중 대통령 추모 평화콘서트 '꿈을 꾸다'

SBS 한밤의 TV 연예
SBS plus 이봉원 박미선의 미워도 다시 한 번
TV 컬투쇼

## 수상

제 47회 한국방송대상 연예오락TV작품상
2019년 KBS우수프로그램상
정보통신 정책 연구원 2019년 3분기 우수프로그램상

# ＃ 심봉기 작가

**대표 프로그램 : KBS 개그콘서트**

| MBC | 오늘은 좋은 날 |
| | 일요일 일요일 밤에 |
| KBS | 개그콘서트 |
| | 유머 1번지 |
| | 한바탕 웃음으로 |
| | 코미디 세상만사 |
| | 시사터치 코미디 파일 |
| SBS | 기쁜 우리 토요일 |

**수상**

1997년 KBS 연예대상 방송작가상

# ＃ 최항서 작가

**대표 프로그램 : SBS 웃찾사**

| KBS | 슈퍼 TV 일요일은 즐거워 |
| | 자유선언 오늘은 토요일 |
| | 해피투게더 |
| SBS | 좋은 친구들 |
| | 코미디 전망대 |
| | 웃찾사 |
| 투니버스 | 청소년 드라마 에일리언샘 2006 |

**수상**

2008년 한국방송작가협회 예능작가상

김경남, 최항서, 심봉기 작가. 예능 프로그램의 삼두마차라고 해도
과언이 아닌데 간단하게 자기소개를 해 주세요.
언제 데뷔를 했고 대표 프로그램이 무엇인지 말씀해 주세요.

# 김경남 심봉기 최항서 작가

김진태

**김경남**    저는 SBS 개국 당시 대한민국 토크쇼의 시초인 '자니윤 쇼'와 '주
병진 쇼', '서세원 쇼', '한선교 정은아의 좋은 아침', '야! 한밤에' 등 토크쇼
1세대를 기획하고 만들었습니다. 그 당시 '작가협회' 교육원이 있는 서울까지
먼 거리를 다니면서 수업을 듣고 있었죠. 작가라는 직업을 잘 모를 때였기에
막연하게 좋은 직업이겠다는 생각으로 다니고 있었습니다. 어느 날, 작가협회
에 며칠 결석을 하고 오랜만에 갔더니, "집에서 뭐 하고 있냐?" 하시면서 SBS
에서 개국 준비하는데 작가 시험을 본다고 하니 빨리 가서 시험 보라고 해서
작가 시험을 보러 가게 되었습니다.

**최항서**   공채 시험이라기보다는 특공채 같은 개념이었네요.

**김경남**   어떻게 보면 그렇다고 할 수 있겠네요. 당시 일주일 동안 시험을 봤어요. 쟁쟁한 사람들이 다 모였는데 저는 아버지 양복 빌려 입고 와서 시험을 봤던 기억이 있습니다. 그런데 저는 공채 시험에서 낙방했고, '서울대 나온 사람보다 내가 TV는 더 많이 봤을 텐데. 연대, 서울대 이런 데 다니는 사람들은 공부하느라 TV 볼 시간도 없었을 테고' 이런 생각도 했습니다.

**최항서 심봉기**   하하하. 맞는 말 같은데요!

**김경남**   사실은 방송국에서 아주 유명한 얘기지만 저를 작가 시험에서 떨어뜨린 사람이 SBS 모 PD였는데, 그 스토리가 방송에서도 소개된 적이 있었어요. 제가 시골에서 처음 서울에 갔을 때 대중교통을 탔는데 벨을 누르면 '딩동' 소리가 나면서 '여기는 무슨 무슨 역입니다.' 이런 안내 방송이 나오는 거예요. 이것이 너무 신기하더라고요. 그래서 대중교통 안내방송 나오듯이 '딩동' 하면 MC 소개를 하면서 시작되는 기획안 100장을 써서 당시 PD에게 보냈죠. 이것이 큰 화제가 되었습니다. PD들 사이에서 방송국에 웬 이상한 사람이 이런 기획안 100장을 보내왔다는 것이 큰 이슈가 되었고, 이것이 쓰레기통에 버려졌는데 미국 유학파인 모 PD가 '무슨 작가 하는데 명문대 나오고 해야 하나? 내가 미국에서 생활해보니 이런 사람이 훨씬 잘 할 수 있다.' 이렇게 돼서 쓰레기통에 있는 기획안을 다시 꺼내게 된 거죠.

**최항서**　　그러면 쓰레기통에서 건진 작가네요.

**김경남**　　하하하, 맞습니다. 그렇게 저는 SBS에 입사하게 되었습니다.

그럼 입사하게 된 SBS에서 포지션은 무엇이었나요?

**김경남**　　막내 작가였습니다. 유일하게 특채 작가로 SBS에 입사하게 되었고, 처음 맡게 된 프로그램이 '자니윤 쇼'입니다. 제가 '자니윤 쇼'에서 처음 맡은 일이 오프닝을 쓰는 조크 작가였는데, 성인 유머로써 그 자체가 신선했었죠. '자니윤 쇼'에서 외설적인 말을 해도 자니윤 씨가 고급스러웠기 때문에 잘 넘어가고 그랬었습니다.

그렇게 해서 두각을 나타내기 시작했나요?

**김경남**　　당시 회의는 많은 사람이 모여서 할 때였는데 연극반 출신인 제가 대본을 써온 것을 읽으면서 자니윤 씨 흉내를 내니까, 웃느라 빵 터지고 그랬어요. 인기가 많았고 화살표가 저한테 왔죠. 그게 시작이었습니다.

그다음 토크쇼가 무엇인가요?

**김경남**　　그다음 '주병진 쇼'입니다. 주병진 씨는 최고의 인기를 누리고 있던 연예인이었는데 얼마나 대단했냐 하면 녹화 중에 먼저 'NG'를 외칠 정도로 PD들도 함부로 못 하는 연예인이었습니다. 또 제가 밤새 연구해서 쓴 대본을 무시한 채 방청객들의 이야기를 듣곤 했는데, 작가의 대본을 연예인이 보지 않을 수도 있다는 생각에 놀라기도 했습니다. 시청자들에게 메인은 주병진 씨였고, 그때부터 MC의 존재가 좀 더 중요한 시점이 되었죠.

**최항서**　　그러다 SBS '빙글빙글 퀴즈쇼'에 경남이 형이 메인 작가로 왔더라고요.

**김경남**　　'빙글빙글 퀴즈쇼'에서 일을 하는데 PD가 항상 대본에 빨간색 볼펜으로 대본 점수를 줬던 생각이 납니다. PD가 뭐든 마음대로 하고 작가들 점수까지 매기면서 횡포를 부리는데도 어쩔 수 없이 일을 하고 있었는데, 어느 날 PD가 회의 중에 다자고짜 "나랑 더 일하기 싫은 사람 손들어?" 하는 거예요. 그 말을 듣자마자 갑자기 공채 작가인 최항서 작가가 손을 번쩍 들었습니다. 그리고 "저는 못 하겠습니다."라고 했어요. 저를 위해서 손을 든 거였죠. 그렇게 최항서 작가와 같이 그 당시 작가들이 프로그램을 그만두고 나가게 되었고, 저는 잘려서 '김경남 작가 구명운동'이 벌어지게 된 거죠. 그러면서 김진태 작가에게 연락이 가게 된 거고요.

저하고는 MBC '우정의 무대'를 같이 했고, SBS에서는 존경받는 최규성 선배가 일은 잘하는데 PD와 관계를 잘 못 한다면서 아이디어가 좋은 작가라고 김경남 작가를 소개해 주었고 그렇게 우리의 인연이 시작되었죠. 그게 1993년이었는데 KBS 신관에서 처음 만났을 때 주황색 티셔츠를 입고 저쪽에서 누군가가 걸어오는데 딱 보고 '저 사람이다.' 이런 걸 느꼈어요. 처음 만남이었고 군산에 관해서 이야기했어요. 시골에서 왔고, 아이디어는 좋다고 이런저런 이야기를 했는데 주황색 긴 팔 티셔츠를 입고 검은색 뿔테안경을 썼던 그 모습이 생각이 납니다. 사실 김경남 작가와 내가 나이 차이가 한 살밖에 나지 않아서 호칭이 좀 애매했는데 갑자기 '형'이라고 하더군요.

**김경남**　당시 김진태 작가에게 잘 보여서 프로그램을 해야 하는 처지이었기 때문에 무조건 형님으로 모셔야 한다는 생각이 있었죠!

그때는 MBC 프로그램이 잘 나갈 때라서 MBC 일을 하고 KBS로 건너오면 굉장히 대우를 받았던 때였어요. 원고료도 많이 받았고 그런데 제가 심봉기 작가를 만나던 때가 기억이 잘 안 나는데요?

**김경남**　최항서 작가와 심봉기 작가는 제가 만나게 해드렸죠. 그때는 우리가 다 어울려서 다닐 때였고, 진태 형이 저를 많이 이끌어 주고 길을 열어주셔서 그때부터 저도 작가로 피었던 때였습니다. 바로 1993년도입니다.

**심봉기**　제가 김경남 작가님을 처음 본 것은 1994년도입니다. 당시 작가들이 SBS로 많이 건너가서 제가 메인 작가로 KBS 코미디를 하고 있을 때인데, 코미디 작가의 대부이신 김일태 선생님의 부탁을 받았고, 저는 막내 작가가 오는 줄로만 알았어요.

**김경남**　옛날 이야기를 듣고 있자니 참 재미있네요.

**심봉기**　이렇게 처음 만나게 되었고 사실은 너무 어색했어요.

**심봉기 작가 밑으로 김경남 작가가 들어가게 된 건가요?**

**심봉기**　그렇죠. 제 밑에 작가로 들어오게 됐는데, 미묘한 감정은 있었지만 '서세원 쇼'에서 제대로 일하게 되면서 친해지게 되었습니다.

**김경남**　저도 지금 이야기를 쭉 들어보니 옛날 생각이 나면서 제가 동료들이나 선배님들에게 잘해야겠다는 생각이 듭니다. 제가 어려웠을 때 옆에서 도와준 분들이 참 많이 계시네요.

**심봉기**　김경남 작가는 꼭 휘발유 같았어요. 모든 걸 쏟아내더라고요. 어떤 프로그램이건, 나와 취향이 맞건, 맞지 않건 모든 걸 다 쏟아내는데 이것이 코드가 맞으면 정말 대박인데 꼭 그렇지는 않아서 안타깝기도 했어요.

**김경남**　당시 '자니윤 쇼'는 미국의 '자니카슨 쇼'와 같은 콘셉트로 미국 스태프들에게 배운 것이 바로 '브레인스토밍'이었어요. 이것은 '좋은 아이디어란 개수가 많은 것이다.'라는 미국식 아이디어 회의 방식이었는데, 많은 아이디어 중에서 선택하는 것이 당시 미국식 회의 방식이었고 그렇게 저희도 회의를 진행하게 되었어요.

**심봉기**　맞는 말인 거 같아요. 저도 요즘 창의력에 대해서 강의를 하는데 아이디어는 '블록'이라는 말을 합니다. 레고에서 블록 몇십 개로 만들 수 있는 것은 한정이 되어있지만, 많으면 많을수록 무궁무진한 것들을 만들어 낼 수 있잖아요. 어떻게 보면 '아이디어'는 블록을 많이 깔고 시작하는 것처럼 많은 이야기를 하다 보면 좋은 아이디어가 나오는 것과 같다고 할 수 있습니다.

김경남 작가의 데뷔 시절 이야기는 잘 들었습니다. 이제 심봉기 작가의 이야기를 들어보죠.

**심봉기**　저는 추계예술대 문예 창작과 선배인 장덕균 작가 영향을 많이 받았습니다. 그 당시 돈을 벌면서 학교 다니는 사람이 유일하게 장덕균 작가였는데 그때 장덕균 작가와 벤치에 앉아 이야기하면 사람들이 한두 명씩 모이곤 했어요.

장덕균 작가는 대학교 때 이미 예능 작가로 유명한 작가였지요?

**심봉기**　아주 유명한 작가였습니다. 방송에 출연도 하곤 했으니까요. 학교 축제 때는 개그맨보다 더 웃겨서 MC를 보기도 했었습니다. 그때가 제가 대학교 1학년이고 장덕균 작가는 대학교 2학년 때였어요. 그러다가 저는 군에 입대했고, 제대하고 난 후에 복학하지 않고 보일러 고치는 일을 하면서 지내고 있었어요. 그러다 어느 날 일을 마치고 집에 들어와서 TV를 보는데 'KBS 공채 코미디 작가 모집' 이런 자막이 보이는 거예요. 1등 상금 200만 원, 2등 100만원 그리고 당선되면 상금과 함께 유럽 연수를 보내준다는 겁니다. 갑자기 덕균이 형이 코미디 작가가 될 거라고 했었는데 한번 해볼까, 하는 생각에 시험을 보러 가게 되었고, 당시 '유머 1번지'와 '한바탕 웃음으로'라는 프로그램의 코너를 써보는 게 1차 시험이었는데 저는 모든 코너의 대본을 다 써서 우편으로 발송하고 잊어버리고 지내고 있었어요. 그러던 어느 날 어머니께서 KBS 방송국에서 봉투가 하나 와있다면서 주시더라고요. 그 봉투 안에 1차 시험 합격 통지서가 있었고, 2차 시험을 보러 오라는 안내문도 들어있었습니다. 그래서 2차 공채 시험을 보러 가게 되었죠.

2차 시험은 즉흥적으로 주제를 주고 대본을 쓰는 거였는데 합격을 해서 바로 'KBS 1기 공채 작가'가 되었죠. 그렇게 제대하자마자 바로 공채 작가로 합격을 했고, '유머 1번지'라는 프로그램에서 일하게 되었는데, 프로그램 회의 때 저희가 회의한 내용이 며칠 후 바로 방송이 되는 것이 너무 신기했었습니다. 이건 정말 다른 세상이었어요. 제가 세상에서 사람으로 인정받는 느낌이었고, 그래서 아예 학교에 복학하지 않고 그때부터 지금까지 코미디 작가로 살아오고 있습니다. 저는 코미디가 너무 재미있었어요. 특히 코미디가 만들어지는 그 과정이 너무 재미있었고 하루하루가 정말 행복했습니다.

**심봉기 작가도 이런저런 사연이 많았네요. 최항서 작가는 어땠나요?**

**최항서**     저는 1992년에 인하대 교육학과를 다녔는데, 교육학과를 졸업하면 뭘 해야 할지도 모르겠고, 너무 막막했어요. 어느 날 SBS가 개국하면서 '방송 작가 1기'를 모집한다는 것을 보게 되었죠. 사실 저는 방송 작가는 아무나 되는 것이 아니라고 생각했지만, 제 동생이 한번 해보라고 하기에, 원고지도 아닌 스케치북에 콩트를 썼습니다. 이것을 동생이 보고 SBS에 제출하게 되었고 설마 했는데 1차 합격 통지서를 받게 된거죠. 그리고 여의도 SBS로 2차 시험을 보러 갔는데 그때만 해도 저는 합격해야지 하는 생각보다 대본을 쓴다는 그 자체가 너무 좋았고 행복했습니다. 대본을 제출한 후에 2차 합격 통지서가 왔고, 마지막 3차 면접을 통과하고 난 후 그렇게 저는 'SBS 공채 작가 1기'가 되었습니다.

**최항서**　　진태 형은 처음에 어떻게 '우정의 무대' 작가가 되었어요?

1989년 말에 '우정의 무대'가 시작되었는데, 저는 임기홍 선배님이 잘 닦아 놓은 프로그램에 무혈입성해서 별 어려움 없이 작가 생활을 시작하게 되었어요. '우정의 무대' 자체 프로그램에서 작가를 뽑았었는데, 조건이 군대를 제대한 남자 작가였어요. 그 당시 저는 군 제대 후 바로 출판사에 취직했었는데 3개월 수습 기간이 지나고 막 정식 직원이 될 무렵 MBC에서 프로그램 작가를 모집한다는 얘기를 듣고 면접을 보러 갔죠. 면접에서 "NHK와 AFKN 중 어떤 방송을 즐겨 보시나요?" 하는 질문을 했었고, 저는 "하숙하는 사람이라 집에 텔레비전이 없는데요"라고 솔직히 대답했던 기억이 납니다. 그때 면접을 하셨던 분이 MBC 이대헌 PD라고, 사람이 매우 좋은 PD셨는데 어떻게 보면 무성의하게 들을 수도 있는 대답을 좋게 봐주신 덕분에 우정의 무대에 합류하게 되었고, '그리운 어머니' 코너로 작가 생활을 시작했어요. 지금은 개척교회 목사님을 하고 계시고, 저에게는 참 고마우신 분입니다.

**심봉기**　이 이야기는 처음 하는 건데요. 저는 임기홍 작가님과 김진태 선배님을 방송국 들어오기 전에 먼저 봤었습니다.

그 이야기는 처음 듣는 건데, 언제요?

**심봉기**　제가 전경으로 근무하던 시절에 '우정의 무대'에 출연자로 뽑혔어요. 그래서 서울에 있는 기동대 군인들이 모두 오디션을 보게 되었죠. 당시 동대문에서 오디션을 봤는데 임 작가님께서 감독님처럼 "이렇게 해봐, 춤춰 봐라." 하셨고 그 옆에 선배님이 계셨어요. 오디션에 떨어져서 출연하지 못했지만 두 분을 그때 처음 뵈었어요.

이야기를 하다 보니 우리의 연결된 고리가 참 많네요. 소중한 추억과 기억들이요. 생각해 보면 지금의 20대가 참 안쓰럽다는 생각도 들어요. 우리는 선배들이 부족한 후배들을 끌어주고 밀어주고 하던 그런 시절을 보냈는데 말이죠.

**심봉기**　그런 것들이 사라져 버린 게 현실이죠.

**최항서**　1992년, 93년 그즈음인데 직장임에도 불구하고, 작가 생활을 하는데 대학교 동아리 같은 느낌이었어요. 스트레스도 없었고, 방송이 취미 생활처럼 아주 재미있었어요.

1990년대 예능 이야기들을 하고 있는데, 당시에는 '쇼 비디오자키', '열전 달리는 일요일'이 최고의 히트 프로그램이었어요. 시청률이 KBS에서 MBC로 넘어가는 시절이었던 거 같은데요.

**심봉기**　　완전히 넘어갔죠. 모든 코미디 프로그램을 다 뺏겼다고 해도 틀린 말이 아니었거든요.

**최항서**　　제가 가장 좋아하는 코미디 프로그램이 당시 '청춘만만세'였는데, 너무 재미있었고 제가 코미디 작가를 해야겠다고 마음을 먹게 된 계기가 된 프로그램이었어요.

**심봉기**　　저도 시험 볼 때 콩트 쓴 것들이 다 기억이 나네요.

**김경남**　　1990년부터 2000년 초까지는 공익 예능이 대세였죠. 특히 '일요일 일요일 밤에'의 '칭찬합시다' 코너는 전 국민에게 사랑을 받은 프로그램이었어요.

**심봉기**　　2000년도까지는 예능 프로그램이라는 용어도 쓰지를 않던 때였어요. 오락 프로그램이라고 했었습니다.

**김경남**　그렇죠. 리얼 버라이어티가 2006년 이후에 생겼죠. '패밀리가 떴다', '런닝맨', '1박 2일' 등 이런 프로그램들이 생기면서 작가의 역할이 조금 약해진 것 같은데, 그렇게 생각하지 않나요?

**심봉기**　저는 예능 리얼리티 프로그램을 많이 해보진 않았지만, 작가의 '롤'이 개념이 바뀐 거지 줄어들었다고 생각하지는 않았어요. 오히려 작가라면 기획을 하고 대본을 쓰고 이런 것보다 프로그램 구성부터 기획에 참여하는 작가들이 더 필요하게 되었다는 것으로 생각했습니다. 그래서 코미디만 써 왔던 작가들이 그쪽으로 적응을 못 하고 참여를 많이 하지 못하게 되었어요. 리얼리티 프로그램은 게스트가 나오면 어떻게 풀 것인가에 대해서 많은 것을 쏟아내고 그러는데 코미디만 했던 작가들은 대본 플레이가 되지 못했거든요.

**최항서**　사실은 시청자들이 좋아하는 것과 우리 작가들이 프로그램을 보는 눈이 같다고 생각하지 않아요. 개인적으로 '삼시세끼' 같은 프로그램을 보면 완전 버라이어티 프로그램이잖아요. 제가 보기에 그런 프로그램들이 요즘 많아졌는데, 그런데 스크롤을 보면 20여 명의 작가가 있는데 스크롤에 작가라고 나오는 것이 개인적인 생각으로는 맞지 않는다고 생각해요. 아이디어맨이나 다른 표현이 맞는 거 같다는 생각입니다.

**심봉기**　그렇다면 최항서 작가가 '삼시세끼' 작가라고 생각해 봤을 때, 그 프로그램에서 최 작가도 어떤 역할을 하게 될 텐데 스스로 '와, 이건 아닌데' 하는 이런 갈등이 있겠네요?

**김경남**     이 질문을 좀 받아서 이야기해보면 그런 것이 달라졌다는 거죠. 작가인 우리는 글을 쓰는 것이고 MC를 통해서 나의 대본이 구현되는 것이었는데, '삼시세끼'로 들어가 보면 약간 '접근 기능'이라고 해야 하나? 현장에서 재미가 없다든지 하면 대본이 중요하지 않고 바로 노래를 투입한다든지 하는, 그때그때 아이디어를 내고 또 자막 같은 것들이 중요해졌고, 시대에 맞게 작가의 역할도 변화한다는 거죠.

**최항서**     제가 낚시를 좋아하잖아요. 모 프로그램에 낚시하는 프로그램이 있는데 그 프로그램은 사실 대본이 있으면 안 되는 프로그램이에요. 단지 작가들은 대본을 쓰는 것보다 '어디서 찍을까?' 하는 장소 섭외 고민과 시간 배분, '어디서 얼마나 찍을까?' 하는 그런 고민을 하는 게 맞는다는 거죠.

그런 의미에서 '리얼 버라이어티 시대가 열리면서 작가의 '롤'이 좀 축소된 거 아니냐' 하는 생각을 했다는 말이었어요.

**최항서**     그건 맞는 거 같아요.

**김경남**     저는 역할이 변경됐다고 생각합니다. 글을 쓰는 게 작가라면 리얼리티에서는 상황 설정을 한다거나 하는 식으로 작가의 역할이 달라지지 않았나 싶어요.

**심봉기**     '누가 노를 젓는 키를 잡느냐.'인데 우리가 그걸 놓쳤지요. 연기자나 연출 쪽에서 훨씬 많이 가져가고 지금 작가들이 우리가 현업에 있을 때보다 뒤로 밀려난 것은 사실인 거 같아요.

**최항서** 마찬가지 이야기인데요. 대본이 중요한 프로그램도 해 봤고, 또 그 야말로 '도시 어부'처럼 구성만 필요한 프로그램도 해 봤기에, 프로그램에 경 중이 있다고는 생각하지 않습니다. 다만 개인적인 생각은 구성 프로그램의 작 가들보다 대본 프로그램의 작가들이 더 인정을 받아야 하고 원고료도 더 받아 야 한다는 생각은 있어요.

실제로 그렇지 않나요?

**최항서** 안 그래요. 똑같아요. 사실 '해피 투게더'를 했었지만, 작가가 별로 하는 일이 없어요.

'해피 투게더' 작가 비하인가요? 최 작가만 일을 안 했겠지. '해피 투게 더' 작가들 일 무지 많이 합니다. 하하하

**김경남** 1995년에는 한 코너가 콩트이면 다른 한 코너는 버라이어티로 버 라이어티와 콩트가 공존했어요. '슈퍼 선데이'는 그 안에서 '공포체험 돌아보 지 마', '오늘은 좋은 날'이라고 콩트만 있었던 프로그램도 있었죠.

**최항서** 요즘은 거의 없다고 봐야죠. 시청자들이 모두 리얼, 리얼하다 보니

그냥 연예인들이 나와서 뭐든 행동하는 것을 좋아하지 대본을 짜서 개그맨들이 하는 것을 그다지 좋아하지 않는 것 같아요.

1998년에는 지상파에 음악방송 프로그램이 시작하면서 SBS '인기가요', KBS '뮤직뱅크'가 방송을 시작했었죠. 이때가 음반 시장이 가장 활발했던 때인 것도 같아요.

**심봉기**　　　이때는 약간 규모가 있는 제작사, 기획사가 많아지면서 그쪽에서 배출하는 가수들이 많아지니까 인기 순위 프로그램이 시청자들에게 관심을 많이 받았던 거 같아요.

최항서 작가는 1996년도에 '슈퍼 선데이'라는 프로그램을 했었나요?

**최항서**　　　'슈퍼 선데이'가 IMF로 폐지되고 '슈퍼 TV 일요일은 즐거워'에서 '캠퍼스 영상 가요' 코너를 맡아서 2년간 했어요. 전국의 대학교를 한 바퀴씩은 다 돌아다녔던 것 같은데, 시청률이 너무 잘 나오다 보니까 다시 한 바퀴를 더 돌았었어요.

'캠퍼스 영상 가요' 프로그램에 관해서 얘기 좀 해주세요.

**최항서**　　　처음 기획이 전국의 유명지를 다니면서 홍보를 해주는 프로그램이었는데 4회까지 하다가 시청률이 너무 안 나와서 패기도 넘치고 젊음이 있는 대학교로 돌리자고 회의를 하고 연세대, 고려대 등 대학교로 다니기 시작했어요. 대학교로 다니자마자 시청률이 대단했었습니다.

연세대학교가 1회였지요?

**최항서**    맞아요. 거기서 스타들도 많이 나왔어요. 연세대 편에서는 전현무 씨가 출연했고, 인하대 편에서는 이혁재 씨가 나왔었습니다.

그런데 이 시점에서 우리가 '일요일 일요일 밤에'를 이야기하지 않을 수 없잖아요. 대한민국에서 이 프로그램을 모르는 사람이 없을 정도로 어마 어마한 인기를 누렸던 프로그램이죠. '일요일 일요일 밤에' 프로그램 시 작이 몇 년도죠?

**심봉기**    1988년 '일요일 일요일 밤에'로 시작했습니다. 초창기에는 코미디 프로그램이었는데, 1990년대 중후반부터 버라이어티 형식으로 변경되었죠. 명칭도 '우리들의 일밤'으로 방영하였는데 2017년에 '일요일 일요일 밤에'가 폐지되어서 1부 코너인 '복면가왕'만 독립편성이 되었어요.

**김경남**    그 당시 예능 작가들에게는 '일요일 일요일 밤에'의 작가가 되는 것 이 라스베이거스에 가는 것처럼 로망이었어요. 예능이 국가 캠페인이 될 정도 로 상징적이었어요. 국민을 가르치기도 하고, 책을 읽게도 하고 주말 예능이 전 국민을 모이게 하는 그런 프로그램이었습니다.

**최항서**　　그 당시 '일밤'은 한일전과 같았어요. 한일전 축구는 안 보는 사람이 없잖아요. 그러니까 한일전 축구처럼 일요일에는 '일요일 일요일 밤에'를 시청하는 것이 일상이 되었죠. 전 국민을 TV 앞에 모이게 했으니까요.

2000년대 초반에는 '놀러 와', '야심만만' 같은 토크쇼가 대세였지요?

**심봉기**　　전통적으로 게스트가 나오고 MC가 인터뷰하는 거였는데 처음으로 설정 토크쇼를 한 것이 '서세원 쇼' 같아요.

**김경남**　　그때 심야 예능의 시대가 왔죠. 국민의 패턴이 바뀌면서 심야 '11시대' 예능이 시작되었어요.

**최항서**　　그 당시에 초창기 토크쇼는 '원 게스트'였습니다. 그러다 갑자기 집단 토크쇼가 시작된 거죠. 그게 바로 '서세원 쇼'였어요. '토크박스'라는 것을 만들어 냈고요.

**김경남**　　그때가 동아 TV 같은 케이블 TV가 막 나올 때였어요. 그리고 서세원 씨가 어떤 사건으로 인해서 프로그램을 정지당해서 쉬고 있을 때였고요. 저도 힘들었던 시기여서 잠시 쉬고 있었을 때였습니다. 잘렸던 작가와 잘렸던 코미디언 서세원 씨가 만난 거죠.

그때 프로그램이 케이블 TV에서 했던 '이혼합시다'였지요?

**김경남**     네. 서세원 씨는 예능만 하다가 토크쇼 작가인 저를 만나게 되었고 서세원 씨가 누구 말을 듣는 그런 스타일이 아니었는데, 저는 잘 대해주고 얘기를 귀 기울여 들어 주었어요. 그렇게 두 망가진 사람들이 동아 TV를 하다가, 서세원 씨는 본인 이름을 걸고 토크쇼를 하고 싶다고 해서 KBS로 가게 되고 그래서 심봉기 작가의 '서세원 쇼'가 시작되었습니다.

**심봉기 작가가 '서세원 쇼'에 대해서 말씀해 주세요.**

**심봉기**     '서세원 쇼'는 전신이 있는데, KBS '서세원의 화요 스페셜'이라는 프로그램이었어요. '화요 스페셜'이라는 토크쇼가 처음으로 밤 시간대 1부, 2부 콘셉트를 완전히 다르게 바꾼 그런 쇼였습니다. '서세원 쇼'가 예능 토크쇼의 시작이었죠.

**그러니까 정통 토크쇼에서 예능 토크쇼가 시작된 시기였군요.**

**김경남**     그래서 예능 작가의 입지가 더 중요해진 시기가 되었고 토크쇼의 코너 시대가 왔습니다. 예전에는 게스트 한 명 불러놓고 1시간 동안 문답식으로 프로그램을 진행했었는데, 대한민국에서 연예인이 너무 뻔하기 때문에 그 이야기를 시청자들이 다 외우고 있던 시점이었어요. 더 할 이야기가 없었죠. 본인 자랑이나 잘나가던 이야기, 실수담이나 출연하는 프로그램의 홍보를 하는 이야기가 대부분이다 보니 식상해 했죠., 그러던 시점에 코미디 작가를 불러 토크쇼 안에 코미디 코너도 하고, 구성도 넣고, 콩트도 하고 했습니다.

**심봉기**　　그 당시 김경남 작가와 일을 할 때 정말 재미있었어요.

**김경남**　　그때는 무엇을 해도 재미있었어요. 지금 생각하면 프로그램을 짜기도 쉬웠고 별로 제한이 없어서 뭘 해도 다 재미있었습니다.

**최항서**　　그 당시만 해도 우리 예능 작가들의 아이디어는 하늘을 찔렀어요. 그 당시 시청자들도 많은 예능을 접해 보지 않았던 때라 예능이 압도했던 시대였어요.

'서세원 쇼' 이후에 토크쇼의 전성기가 열리게 되죠?

**김경남**　　그렇죠. 그 후에 '이홍렬 쇼'가 등장했고 '이승연 세이세이세이', '김혜수 플러스유' 같은 토크 프로그램이 인기를 누렸어요. 그러면서 심야 토크쇼의 시대가 열렸죠.

그때만 해도 변형된 스타 쇼 아니었나요?

**김경남**　　맞아요. 스타 쇼였죠. 스타가 자기의 이야기를 얘기하는 것이 아닌 작가의 코너에 들어온 그런 것이 변화라고 할 수 있습니다.

'놀러 와'라는 프로그램이 토크쇼의 끝이라고 할 수 있었죠?

**김경남**　　그러다가 최항서 작가가 '해피 투게더'로 혜성같이 등장하게 되죠.

**최항서**　　그전에 저는 '웃찾사'를 끝으로 어린이 드라마를 하다가 예능에서 빠져 있었어요. 그런데 드라마도 잘 안 되고 그 후 3년을 쉬고 있을 때 임기홍 작가님께서 '해피 투게더'에 오라고 불러주셨어요. 잘 나가던 프로그램이 시청률이 4%로 고전을 하고 있을 때였는데 제가 '해피 투게더'에 가자마자 새롭게 만든 코너가 지금 제 앞에 계신 김진태 형이 아이디어를 준 사우나에서 탈출하는 코너였어요.

**심봉기**　　그럼 '해피 투게더'의 인기 코너였던 '사우나 토크'의 아이디어를 김진태 형이 준거였어요? 야~~~

**최항서**　　네. 그래서 지금도 진태 형한테 고마워하고 있습니다. 그때 해피 투게더는 시청률이 4%대로 떨어져 있었고, 프로그램을 맡으면서 제가 고민을 많이 했었습니다. 그러던 중에 진태 형이 아이디어를 주었고 사우나에 게스트를 몰아넣고 공익적인 노래를 개사해서 다 외우게 하고 빨리 부르면 탈출시키자는 콘셉트로 첫 방송을 하다가 게스트가 다 같이 가는 사우나 토크로 다음 방송을 했습니다. 그때까지만 해도 밤 11시는 얌전한 시간대였는데 그 시간에 사우나에서 물총 쏘고, 웃긴 이야기하고, 코미디가 결합된 토크쇼를 하니까 방송국 윗분들이 난리가 났어요. 그렇게 방송을 하고 다음 날 시청률 4%였던 것이 7.5%가 되더니 그다음 주 시청률이 더블이 됐고 계속 시청률이 올라가면서 최고 인기 프로그램이 되었죠.

**심봉기**　저도 최항서 작가와 공감하는 프로그램이 하나 있는데 그 프로그램으로 KBS에서 상도 받았어요. '사미인곡'이라고 서세원 씨가 전원주 씨, 정선희 씨와 사우나에서 토크 하는 코너였습니다.

아주 인기가 많았죠. 기억이 납니다.

**심봉기**　그 당시 전원주 씨가 게스트로 나왔는데, 그 사람의 캐릭터를 그대로 가지고 나왔어요. 콩트에서 어제 무슨 일이 있었냐고 하면 어제 남편하고 싸운 실제 이야기를 토크 쇼처럼 하는 거예요. 그래서 대박이 났어요.

**김경남**　'해피 투게더'나 '사미인곡' 같은 코너들은 예능과 토크쇼와 콩트가 결합이 되어 시작된 거죠. 사실은 '라디오 스타'나 이런 것들도 그 힘으로 가는 거 같아요. '서세원 쇼'에서 서세원 씨가 토크쇼의 길을 열었다면, '해피 투게더'에서 최항서 작가가 또 다른 길을 열었던 것 같네요. 스튜디오가 아닌 곳에서 했다는 그 배경이 아주 신선했어요.

**최항서**　서민들이 많이 가는 사우나에 완전 에이급 연예인들도 간다는 것으로, 그런 것을 보여주고 싶은 풋풋한 면이 있었어요. MC들뿐만 아니라 최고의 배우들도 다 내려놓고 즐겁게 노는 프로그램이었죠.

**김경남**　매우 큰 전환기였죠. 우리가 했던 토크쇼 프로그램만 보더라도 '자니윤 쇼'라는 굉장히 고급스러운 포장으로 시작해서 '사우나 토크쇼'까지 왔잖아요. 토크쇼의 변천이 2000년 초반 안에 다 이루어진 겁니다.

그러다가 서바이벌 프로그램이 생기게 되죠. 그런데 이런 프로그램은 왜 생기게 된 거죠? 예전에 '사랑의 스튜디오' 같은 정형화된 미팅 프로그램이 재미가 없어진 걸까요?

**심봉기**　그때는 전통적인 그런 세트나 스튜디오에서 바꿔보는 시대였어요. 설정 자체를 바꿔보려고 시도했었습니다.

**최항서**　제가 했던 '자유 선언 오늘은 토요일'의 코너였던 '서바이벌 미팅'이라는 프로그램은 정글 같은 느낌으로 우리는 사파리 투어 버스에서 녹화했던 기억이 납니다.

토크쇼를 보면 흐름이 있었던 것 같아요. 미팅 프로그램이 생기면 쭉 미팅 프로그램이 생기고, 요즘으로 말하자면 먹방 프로그램처럼요. 그 당시 또 잘 된 미팅 프로그램은 무엇이 있었죠?

**심봉기**　'산장 미팅'이라는 프로그램이 있었어요. 그 프로그램이 정점을 찍으면서 잘되고 그 후로 얼마동안은 미팅 프로그램이 없어졌어요. 전부 싹~

그러니까 두 가지잖아요. 연예인들끼리 하는 프로그램이 있었고 일반인들이 하는 프로그램이 있었어요. 이쯤 해서 우리가 '개그콘서트' 이야기를 해야겠는데 이제는 아쉽게 2020년 6월에 종영이 되었지만, '개그콘서트'가 2000년대 시작했지요?

**심봉기**    '개그콘서트'는 전통적인 코미디 프로그램인데 태생이 어떠했냐 하면 서울예전 출신의 백재현 씨, 심현섭 씨, 송은이 씨 등 개그 동아리 친구들이 대학로에서 짧은 콩트처럼 공연했는데 그게 굉장히 잘 돼서 입소문이 났어요. 어느 날 전유성 선생님이 김미화 씨에게 그 공연을 보여준 거예요. 그것을 본 김미화 씨가 너무 재미있는데 이거 방송에서 한번 해볼까 해서 박중민 PD에게 이야기하고 박중민 PD도 공연을 보고는 그대로 방송으로 떠가지고 와서 추석 특집으로 한번 해보겠다고 했죠. 그때도 대학로에서 동아리 아이들이 하는 이게 되겠냐면서 정말 하고 싶음 파일럿으로 해보자 해서 했는데 그게 파일럿으로 했을 때 제 기억으로는 시청률이 별로 안 높았어요. 그런데 끝까지 한번 해 보겠다고 박중민 PD가 이야기해서 하긴 했는데 계속 시청률이 안 나오니까 없애야 할까, 말까 고민하고 있다가 양기선 PD가 "이거 제가 한번 해볼게요." 해서 들어왔죠. 프로그램을 제작진 다 빼고 완전히 개그맨들에게 맡긴 거예요. 개그맨들에게 직접 하고 싶은 대로 마음대로 해보라고 한 거죠. 심현섭 씨, 백재현 씨에게 그렇게 맡기고 나자 그게 먹힌 거예요. 시청률이 높아지기 전까지 6개월이 걸렸는데 그것을 포맷화 시킨 것이 바로 양기선 PD입니다. 저는 그 프로그램을 맡아 하면서 작가의 '롤'이라는 것을 처음 생각하게 되었어요. '유머 1번지' 같은 비공개 코미디를 했을 때는 정해진 세트에서 딱 짜인 대본 때문에 작가의 기여도가 매우 크고 출연자들도 대본에 충실하게 되는데 '개그콘서트'는 개그맨들이 작가와 똑같이 아이디어 내고 똑같이 무엇인가를 하는 '협업'을 한 프로그램이었어요.

예전에 임기홍 작가님께서 그런 말씀을 하셨어요. MBC는 작가가 다 해줘야 개그맨들이 하는데 KBS는 아이디어를 같이 짜고 스터디 그룹처럼 그런 분위기가 있다고 하셨죠.

**심봉기**　　선배님이 그 얘기를 하시니까 생각이 나는데 예전에 '오늘은 좋은 날' 했을 때 그때 이경규 씨, 강호동 씨 등 그렇게 유명한 메인급 개그맨들이 대본대로만 하는 게 너무 신기했어요. KBS에서는 그렇게 안 하거든요. 자기들이 아이디어를 짜고 작가들은 큰 틀에서 '이렇게 갔으면 좋겠다.' 하는 식이었는데 MBC는 정말 다르더라고요.

MBC는 연출자와 작가 위주로 돌아갔는데 그게 장단점이 있었습니다.

**심봉기**　　맞는 말씀이세요. '개그콘서트' 같은 경우를 보더라도 개그맨들에게 맡기고 열어주어서 아주 잘된 프로그램이었어요.

'개그콘서트'는 처음에 누가 만들었나요? 전유성 씨가 만들었다, 김미화 씨가 만들었다, 백재현 씨가 만들었다, 여러 이야기가 나오고 있잖아요.

**심봉기**　　개그맨들이 만들었죠.

그렇죠! 그게 정답입니다.

**심봉기**　몇 년 전에 시상식에서 서수민 PD가 이런 말을 했어요, "우리가 곧 '개콘'이다." 저는 그 말에 공감하는 게 우리가 다 같이 만들었다고 이야기하는 거 같은데 솔직히 주인은 개그맨들이죠. 개그맨들이 만들었습니다.

**최항서**　제가 늘 심봉기 작가에게 이야기했어요. '개그콘서트'를 그만둬야 한다고, 왜냐하면 계속 '개그콘서트'에 묶여 있어서 다른 프로그램을 하지 못했거든요.

**심봉기**　맞아요, 그 얘기 많이 들었죠. 제가 '개그콘서트'를 오래 했어요. 무슨 암자처럼 끝까지 버티고 앉아 있었죠.

**최항서**　심봉기 작가에게 기회가 아주 많았거든요. 그 당시 KBS 개그콘서트가 인기가 많으니까 SBS에서 똑같은 프로그램을 만들어 달라고 해서 만든 프로그램이 '웃찾사'였습니다. 저도 '웃찾사'를 하면서 메인으로 인정받기 시작했거든요.

그런 말을 심봉기 작가에게 저도 많이 했지요. 코미디의 시대가 기울고 있는데, 계속 '개그콘서트'만 하다가 예능에 적응 못 한다고 했습니다.

**심봉기**　저는 '개그콘서트'를 7년 넘게 했고 예능국이 있는 KBS 6층엔 갈

일이 없었어요. 그래서 다들 그만두라고 말을 많이 했었어요.

**최항서**  유행이 돌고 도는 것처럼, 다시 코미디의 시대가 올까요?

**심봉기**  올 것 같아요.

저도 온다고 봐요.

**심봉기**  코미디 프로그램이 점점 시청자들에게 외면당하는 것은 예전에는 코미디만 재미있었는데 예능 리얼 쇼가 나오면서 그 사람이 가지고 있는 것에 콘셉트를 두고 프로그램을 했더니 꾸미는 것보다 훨씬 재미가 있는 거죠. 그게 코미디가 쇠퇴한 이유입니다. 또 한 가지는 예능이 잘 되면서 코미디의 메인급들이 '나도 빨리 저기로 가서 출연료도 많이 받고 해야 하는데' 하는 생각이 들면서예요. '개그콘서트' 같은 경우만 보더라도 일주일 내내 연습하고 녹화해도 출연료가 얼마 안 되는데 예능은 자기 본 모습으로 그대로 나가서 하는데 출연료가 5배나 되고 시청자들이 너무 재미있다고 하잖아요. 다들 그쪽으로 갈 수밖에 없죠.

아직도 코미디에 남아 있는 개그맨들이 있나요?

**심봉기**  있습니다. 김원효 씨는 예능도 했지만, 코미디가 좋아서 계속 시도하고 있어요. '개그콘서트'에서 밀려났을 때 '웃찾사'에 가서 코미디를 하겠다고도 했고, 코미디 공연도 하고 있습니다. 정태호 씨는 홍대에서 자신의 이름을 걸고 소극장을 운영하고 있어요. 아주 작은 공간이지만 매일 코미디를 올리고 있습니다. 이런 친구들은 정말 코미디가 좋아서, 코미디가 하고 싶어서 하는 친구들이죠.

**김경남**　　대한민국을 흔들었던 '개그콘서트'라는 코미디와는 다른 생소한 리얼리티쇼가 등장하면서 '개그콘서트'의 명성, 웃음이 어느 순간부터 가짜를 강요하게 되고, 웃기지도 않고 오히려 내 친구가 더 웃기는 것 같은 그 시점에 어마어마한 혁명이 일어나게 됩니다. 김태호 PD의 '무한도전!'이죠. 사실 '무한도전'은 폐지 위기에 놓인 프로그램으로 '개그콘서트'의 짜여진 웃음이 웃기지 않을 그 시점에 나타났어요.

**심봉기**　　맞는 이야기입니다. 그 당시 메인들은 모두 예능으로 가게 되고 그러다 보니 가끔 와서 대충하고 가니까 상대적으로 다른 개그맨들은 심한 박탈감에 빠졌고 더는 웃기지 못하게 된 거죠.

**최항서**　　저는 '개그콘서트'가 시작되면서 두 가지 측면으로 생각을 해봤어요. 첫 번째는 개그맨들이 득세하는 시절이 왔고, 두 번째는 코미디 작가들의 몰락 시대가 오게 된 거라고. 대학로에서 성행하던 '개그콘서트'를 KBS에서 가지고 온 순간 모든 코미디의 지분은 개그맨에게 넘어가게 되었어요. 그런데 중요한 것은 예전의 코미디 프로그램에는 최양락 씨나 이봉원 씨 같은 최고의 개그맨들이 출연했고, 반대로 대학로에서 했던 짧은 코미디 '개그콘서트'는 유명하지 않은, 유명해지고 싶어 하는 친구들이 출연했었죠. 시청자들은 누가 하는 것이 중요하지 않았어요. 누군지는 모르지만, 웃긴 게 중요했죠. 그러면서 코미디가 확 바뀌었고 그 현장에 우리가 있었습니다.

**김경남**　　리얼리티의 시작은 '무한도전'이었고 대한민국에 리얼리티의 시대가 열린 거죠.

오랜 시간 동안 1990년대부터 2000년대를 관통하는 예능 프로그램 얘기들을 나눠 봤는데 옛날 생각이 나서 좋네요. 후회 없이 전력 질주를 하던 시절이었지요?

**김경남**　　행복했던 시간이었던 것 같아요. 진태 형, 심봉기 작가, 최항서 작가와 함께해서 더 행복한 기억입니다.

항서 작가나 봉기 작가도 그렇게 기억할까요? 하하하

**심봉기**　　마찬가집니다. 저도 행복했던 시절이라고 생각해요.

**최항서**　　앞으로도 예능 작가 후배들과 선배님들과 함께 무엇이든 콘텐츠를 만들면서 살고 싶다는 생각이 들어요.

이제야 그런 생각이 드는군요. 사랑하는 김경남 작가, 최항서 작가, 심봉기 작가 오늘 수고하셨고 고맙습니다.

예능이 국가 캠페인이 될 정도로 상징적이었어요.
국민을 가르치기도 하고, 책을 읽게도 하고, 주말 예능이
전 국민을 모이게 하는 그런 프로그램이었습니다.

#김경남 작가 〈KBS 시사터치 코미디 파일〉

#예능작가

아이디어는 '블록' 이라는 말을 합니다.

레고에서 블록 몇십 개로 만들 수 있는 것은 한정이 되어있지만,

많으면 많을수록 무궁무진한 것들을 만들어 낼 수 있잖아요.

어떻게 보면 '아이디어' 는 블록을 많이 깔고 시작하는 것처럼

많은 이야기를 하다 보면 좋은 아이디어가 나오는 것과도

같다고 할 수 있습니다.

#심봉기 작가 〈KBS 개그콘서트〉

저는 '개그콘서트'가 시작되면서 두 가지 측면으로 생각을 해 봤어요.

첫 번째는 개그맨들이 득세하는 시절이 왔고,

두 번째는 코미디 작가들의 몰락 시대가 오게 된 거라고.

대학로에서 성행하던 개그콘서트를 KBS에서 가지고 온 순간

모든 코미디의 지분은 개그맨에게 넘어가게 되었어요.

그런데 중요한 것은

시청자들은 누가 하는 것이 중요하지 않았어요.

누군지는 모르지만 웃긴 게 중요했죠. 그 현장에 우리가 있었습니다.


#최향서 작가 〈SBS 웃찾사〉

# 클로징

# #그리운 어머니, 그리운 김 작가

김진태 작가를 만난 지도 이제 30년이 넘었습니다.

MBC '우정의 무대' 작가로 처음 만나서 전국의 군부대를 누비며 선후배 이상의 전우애를 30년 동안 쌓아온 후배작가입니다. 벌써 옛날이 되어버린 프로그램입니다만 '우정의 무대'를 처음 맡았을 때 '그리운 어머니' 코너를 맡아서 열심히 원고를 쓰던 20대의 김진태 작가도 이제 중년이 되었을 정도로 많은 세월이 흘렀습니다. 세월이 흘렀지만 누군가가 김진태 작가가 어떤 작가냐고 물어보면 저의 대답은 "한 · 결 · 같 · 다 · "입니다. 세월의 풍파 속에 닳거나 깎일 수 있지만 30년을 한결같이 선후배를 대할 때 겸손하고 프로그램을 대할 때 열정적인 모습이 늘 한결같습니다.

한국 방송작가협회의 예능연구회 회장을 맡았을 때도 후배작가들을 형처럼, 친정 오빠처럼 챙기던 김 작가인데 고향에 내려가서 한 첫 작업이 '#예능작가' 예능 작가들의 이야기를 책으로 낸 것만 보더라도 여전히 예능 작가 시절이 그리운가 봅니다. 하지만 여전히 선후배들도 김 작가를 그리워합니다. 오늘도 어머니를 모시며 힘차게 살고 있는 그리운 어머니의 작가 김 작가가 그립습니다.


**예능 작가 임기홍(前 한국 방송작가협회 이사장)**

# #행복해야해!!

살다 보면 그 이름만 떠올려도 가슴이 따뜻해지는 사람이 한둘은 있을 겁니다. 저에게는 진태 형이 그렇습니다. 방송작가 일을 30여 년 해왔지만, 처음 형을 만났던 날이 지금도 생생합니다. 그때, 마냥 즐겁고 행복했던 시절, 제가 하는 예능 작가 일이 얼마나 중요한 일인지 형을 통해 처음 배웠고, 일을 대하는 태도 또한 얼마나 진지해야 하는지 형한테 배웠습니다.

그 당시 '일요일 일요일 밤에'가 위기에 처했을 때 형이 저를 불러 "항서야 너는 천재야. 여의도에선 너처럼 뛰어난 작가가 없어." 하시며 아무 아이디어나 편하게 내라고 하시던 형. 그때 정말 다듬어지지 않은 아이디어를 냈을 때 하나하나 다듬어서 말귀 못 알아먹는 PD들에게 조목조목 설명해 주던 형의 모습이 생각납니다. 어느 날 하루는 아이디어 회의를 마치고 형과 술 한잔으로 스트레스를 풀고 새벽녘에 영등포 어딘가를 배회하던 적이 있었는데 갑자기 등 뒤에서 한 화류계 여성이 "진태 오빠! 놀다가!" 그런 적이 있었습니다.

그래서 아직은 형과 덜 친해졌을 무렵인데 속으로 "어? 이 형 그렇게 안 봤는데. 이름까지 알다니 좀 그러네."하고 속으로 실망하던 순간, 형이 갑자기 나를 데리고 그 여성분에게 가서 "나 알아요?" 그러자 여성분이 당황하며 "네? 뭐가요?" 진태 형이 "어떻게 내 이름을 알아요?" 그러자 그 여성분이 "어이 줄티 오빠! 그런 거지 이름을 부른 건 아닌데요?" 그때 진태 형이 굵은 무늬 줄티를 입고 있었죠. 줄티 오빠를 진태 오빠로 잘못들은 그 에피소드 이후 형이랑 급속도로 친해졌고 아마, 형이 저와 후배들에게 술자리에서 방송 아이디어를 준 걸 생각해 보면 돈으로 환산할 수 없을 겁니다. 그리고 방송작가의 시간이 너무 바쁘게 흐르고 또 각자가 너무 바쁘게 살았어요. 무심한 세월이 흘러 형이 갑자기 서울을 떠나 그것도 여의도 바닥을 떠나 시골로 홀연히 이사 가시는 것을 보면서 '아, 다들 저마다의 힘듦은 있는 거구나.' 하고 느껴봅니다.

벌써 형이 서울을 떠난 지도 5년이 지나가네요. 물론 지금도 진태 형은 여러 예능 프로그램에 기획작가로 일을 하고 있는 현역 작가지만 예능 프로그램의 최일선에서 함께 했던 예전의 그때가 그립습니다. 지금은 '카톡'이란 게 있어 그래도 늘 함께 있는듯한 기분이 드는 건 '잘된 일'일까요? 훌륭한 사람이, 모든 이들에게 칭송받는 진태 형이 저를 인정해주고 사랑해주는 느낌. 모르시는 분들 많을 겁니다. 방송 대본 만 쓰던 형의 새 책이, 좁은 무대에서 세상이라는 더 넓은 무대로 나아가는 수많은 방송 후배들에게 좋은, 등대 같은 길잡이가 되었으면 하는 바람입니다.

**예능 작가 최항서(SBS 웃찾사)**

# #시 전공 #야구모자 #작업실
# #막걸리 #롤모델

대학 때 시를 전공했으며 언제나 야구모자를 눌러쓰고 한때 홍대 근처에 방송 작가들의 놀이터인 "북카페 작업실"을 오픈해서 후배들에게 따뜻한 커피를 대접하고 뭔가 아쉽다 싶으면 함께 막걸리로 하루의 피로를 날려 보냈던 친구 같은 선배작가, 나의 롤모델 김진태 작가.

이 이상 뭐가 더 필요할까 마는 총탄이 빗발치는 전쟁터에서 아군을 만나면 그런 기분일까요? 처음 보는 형에게 잘 보이고 싶었고 의지하고 싶었고 또 친해지고 싶었습니다. 가만히 지켜보니 형의 곁에는 늘 사람들이 붐볐습니다. PD, 작가, 기자, 연예인 할 것 없이 많은 사람들이 형을 찾았고 좋은 일들로 가득했어요. 기억을 더듬어보니 형과는 두 차례 정도 큰 프로젝트를 수행했습니다. 당시에 전혀 생각할 수 없었던 방송 포맷과 관련된 새로운 비즈니스 모델들을 경험했죠. 그것들은 자양분이 되어 몇 년 후, 제가 '감자 크리에이티브'라는 창작집단을 여는 데 큰 도움이 되었습니다.

후배의 커진 머리로 인해 앞으로 또 형과 함께 작업을 할 수 있을지 모르겠지만, 형과 함께 한 시간이 그립기만 합니다. 형과의 짧고 굵은 회의 후에 마셨던 막걸리 한 잔. 요즘엔 회의가 참 길고 가늘기만 해요. 회의 후 회식이나 술자리는 먼 나라 옛이야기가 되었고요. 과거, 무슨 일이 있을 때마다 "난 상원이랑 같이 하면 할래.", "난 상원이가 하면 할 거야."라고 했던 형의 말이 떠오릅니다. 그때 저는 모진 슬럼프를 겪고 있었는데 '누군가에게 너는 필요하다. 누군가에게 너는 큰 힘이 되는 존재다.'라는 보이지 않는 형의 말 한마디가 저에겐 정말 큰 에너지가 되었었죠.

진정 선배다운 선배님! 나의 롤모델….

근데 저는 그때 정말 형에게 그런 존재였을까요? 갑작스러운 의문과 함께 "상원아! 우리 같이 하자."라는 형의 말이 듣고 싶은 그런 밤입니다.

**예능 작가 곽상원(MBC 라디오 스타)**

# #A, B, AB, 0 그리고 진태 형

"방송국에는 많은 사람들이 일을 하고 있지요. 그중 누구를 가장 닮고 싶습니까?" 만일 이런 질문을 누군가 나에게 한다면, 나는 고민 없이 형의 이름을 말할 것이다.

모르는 사람들은 나영석 PD나 김태호 PD 같은 유명세 프로듀서를 말하겠지만, 아는 사람이라면 진태 형을 이야기할 것이다.

오래전 여의도 문화방송에는 금연 구역이 없었다. '아버지가 밥상에서 담배 피우셨다 말하던 시대'도 있었으니 그리 놀라운 일도 아니다. 그 버릇없어 보이는 흡연의 공간에서 진태 형을 만났다.

당시 어린 작가의 눈에 보인 진태 형은 이랬다. 필체는 살아 움직였고 연예인들이 하는 멘트 하나하나도 쓰고 또 고치고 쓰고 다시 보며 원고지를 채웠다. 그렇게 진태 형의 가슴은 전파를 탔다.

어느 날, 서울 방송국 살이를 접고 시골로 내려간 형이 책을 쓴다는 소식을 들었을 때 기대에 부풀었다. 하지만 형은 책보다 사람을 택했다. 자신의 글빨로 누군가의 마음을 홀리기 전에 자신의 겸손을 또 한 번 이 책에 담았다.

형은 언제나 사람이 먼저였다. 광고에서 떠드는 입에 침도 안 바르고 하는 거짓말이 아닌 형은 먼저 주변 사람을 챙긴다. 그것이 형이 살아가는 순서다.

그런 형에게 방송국을 배운 나, 내게 흐르고 있는 '방송장인'의 피는 진태 형이다.

**예능 작가 박원우(MBC 복면가왕)**

# #햄릿 증후군

카페에 가면 늘 커피를 시킬 것인가,
아이스크림을 시킬 것인가 사이에서
망설이게 된다.

커피를 포기하고 아이스크림을 선택했다 해도
바닐라 아이스크림을 선택할 것인가,
초콜릿 아이스크림을 선택할 것인가 또 한 번
선택의 기로에 서게 된다.

이것이 결정 장애라면 괴롭기도 하겠지만
이런 사소한 '햄릿 증후군'이 생각의 끈을 자르기도 하고
잇기도 하며 선택의 시소를 타는 걸 즐긴다.

"죽느냐 사느냐"가 아니라 이런 사소한 결정을 하며
살 수 있다는 것도 위대한 기적이지 싶다.
책을 낼 것인가 말 것인가 사이에서 고민할 때
기꺼이 결정을 하게 해준,
청춘을 함께 했고 지난 30년을 함께 했던
예능 작가 선후배님들께 다시 한번
감사 인사를 드립니다.

**예능 작가 김진태**